GARY CHAPMAN

WIE BUCHSTABIERT MAN LIEBE?

Gary Chapman

Wie buchstabiert man Liebe?

40 Geschichten, die Mut machen

francke

Über den Autor:
Gary Chapman ist ein bekannter Eheberater und Autor. Von den Fünf Sprachen der Liebe wurden weltweit 10 Mio. Exemplare, in Deutschland allein 500.000 verkauft! Er hat zwei erwachsene Kinder, zwei Enkel und lebt mit seiner Frau Karolyn in North Carolina.

Bibliografische Information Der Deutschen Bibliothek
Die Deutsche Bibliothek verzeichnet diese Publikation in der Deutschen Nationalbibliografie; detaillierte bibliografische Daten sind im Internet über http://dnb.ddb.de abrufbar.

ISBN 978-3-86827-204-8

Originally published in English under the title
Love Is a Verb
by Bethany House
a division of Baker Publishing Group,
Grand Rapids, Michigan, 49516, USA

Deutsch von Ingo Rothkirch
Umschlaggestaltung: www.provinzglueck.de
Satz: Verlag der Francke-Buchhandlung GmbH
Druck und Bindung: CPI Moravia Books, Pohorelice

www.francke-buch.de

Inhalt

Einleitung

Schon immer haben Menschen versucht, in Gedichten, Liedern und Filmen die große Bedeutung der Liebe in unserem Leben zu zeigen. Liebe wird oft als Garantie für ein glückliches Leben genannt. Selbst die Werbung bedient sich der starken Gefühle, die der Begriff „Liebe“ auslöst, um uns dieses oder jenes Produkt begehrenswert erscheinen zu lassen. Es sieht so aus, als sei unsere Kultur überall und ständig der Liebe auf der Spur – und natürlich ganz besonders in Ehe, Familie und Freundschaft. Liebe ist die Kraft, die den Zusammenhalt bewirkt. Aber ist das Zufall? Keineswegs! In der Bibel, dem wichtigsten und weisesten Buch aller Zeiten, lesen wir nämlich, dass unser Gott selbst die Liebe ist.

Welches Gefühl berührt uns tiefer als die Schmetterlinge im Bauch, wenn die erste Liebe sich meldet, oder die Wärme der Zuneigung, wenn wir den vertrauten Freund in die Arme schließen oder einer unserer Lieben uns in der Not hilft. Da ist es kein Wunder, dass wir die Liebe höher schätzen als viele andere schöne Erfahrungen. Die alltäglichen Widrigkeiten lassen sich viel besser ertragen, wenn wir Menschen um uns wissen, die uns liebend beistehen, sobald wir sie brauchen, und die uns den Rücken stärken, ohne nach einer Gegenleistung zu fragen.

Weil sich aber jede Liebesbeziehung zwischen Menschen ereignet, die Fehler machen, geht es nicht ohne Konflikte ab. Und im Gegensatz zu den in Film und Fernsehen dargestellten Konflikten können die Probleme im wahren Leben selten in anderthalb Stunden gelöst werden. Immer wieder machen es Umstände und beteiligte Personen geradezu unmöglich, auch mit dem größten Liebeseinsatz zu einem glücklichen Ende zu kommen.

Der erste große Überschwang der Schmetterlingsgefühle ist nach der Hochzeit bald verflogen und die Romantik hat sich verflüchtigt. Da kommt es zur ersten großen Auseinandersetzung, und schon sind wir Gegner, statt einander beizustehen.

Missverständnisse schleichen sich in unsere Beziehung ein, oder die Erwartungen sind viel zu hoch gesteckt. Und oft genug haben wir keine Ahnung, wie uns ein bisschen mehr Liebe aus dem Schlamassel heraushelfen könnte. Wenn dann irgendwann gar nichts mehr geht, machen wir uns eben aus dem Staub ... und lassen verwundete Herzen zurück.

Als Pastor und Seelsorger habe ich so etwas immer wieder erleben müssen. Die Ehe ist lästig und langweilig geworden, und schon ist die Versuchung da, mal nachzusehen, ob die Kirschen in Nachbars Garten nicht doch viel röter sind. Eltern und ihre pubertierenden Kinder streiten sich, weil sich der eine oder andere missverstanden fühlt. Ein Mensch sitzt isoliert in der Kirchenbank oder allein zu Hause, weil Freundschaften zerbrochen sind und nun die Angst quält, aufs Neue verletzt zu werden, sobald man sein Herz für den anderen öffnet.

Ich bin leider zu vielen Menschen begegnet, die, von der Liebe enttäuscht, frustriert aufgegeben haben. Einer Partnerschaft den Rücken zu kehren bringt in den meisten Fällen längst nicht die erhoffte Erlösung und die Befreiung aus Problemen. Das Leben wird selten leichter. Im Gegenteil! Unbewältigter Groll und das Bedürfnis, Schuld von sich zu weisen, bleiben eine Last fürs Leben.

Die Liebe macht also Probleme. Aber gibt es eine Lösung dafür? Ja, die gibt es. Nur müssen wir dafür zuerst eins begreifen: Wenn die Liebe alle Schwierigkeiten des Lebens überstehen soll, muss sie für uns mehr sein als ein schönes Gefühl, das von Natur aus flüchtig ist. Nein, sie muss im Tun verankert und konkret erfahrbar werden – in unserer Ehe, im Leben in der Familie, in Freundschaften, im Bekanntenkreis und selbst für unsere Gegenspieler in Konflikten.

Darum geht es in diesem Buch! Auf den folgenden Seiten werden Sie Menschen begegnen, in denen Sie sich wiederentdecken können. Sie steckten in Schwierigkeiten, die auch Ihnen bekannt sein dürften. Aber sie haben es auch geschafft, Hürden zu überspringen und das Beste aus ihren Problemen zu machen. Es sind mutmachende Erfolgsgeschichten, die uns motivieren wollen, es doch auch selber zu probieren.

Sie werden von folgenden Menschen lesen:

- Von Doris, die ein so alltägliches Geräusch wie das Klappern eines Löffels fast ausrasten ließ.
- Von Faith und Louise, die lernen mussten, eine völlig veränderte geliebte Person neu anzunehmen.
- Von Sarah, die erst als Erwachsene ihre Schwestern richtig kennenlernte, und von Laquita, die sich nach vierzig Jahren unsterblich in ihren Mann verliebte.
- Von Sudha, die vor ihrer Haustür eine lebensmüde Fremde fand, und von Laurie, die erleben durfte, wie die Liebe durch ihre Gartenhecke kroch.
- Von Steven, der einen Becher heißen Kaffee weitergab, um sein Herz zu erwärmen, und von Tamara, die die Erfahrung machte, wie sie mit viel Fantasie und Liebe die letzten Monate eines Einsiedlers bereichern durfte.

- Von Rebecca, deren Vater es nicht über sich brachte, Gefühle zu zeigen, und von Eileen, die ihre Gefühle nicht zügeln konnte.
- Von Elsi, deren Leben durch ein missmutiges kleines Mädchen verändert wurde.
- Von Pamela, die in einer silbernen Dose den Schatz ihres Lebens fand.

Sie alle – und noch einige mehr – erzählen, wie sie gelernt haben, auch unter schwierigsten Umständen Liebe zu leben und am Ende zu triumphieren. Was sie erlebt haben, ist oft bewegender als so manche erdachte Geschichte aus Hollywood. Sie als Leserin und Leser werden keine Mühe haben, sich mit diesen Menschen zu identifizieren. Sie werden ihre Ängste nachvollziehen und sich am Ende gemeinsam mit ihnen freuen.

Nach jeder Geschichte hebe ich einige wichtige Gedanken noch einmal heraus, die Ihnen helfen sollen, Ihre eigenen Beziehungen auf festen Grund zu stellen. Sie bekommen anhand dieser Geschichten einige Hinweise, wie man konkret etwas tun kann, um die Liebe zu wecken und neu zu entfachen, die Bestand hat, auch nachdem die Liebesbeteuerungen nicht mehr so romantisch klingen.

Wünschen Sie sich, dass Ihre Beziehungen so harmonisch wie irgend möglich sind? Dann machen Sie sich auf den Weg. Wer wahrhaft liebt, fragt nicht danach, welche Qualitäten der Adressat hat oder ob es sich lohnt, ihn zu lieben. Wahre Liebe ist weder Lippenbekenntnis noch Hochgefühl. Liebe zeigt sich vielmehr im Tun, und dieses Handeln setzt eine bewusste Entscheidung voraus. Lesen Sie in den folgenden vierzig Geschichten, wie unterschiedlich diese Liebe buchstabiert und gelebt werden kann.

Gary Chapman

Verschwenderisch geliebt

Tony kam eines Tages in unser Büro, wo Tim, mein Mann, Kriegsveteranen seelsorgerlich betreute. Er war kahlköpfig, hager und ungefähr Ende vierzig. Ein Strahlen lag auf seinem Gesicht. Er besaß diesen verschmitzten Charme, dem seine Mutter, als er klein war, bestimmt nicht hatte widerstehen können, selbst wenn er etwas ausgefressen hatte. Und sein Lachen, eher ein kindliches Glucksen, war geradezu ansteckend. Ich sah ihn an jenem Tag nur flüchtig, trotzdem hinterließ dieser Mann einen bleibenden Eindruck bei mir.

Ein paar Tage später fragte Tim mich: „Erinnerst du dich an Tony?"

„Aber ja!", antwortete ich, während ich die Post sortierte.

„Falls es dich interessiert, erzähle ich dir noch ein bisschen von ihm. Er ist HIV-positiv, musste sich vor Hurrikan Katrina in Sicherheit bringen, ist schließlich hier in Denver gelandet, und soweit ich weiß, hat er keinen Menschen auf dieser Welt. Er war wohl lange obdachlos. Inzwischen kann er sich mit etwas staatlicher Unterstützung eine kleine Wohnung leisten. Allerdings steht seine Wohnung so gut wie leer, und er schläft auf dem Fußboden. Er hat noch nicht mal ein Bett."

Er hat kein Bett? Und krank ist er obendrein? So schoss es mir durch den Kopf. *Kein Bett!* Ich sah Tony vor mir – zusammengerollt am Boden liegend. Gewiss, von solchen Notlagen hört man immer mal, aber diesmal war mir, als würde mich jemand schütteln und mir ins Gewissen sagen: „Er hat noch nicht mal ein Bett! Und du – was besitzt du alles?"

In unserer Familie hatten wir uns immer bemüht, Bedürftigen zu helfen. Wir packten Weihnachtsgeschenke für arme Kinder ein, kochten für Nachbarn, deren Angehörige im Krankenhaus besucht werden mussten, und gaben Geld für Afrika. Aber mit diesen Hilfsaktionen machten wir uns die Hände nicht schmutzig. Hinterher hatte sich bei mir nichts geändert. Unser Leben war niemals wirklich mit der Not anderer in Berührung gekommen.

Ich spürte ein Krampfen in der Magengegend und eine Leere im Kopf. Ja, ich musste ein Bett für Tony besorgen! Ich hatte keine Ahnung, warum ich mich ausgerechnet diesmal so engagieren musste. Aber Gott wusste es. Und es musste ein *neues* Bett sein! Ich wollte diesen Menschen lieben – verschwenderisch lieben. Während ich noch über dieses innere Drängen nachdachte, fragte ich mich, worauf ich mich da überhaupt einließ. Noch nie zuvor hatte ich mich derart für einen Fremden eingesetzt.

Wir brachten Tony das neue Bett mit Kissen und Decke, das ich mit meinen Töchtern ausgesucht hatte. Ich war aufgeregt wie ein kleines Kind. Dann saß er auf der Bettkante, strich die Decke glatt und lächelte verlegen – bis ihn seine Gefühle übermannten. Er schluchzte, unterbrochen von einem röchelnden Husten, bis sein ausgezehrter Körper völlig erschöpft war.

„Danke. Vielen, vielen Dank. Ich weiß gar nicht, was ich sagen soll. Ich ... ich ..." Er stammelte mit tränenerstickter Stimme. Dieses Bett schien wie ein Lichtstrahl zu sein, der an einem dunklen Ort aufstrahlte.

„Tony, Schätzchen, was ist bei dir los?“, rief die Nachbarin, die aus der Wohnung von nebenan gekommen war, nun in der Tür stand und neugierig in die Runde blickte. „Wollte mal nach dem Rechten sehen. Bin nicht wild drauf, neue Leute kennenzulernen, aber interessiert mich ja doch, was hier los ist.“

Sie sah das Bett und schüttelte den Kopf. „Tony, Tony, hab ich's dir nicht gleich gesagt: Der liebe Gott wird sich um dich kümmern. Und jetzt hat er dich erhört!“

Auch unsere Freunde und Angehörigen ließen sich nicht zweimal bitten. Sie brachten neue Töpfe und Pfannen, Schüsseln, Handtücher, eine Mikrowelle und Geldspenden. Meine Schwester sorgte für die restliche Möblierung – aber nicht etwa mit ausrangierten Stücken! Sie kaufte Neues, und so passte alles zusammen.

Ich ermahnte Laurie: „So langsam mache ich mir Sorgen. Was du ausgibst! Wir kennen ihn doch kaum. Nachher verkauft er alles, oder er lässt sich beklauen.“

„Ich will es so, und was passiert, das passiert eben“, sagte sie mit einem Lächeln. Liebe im Überschwang.

Nach einer Reihe von Tagen rief ich Tony an, um mich nach seinem Befinden zu erkundigen. Wie es seine Art war, sah er alles ganz positiv. „Oh, mir geht's sehr gut heute. Wusstest du übrigens, dass ich morgen Geburtstag habe?“

„Ach ja? Na, dann weiß ich was, Tony. Wir feiern ein bisschen zusammen.“

Wir trommelten Familie und Freunde zusammen, packten Geschenke in buntes Papier und backten einen Kuchen. Und dann saß er zwischen meinen Eltern auf seiner neuen Couch, ließ sich den Kuchen schmecken und konnte plötzlich die Tränen nicht mehr zurückhalten. „So eine schöne Geburtstagsfeier habe ich noch nie gekriegt – bei vierzehn Geschwistern.“

Das hatte ich nicht gewusst, und ich fragte mich, wo seine Angehörigen wohl steckten. Was würden wir nach und nach noch alles über Tony erfahren?

Auf der Heimfahrt blickte die Freundin meiner Tochter gedankenverloren aus dem Fenster und sagte: „Das war richtig toll. So was habe ich noch nie erlebt."

Als ich Tony bald darauf wieder besuchte, bemerkte ich, dass das Geschenkpapier fein säuberlich gefaltet auf den gestapelten Schachteln und Kartons lag.

Sein Gesundheitszustand verschlechterte sich immer mehr. Die Brust schmerzte und das Atmen fiel schwer. „Ich hatte über's Wochenende schlimme Beschwerden. Dreimal bin ich ins Krankenhaus. Das tat so weh in der Brust."

Ich fühlte mich elend. „Wie bist du denn hingekommen, Tony?", wollte ich wissen.

„Ich habe den Bus genommen, aber bis zur Haltestelle ist es fast ein Kilometer. Angeblich haben sie nichts gefunden, und da schickten sie mich wieder weg. Weil's mir aber nicht besser ging, bin ich noch zweimal hingefahren."

Niemand hatte sich also dafür interessiert, wie er nach Hause käme! Ich war außer mir. In der Welt, in der ich zu Hause war, gab es genügend Menschen, die mich selbstverständlich gefahren hätten – mit dem eigenen Auto. In seiner Welt aber gab es nur ihn allein, und allen anderen war er egal.

Also nahmen Tim und ich uns seiner an. Dennoch war nicht zu übersehen, dass man ihn behandelte, als verschwende man kostbare medizinische Ressourcen an ihn. Behandelten die Ärzte ihn so respektlos, weil sie wussten, dass er für niemand wichtig war?

Schließlich behielt man ihn in der Klinik. Und immer, wenn ich hörte, wie herzlos man mit ihm umgesprungen war, beschwerte ich mich. Schließlich fragte die Krankenschwester mürrisch: „Wer sind Sie denn eigentlich?"

Ich gab mich entrüstet: „Seine große Schwester natürlich. Sehen Sie die Ähnlichkeit nicht?"

War ich nicht wirklich seine Schwester vor Gott? Hatte ich nicht viele Ähnlichkeiten mit ihm, obwohl seine Hautfarbe viel dunkler war?

Es ging Tony immer schlechter. Eines Tages wartete ich mit ihm zusammen auf den Krebsspezialisten. Tony bebte vor Angst und fragte schließlich: „Warum machst du das alles? Du kennst mich doch kaum und weißt nicht, was ich alles angestellt habe."

Ich lächelte ihn an. „Und du kennst mich auch kaum und weißt nicht, was *ich* alles angestellt habe."

„Da magst du recht haben."

„Ich denke, ich habe irgendwann einen Tipp von Gott bekommen. Er hatte mitgekriegt, dass du jemanden brauchst, der dir beisteht und dich einfach lieb hat."

Tony hatte, wie wir erfuhren, Lungenkrebs, und wir wussten nicht, wie viel Zeit ihm noch blieb. Da wurde es meiner Schwester zum Herzensanliegen, ihn wieder mit seiner Familie zusammenzubringen. Wir ermunterten ihn, wenigstens mit seiner Mutter Kontakt aufzunehmen. Sie lebte in Mississippi.

„Ach nein, ich will nicht, dass sie sich unnötig sorgt. Sie ist fast achtzig", sagte er, aber Sehnsucht schwang vernehmbar in seiner Stimme mit. Das war das erste Mal, dass er von seiner Mutter sprach!

Auch meine Eltern begannen, ihn regelmäßig zu besuchen – zu Hause und im Krankenhaus. Er nannte sie Mama und Papa, und er weinte oft, wenn er mit ihnen telefonierte. Wie sehr mochte er seine eigene Mutter vermissen!

Eines Abends rief er vom Krankenhaus an. „Der Doktor ist

bei mir und ..." Seine Stimme wurde heiser, und es schnürte mir die Kehle zu, als er fortfuhr: „Sieht nicht gut aus, große Schwester."

Er wollte wohl lachen, doch ich hörte nur sein Schluchzen. Der Arzt übernahm den Hörer und erklärte mir in sachlichem Ton, dass sein Patient Lungenkrebs im Endstadium habe und noch maximal vier Monate leben würde.

Ich schäumte vor Wut. Ich hatte die Mitarbeiter in der Klinik gebeten, mich rechtzeitig anzurufen, damit ich bei Tony wäre, wenn er die Diagnose erführe. Eine solche Nachricht zu bekommen und damit allein zu bleiben, ist menschenunwürdig.

Wir eilten ins Krankenhaus. Aber zu meiner großen Überraschung lächelte Tony schon wieder. Er nahm *meine* Hand und tröstete *mich*. Verkehrte Welt! Ich war es, die weinte und weinte.

„Ich weiß, dass du dem Doktor böse bist", sagte er. „Aber ich wollte unbedingt die Wahrheit hören, und niemand wollte sie mir sagen. Deshalb habe ich ihn gedrängt."

In dem Augenblick wurde mir so recht bewusst, wie sehr ich Tony bereits ins Herz geschlossen hatte. Später erzählte er mir, dass er, nachdem er die Prognose gehört hatte, am liebsten davongerannt und nie wieder aufgetaucht wäre. „Ich stand schon vor der Tür, aber dann bin ich wieder nach oben gegangen, weil ich euch doch versprochen hatte, hier zu sein, wenn ihr kommt. Und da wollte ich euch nicht im Stich lassen. Ohne euch wäre ich jedenfalls nicht mehr hier."

Am nächsten Tag hinterließ er mir eine Nachricht auf dem Anrufbeantworter. Mit einem Singsang ließ er mich wissen, was er zu sagen hatte, und dann lachte er so, wie er immer lachte – und steckte mich an, bis ich in Tränen ausbrach. „Ich habe mal im Chor gesungen", fügte er noch schnell hinzu, und ich erfuhr ein weiteres Detail aus seinem Leben.

Wir setzten ihm noch immer zu, endlich Kontakt mit seiner Familie aufzunehmen. Und schließlich rief er seine Schwester Cynthia an. Meine eigene Schwester bot an, ihr den Flug nach Denver und ein Mietauto zu bezahlen.

Cynthia wusste noch gar nicht, dass Tony krank war. „Dass er uns nicht früher angerufen hat! Ich wäre doch viel eher gekommen."

Tony hatte sich von seiner Familie zurückgezogen aus Gründen, die niemand kannte. Offensichtlich waren sie ihm alle liebevoll zugewandt. Aber das Leben musste ihn irgendwann aus der Bahn geworfen haben.

Eines Tages kam ich mit Cynthia ins Gespräch, und sie schüttete mir ihr Herz aus. „Ich habe einen kaputten Rücken", erzählte sie. „Da konnte ich nicht mehr arbeiten. Ich sehnte mich die ganze Zeit danach, mich noch einmal nützlich machen zu können, und ich habe Gott immer wieder gefragt, wozu ich eigentlich noch nütze sei. Welche Aufgabe konnte er mir noch anvertrauen? Ja, und nun habe ich die Antwort! Ich soll Tony mit nach Hause nehmen und ihn pflegen."

Der Veteranenverein bezahlte Tonys Heimflug, und meine Schwester übernahm die Kosten für Cynthia. Als sie abflogen, wusste ich, dass ich ihn nie wiedersehen würde.

Tonys Familie nahm das verlorene Schaf mit offenen Armen auf. Seine Geschwister eilten aus allen Teilen des Landes herbei, außerdem seine Töchter! Ja, er hatte Kinder – und vier Enkelkinder dazu. Seine Lebensgeschichte schien längst noch nicht zu Ende erzählt.

Seine Mutter wich nicht mehr von seiner Seite. Und eines Tages rief sie mich an. „Ich habe um ein Wunder für meinen Tony gebetet. Und Sie sind die Erhörung gewesen."

Tony starb im Mai. Er ist eingeschlafen und nicht mehr aufgewacht. Aber seine Familie war bei ihm. Nie wieder war er allein gewesen.

Seine Angehörigen hatten zu seiner Beerdigungsfeier ein Faltblatt entworfen und ein Foto von unserer Familie eingefügt. Darunter stand: „Wer wäre würdiger gewesen als diese Familie, sich unseres Tonys liebevoll anzunehmen. Ein Dankeschön reicht längst nicht aus. Sie verdienen viel mehr. Möge Gott Sie segnen und bewahren."

Gott hat damals, als ich Tony begegnete, mein Herz berührt. Und wessen Herz berührt wird, der kann verschwenderisch lieben. Und was kommt dabei heraus? Eine so anrührende Liebesgeschichte, wie sie sich niemand ausdenken könnte.

Tamara Vermeer

Manchmal läuft uns jemand über den Weg, und dieser Jemand berührt unser Leben – manchmal auch durch Probleme. Wir sind nicht gezwungen, uns darauf einzulassen. Niemand wird bemerken, wenn wir nicht wollen – und wir gehen unserer Wege wie immer. Entscheiden wir uns aber zu lieben – nicht als halbherziges Experiment, sondern vorbehaltlos und verschwenderisch –, so wird sich unser Leben für immer verändern und uns reich belohnen. Es ist, als würden wir einen Stein ins Wasser werfen, der immer weitere Kreise zieht. Was wir heute noch Familie nennen, ist erst der Anfang. Die, die wir uns zu lieben entschließen, gehören bald dazu, und es entsteht eine große Gemeinschaft. Sehnen Sie sich nicht auch danach?

Das Kartoffelfiasko

„Don, Schatz, hast du ab und zu ein Auge auf die Kartoffeln?“, rief ich.

„Und was soll ich notfalls machen?“, fragte mein Mann zurück.

Ganz ruhig, Eileen. Einmal tief durchatmen und freundlich antworten, ermahnte ich mich.

Ich gratulierte mir im Stillen, dass ich dem Drang widerstanden hatte, ihn für begriffsstutzig zu erklären.

„Wirf nur ab und zu einen Blick drauf. Dann musst du sie pieken, abgießen und mit dem Stampfer quetschen“, flötete ich bemüht. Keine schwere Aufgabe, meinen Sie nicht auch?

Wir arbeiten beide ganztags, und im Laufe der Jahre haben wir uns bemüht, die Aufgaben im Haushalt einigermaßen gerecht zu verteilen. Wenn einer kocht (meist ich), wäscht der andere ab. Don kümmert sich meistens um die Einkäufe, während ich mich des Putzens annehme. Seine Aufgabe ist es, das Auto am Laufen zu halten und die Überweisungen zu machen, und ich organisiere unsere Urlaube. Das funktioniert im Großen und Ganzen recht gut.

Eines Tages geschah jedoch etwas, was später in die Familienchronik als das „Kartoffelfiasko“ eingehen sollte. Ich hatte das Essen schon fast fertig und die Kartoffeln mussten bald vom Herd, als mir plötzlich einfiel, dass die Banken gleich schlossen und ich noch etwas zu überweisen hatte. Also bat ich Don aufzupassen.

Als ich nach einer halben Stunde zurückkehrte und in unsere Straße bog, registrierte meine sensible Nase bereits einen brenzligen Geruch.

Irgendein Haus steht in Flammen, dachte ich noch.

Als ich unser Grundstück erreichte, wurde mir angst und bange. Fenster und Türen standen weit offen, und im Haus war es bitterkalt, wie ich beim Eintreten bemerkte. In der Küche fand ich überall Kartoffelreste auf Herd, Arbeitsplatte und Fußboden.

„Was ist denn hier los?", kreischte ich. Ich trat auf die Veranda – und wunderte mich, warum der angekohlte Kartoffeltopf unter einem unserer Gartenstühle stand. Offenbar hatte er die Sitzfläche durchschmolzen.

„Wieso ist der Stuhl kaputt?", fragte ich, als ich in die Küche zurückkehrte.

„Na ja, ich habe eben den Topf drauf abgestellt."

„Auf Plastik? Auf *Plastik?*", krächzte ich papageienhaft. „Wie kann man so dämlich sein!"

Und da war er wieder – der Wortschwall, mit dem ich meinen Mann um den Verstand zu bringen pflegte. Meine Wutrede füllte den Raum aus und verdrängte beinahe den Qualm.

„Wie konntest du nur! Nicht mal die einfachsten Sachen kriegst du hin!"

Das war wieder typisch für mich: Ich machte aus einer Mücke einen Elefanten. Denn für mich bedeutete das, was passiert war, dass Don mich wie so oft nicht ernst nahm, nur mit halbem Ohr zuhörte und mich einfach reden ließ. Für ihn war das alles keine große Sache. „Dann kaufen wir eben einen neuen Topf", sagte er. (Und einen neuen Gartenstuhl dazu?)

Ich *wusste*, dass ich eigentlich eine Auszeit brauchte, um wieder zur Vernunft zu kommen. Aber der Geruch in der Küche war so penetrant, dass daran nicht zu denken war. Ich *wusste*, dass kindische Bockigkeit zu nichts führt. Aber der letzte Rest Einsicht war längst dahin. Ich drohte wie jene überhitzten Kartoffeln zu platzen, und ich war sicher, es keinen Augenblick länger in diesem stinkenden Haus auszuhalten.

Ich habe die Nase voll von einem Mann, der nicht zuhört und alle Arbeit mir überlässt. Warum kann er nicht einmal tun, was ich sage? Warum bringt er so was Einfaches nicht fertig? Ist doch keine Wissenschaft, den Kartoffeltopf im Auge zu behalten!

Je länger ich über alles nachdachte, desto mehr steigerte ich mich in meine Wut hinein, und ich begann wieder, mich als Märtyrerin zu fühlen – mit den zwei meistgebrauchten Vokabeln der Geschundenen: *immer* und *nie.*

Nur weil ich die Frau bin, bleibt an mir immer die Kocherei hängen. Würde ich in der Küche keinen Finger rühren, müssten wir essen gehen und hätten nie genug Geld. Wäre ich's nicht, die sich immer wieder breitschlagen lässt, würden wir verhungern! Er hilft mir nie in der Küche!

Ich bin sicher, dem ein oder anderen Leser drängen sich jetzt Fragen auf: Haben Sie gerade immer Ihre Tage, wenn es so schlimm kommt? Machen Ihnen die Wechseljahre zu schaffen? Oder nehmen Sie Tabletten mit entsprechenden Nebenwirkungen?

Darauf müsste ich antworten: Nein, nein, nichts davon trifft zu. Eigentlich bin ich gesund und munter. Und ich müsste es auch besser wissen. Aber der gesunde Menschenverstand kommt mir einfach manchmal abhanden.

Ich stürmte nach draußen und schlug die Tür hinter mir zu, fuhr mit dem Auto zum nahe gelegenen See, parkte am Wasser, presste die Stirn gegen das Lenkrad und stieß einen Schrei aus, der die Vögel aufscheuchte, die Wellen kräuselte und die Scheiben zu sprengen drohte. Und der Weinkrampf danach war reif für die Theaterbühne. Ist die Ehe nicht zuweilen die schwerste aller Beziehungen auf Erden?

Da kam mir das Gebet des Blinden in den Sinn, von dem die Bibel berichtet. Jesus fragte ihn, was er wolle, und er antwortete ganz schlicht: „Herr, ich möchte wieder sehen können!" (Lukas 18,41)

Ich stammelte die Worte wieder und wieder und fügte hinzu: „Herr, lass mich erkennen, was ich jetzt tun soll."

Irgendwann fuhr ich nach Hause und stürmte sofort in die Küche. Don stand am Tresen und begrüßte mich mit den Worten: „Du hättest wirklich nicht so übertreiben müssen."

Da war die Lunte sofort wieder entzündet und brannte zischend ab. Doch glücklicherweise dachte ich rechtzeitig an unsere Auszeit-Regel, floh ins Schlafzimmer, schloss die Tür hinter mir und warf mich tief unglücklich aufs Bett. Für meinen Mann, durch und durch Verstandesmensch, ging es lediglich um das Schicksal eines Kochtopfs. Ich aber rang um Fassung wegen eines Mannes, der weghörte, der nicht willens war, mir selbst in kleinen Dingen beizustehen, und der mich ignorierte wie ein altes Möbelstück.

Langsam kam ich zur Ruhe, und meine Gedanken ordneten sich wieder. Letztlich ging es doch bei all dem um ... um ... Dominanz? *Er* sollte also gefälligst auf *mich* hören! *Oha!*

Schrecken Sie nicht auch manchmal in jenen Augenblicken auf, wenn Gott Ihnen, wie erbeten, die Augen öffnet?

Don fand seinen gesunden Menschenverstand schneller wieder als ich. Er klopfte an die Schlafzimmertür.

„Ein Tässchen Tee gefällig?", fragte er.

Ich war beeindruckt. Nicht nur, dass er so freundlich „Tässchen" sagte. Nein, er hatte etwas *für mich getan!*

Don kam mit dem Tablett herein, stellte es auf die Bettkante und rundete seinen kleinen Liebesdienst mit einem Wortgeschenk ab: „Es tut mir leid, Liebes. Ich habe wieder mal nur mit halbem Ohr hingehört. Dabei bittest du mich doch gar nicht oft um was. Tut mir wirklich leid. Verzeihst du mir?"

Nachdem ich einen Moment verlegen geschwiegen hatte und meinen Blick nicht von jenem „Tässchen" Tee abwenden mochte, sah ich zu Don auf und folgte seinem Beispiel. „Mir tut es auch leid", murmelte ich.

Die Älteren unter meinen Lesern erinnern sich wahrscheinlich noch an den Film *Love Story.* Die Aussage dieses Films lautete: „Liebe heißt, niemals um Verzeihung bitten zu müssen." Wer also liebt, würde ohnehin alles vergeben, was der eine dem anderen antut.

Doch in meiner eigenen Liebesgeschichte – zwischen Don und mir – heißt Liebe durchaus, um Verzeihung zu bitten.

Wie käme besonders Don ohne diese Worte aus? Sie sind wichtig für ihn, denn sie sind sein bevorzugtes Ausdrucksmittel, um mir verständlich zu machen, dass er mich liebt. Ich dagegen zeige meine Liebe, indem ich ihm praktisch zur Hand gehe oder ihm den einen oder anderen Liebesdienst erweise.

Don erinnert mich immer wieder daran, dass wir darauf achten sollten, gegen unsere *Probleme* vorzugehen und nicht gegen den Partner. Das *weiß* ich natürlich. Ich kenne die einfachen Kommunikationsregeln durchaus, die wir verabredet haben. Wir sollten uns zum Beispiel bemühen, möglichst oft in der Ichform zu reden und die berühmte Auszeit zu nehmen, wenn die Debatte allzu hitzig wurde.

Ich wusste, dass ich mich soeben wie ein bockiges Kind aufgeführt hatte. Aber die schlichten Worte – „Es tut mir leid" –, kredenzt mit einem liebevoll zubereiteten „Tässchen" Tee, schafften uns beiden den Spielraum, um innerlich und äußerlich Frieden zu schließen. Sobald ich meine Reue ausgesprochen und etwas von dem köstlichen irischen Tee genossen hatte, kehrte auch die Vernunft zu mir zurück, und so schafften wir es endlich, *miteinander* zu reden. Wir hörten uns an, was der andere fühlte und dachte. Und nachdem jeder versprochen hatte, nun ausreichend gehört und verstanden worden zu sein, beteten wir gemeinsam.

Die Stimmung wechselte augenblicklich. Wir fielen uns in die Arme und stellten plötzlich fest, wie hungrig wir waren. Und das Abendessen schmeckte – auch ohne Kartoffeln.

Eileen Roddy

Eileen erwähnte den Spruch aus dem Film: „Liebe ist, niemals um Verzeihung bitten zu müssen." Haben wir uns verrannt und wissen nicht mehr, was wir sagen sollen, dann mag uns dieses Motto als bequeme Ausflucht erscheinen. Der andere weiß ja sowieso, dass es mir leidtut, mögen wir denken, denn wie schwer fällt es mir, Schuld zu bekennen!

Aber wenn die Fetzen fliegen und die scharfe Zunge Wunden schlägt, dann ist ein Wort der Reue immer noch der einfachste Schritt zur Heilung.

Ein kluges Wort aus der Bibel deutet jedenfalls darauf hin, dass wir ein vollkommenes Leben führen könnten, wenn wir unsere Zunge im Zaum hielten. Es gelänge uns dann, das Leben in weiten Bereichen in geordneten Bahnen zu lenken (Jakobus 3,2).

Leider sind wir Menschen alles andere als vollkommen, und wir sagen viele Dinge, von denen wir wissen, dass sie besser unausgesprochen geblieben wären – vor allem denen zuliebe, die uns ans

Herz gewachsen sind. Haben wir aber mit unserer scharfen Zunge verletzt, können wir den Heilungsprozess mit einem schlichten Bekenntnis zur Reue einleiten.

Geliebtes Problemkind

Nie hätte ich gedacht, meinen Sohn Jonathan ein zweites Mal lieben lernen zu müssen. Zunächst hatte ich mich unsterblich in ihn verliebt, als ich ihn noch unter meinem Herzen trug – ganze neun Monate lang. Und als er dann das Licht der Welt erblickte, rot, voller Runzeln und mit einem schwarzen Haarschopf, da nahm er mich augenblicklich für sich ein wie sieben Jahre zuvor seine Schwester.

Mit vier Jahren war Jonathan zu einem fröhlichen kleinen Kerl herangewachsen. Mit einem spitzbübischen Lächeln, in das sich jeder sofort verliebte, kam er gelaufen, ein Kunstblumensträußchen hinter seinem Rücken. „Hab was für dich", sagte er dann selbstzufrieden und hielt mir sein Geschenk mit festem Griff hin.

Selbst wenn er etwas ausgefressen hatte und bestraft werden musste, hielt sein Schmollen niemals lange an. Er war ein so aufgewecktes Kerlchen und brachte viel Freude in unser Leben.

Doch mit fünf Jahren verlor Jonathan plötzlich an Gewicht und litt an unerklärlichen Blutungen. Dazu kamen starke Bauchkrämpfe. Wir fürchteten schon, er habe Krebs. Doch dann wurde eine chronische Darmentzündung festgestellt. Der Arzt meinte, eine so schwere Form habe er bei einem Kind in Jonathans Alter noch niemals beobachtet. Wir aber konzentrierten uns darauf, Gott dafür zu danken, dass es kein Krebs war.

Wir wussten so gut wie nichts über diese Krankheit und gingen einfach davon aus, dass sie mit Medikamenten zu heilen sei.

Aber unser Leben geriet mehr und mehr aus den Fugen. Jonathan war bald öfter im Krankenhaus als zu Hause, und die Krankheit verschlimmerte sich mehr und mehr. Abwechselnd wachten mein Mann und ich tageweise an seinem Bett und versuchten parallel, seine Schwester nicht zu kurz kommen zu lassen.

Drei Tage vor seinem siebten Geburtstag fiel Jonathan nach einem schweren Rückfall ins Koma. Wir machten uns große Sorgen und stellten uns auf das Schlimmste ein. Eine lange Woche kroch dahin, dann eine zweite, ohne dass sich etwas tat. Doch dann hatten wir wieder Grund zur Hoffnung, weil er langsam aus seinem Koma erwachte.

Nach einer Weile konnte Jonathan zwar seine Glieder wieder bewegen, und er reagierte auf Schmerz, dennoch – mit ihm stimmte irgendetwas nicht. Erst eine Computertomografie ergab, dass er einen Schlaganfall gehabt und sein Gehirn unheilbaren Schaden genommen hatte.

Mit aller Macht lehnte ich mich gegen den Gedanken auf, dass mein Sohn nie wieder gesund werden würde. Wir sangen ihm bekannte Lieder vor und dekorierten sein Bett mit seinen Lieblingsspielzeugen. Wir suchten Neurologen, Sprachtherapeuten, Psychologen und Seelsorger auf. Und wir flehten im Gebet zu Gott, er möge unseren Sohn wiederherstellen. Jonathans Sprache kehrte allmählich zurück, allerdings auf dem Niveau eines Dreijährigen. Und auch sein Allgemeinzustand verbesserte sich zusehends.

Aber Jonathan hatte sich verändert. Unser fröhlich verspielter Siebenjähriger war zu einem hyperaktiven, stets misslaunigen Zweijährigen geworden, der uns vollkommen fremd geworden war.

„Haut ab, ihr Blöden“, beschimpfte er uns regelmäßig. Er lächelte nicht mehr, und was er sagte, drückte stets Ablehnung und Hass aus. Wir trauerten um ihn, als sei er gestorben. Und in der Tat: Das Kind, das wir gekannt hatten, lebte nicht mehr.

Wie sollte ich es nur schaffen, diesen feindseligen Fremden in meinem Haus zu lieben? Ich wusste es nicht und entschloss mich, ihm besonders immer dann Liebe vorzuleben, wenn er sich besonders schlimm verhielt. Wenn er wieder einmal sein Gift mit hässlichen Worten verspritzte, dann schloss ich ihn in meine Arme und ließ ihn erst wieder los, wenn er sich beruhigt hatte. Wir konsultierten eine Verhaltenstherapeutin und nahmen uns fest vor, ihre Anweisungen zu befolgen, egal, wie schwer es uns fallen würde.

Irgendwann stellten wir fest, dass es allmählich voranging. Als Jonathan acht wurde, war er so weit, dass er am Unterricht einer Förderschule teilnehmen konnte. Obwohl er sich mit dem Gedanken an die Schule schwertat, hin- und hergerissen zwischen Akzeptanz seiner Behinderung und Aufbegehren dagegen, stimmte er schließlich zu, die Förderschule zu besuchen. Und es stellte sich heraus, dass es eine gute Entscheidung war.

Shirley, Jonathans neue Lehrerin, unterstützte ihn mit großem Engagement. Sie übte mit ihm intensiv lesen, schreiben, rechnen und malen und nutzte jede Gelegenheit, um ihm etwas beizubringen.

Aber was noch wichtiger war: Sie zeigte ihm ihre Zuneigung und nahm ihn so an, wie er nun einmal war. Und auch ich lernte ihn ganz neu lieben!

Wir begleiteten Jonathan zu den Paralympics. Wir hatten beobachtet, dass er gern (weg)rannte, und so hatten wir ihn immer ermutigt, an Wettläufen teilzunehmen. Der Tag der Wettkämpfe begann warm und sonnig, und Spannung lag in der Luft. Als Jonathan an der Reihe war, lief er sich frei und ließ alle anderen hinter sich. An diesem Tag gewann er die erste Goldmedaille von vielen, die noch folgten.

Seine Verhaltensstörungen nahmen im Laufe der Jahre immer mehr ab, und es schien, als verändere sich auch sein Herz. Ich bemerkte diesen inneren Wandel, als wir eines Tages Hamburger zum Mitnehmen kaufen wollten und am Ausgabefenster vorbeifuhren. Bislang hatte Jonathan bei solchen Gelegenheiten sein Fenster geöffnet und der Frau oder dem Mann an der Ausgabe hässliche Worte an den Kopf geworfen.

Jetzt aber rief er plötzlich: „Sie sehen hübsch aus und sind sehr nett! Ich mag Sie!"

Die meist jugendlichen Verkäufer reagierten wie schon früher irritiert, aber immerhin erntete er diesmal ein Lächeln!

Als Jonathan die Sonderschulzeit beendet hatte, empfahl man uns, ihn in eine Integrationsklasse im normalen Schulbetrieb zu schicken. Die Förderschule hatte ihm gutgetan, aber wir waren auch der Meinung, dass es ihm nützen würde, in den normalen Schulbetrieb zurückzukehren. Ich lag nächtelang wach und machte mir Sorgen, wie Jonathans frühere Klassenkameraden ihn wieder aufnehmen würden. Aber alle meine Grübeleien erwiesen sich wieder einmal als überflüssig. Die Kinder hießen ihn willkommen und nahmen ihn wie selbstverständlich in den Klassenverband auf. Zwar galt er offiziell noch immer als „geistig behindert", aber er machte solche Fortschritte, dass sogar an einen Besuch der Highschool zu denken war.

Aber wie würde er überleben zwischen den vielen Kindern, die lautstark auf den Fluren herumtobten? Würde er dort nicht untergehen? Was wäre, wenn man ihn hänseln würde?

Aber auch hier machte ich mir umsonst Sorgen. Schüler mit dem besonderen Auftrag, Behinderten zu helfen, begleiteten Jonathan überall hin und halfen ihm in den Pausen, sich etwas zu essen zu besorgen. Oder sie spielten mit ihm draußen Ball, wenn das Wetter schön war.

Den Abschlussprüfungen sahen wir mit gemischten Gefühlen entgegen. Zwar waren wir dankbar für die Fortschritte, die Jonathan im Laufe der Jahre gemacht hatte, dennoch machten wir uns Sorgen um seine Zukunft. Eine Woche vor der Examensfeier bekamen wir die Einladung zur feierlichen Verleihung von Urkunden für besondere Leistungen. Wir glaubten an eine Verwechslung, doch dann erfuhren wir, dass man unseren Jonathan für seine Leistungen im Behindertensport der letzten Jahre ehren wollte.

Bei der Abschlussfeier mit der Zeugnisübergabe war ich sehr stolz. Jonathan sah richtig elegant aus mit seiner Kappe und dem Umhang, wie er da zwischen den anderen Schülern saß. Als sein Name aufgerufen wurde, begleitete ihn sein Lehrer auf die Bühne, und plötzlich erhoben sich alle Schüler der Oberstufe von ihren Plätzen und klatschten lang anhaltend Beifall. Stehende Ovationen für unseren Jungen?

Mir wurde in diesem tränenreichen Augenblick bewusst, dass ich auch in Zeiten der Krise nie aufgehört hatte, meinen Sohn zu lieben, selbst wenn ich glaubte, es neu lernen zu müssen. Nach seinem Schlaganfall hatte er sich entscheidend verändert, aber auch ich war nicht dieselbe von damals geblieben. Ich lernte nicht nur, meinen Sohn so anzunehmen, wie er war, sondern ich schaffte es, mein Herz für diejenigen zu öffnen, die mit Einschränkungen zu leben hatten. Und ich erkannte dabei, dass es ein erfülltes Leben jenseits ihrer Grenzen gibt.

Jonathan wird immer das Kind bleiben, in das ich ganz besonders investieren musste, und ich bin bereit, es weiterhin zu tun. Ich werde ihn lieben, wie er nun einmal ist.

Louise D. Flanders

Leben heißt, auf dem Weg zu sein. Und hinter jeder Biegung müssen wir mit dem Unerwarteten rechnen. Viele sind sich dieser Tatsache jedoch allzu bewusst, sodass sie in die Sorgenfalle tappen und sich andauernd fragen: „Was wäre, wenn ...?“

Wie werde ich damit fertig, wenn mein Partner plötzlich zum Pflegefall wird? Werde ich es schaffen, meinen pubertierenden Teenager auch dann noch zu lieben, wenn er ausflippt und bewusst über die Stränge schlägt? Was werde ich für mein Kind empfinden, wenn es so krank wird, dass es nicht mehr klar denken kann und überall ablehnende Blicke auf sich zieht? Wie gehe ich damit um, wenn ich meine Kinder nur noch ungern „vorzeigen“ möchte?

Louise erinnert uns daran, dass uns die Liebe befähigt, auch unter den widrigsten Umständen wieder Tritt zu fassen. Die Liebe hilft uns, nicht zu erstarren, sondern lebendig zu bleiben und die Herausforderungen des Lebens zu überstehen. Das Reservoir, aus dem wir Liebe schöpfen können, ist zwar unsichtbar, aber dennoch unendlich ergiebig.

Ein Becher Freundlichkeit

Von unserem gemütlich warmen, noch dunklen Hotelzimmer spähte ich durch einen Spalt zwischen den Vorhängen nach draußen. Unsere drei Kinder sollten unbedingt noch etwas länger schlafen. Schneeflockenfedern segelten vom Himmel und bildeten bereits weiße Hauben auf den Autos, und die aufgehende Spätherbstsonne beschien die frostige Landschaft.

Wir waren am Abend vorher in Carlsbad, New Mexico, eingetroffen und planten eigentlich eine Herbstwanderung. Der Wintereinbruch aber machte uns einen dicken Strich durch die Rechnung. Immerhin war ein Ausflug zu den berühmten Höhlen von Carlsbad noch möglich. Ein Schild an der Straße wies darauf hin, dass dort unter der Erde das ganze Jahr über etwa 13 Grad herrschen.

Meine Frau und ich mummelten unsere drei Kleinen nach dem Frühstück in dicke Jacken, Schals und Mützen, während sie vor Aufregung und Freude über den Schnee kicherten, alberten und es uns schwer machten, sie zu bändigen. Dann setzten wir sie hinten ins Auto und legten noch eine dicke Decke über ihre Beine. Wir sangen und lachten, während wir durch die winterliche Landschaft fuhren.

Auf der Hauptstraße blies der Wind über die Fahrbahn und verhinderte, dass sich eine Schneedecke bildete, aber auf den Nebenstrecken war dies anders.

Ein Jeep der Parkaufsicht stand vor dem Parktor. Die Mitarbeiter stapften durch den Schnee. Sie hielten alle Autos an, die vor uns eingetroffen waren, und schienen mit den Insassen zu diskutieren.

Als wir an der Reihe waren, trat einer der jungen Männer an unseren Wagen. Er trug eine Uniformjacke, die gerade dick genug für den Herbst war und besser zu den 13 Grad in der Höhle gepasst hätte, als zu den minus drei Grad, die draußen herrschten. Er sah übermüdet aus und fror offenbar ganz erbärmlich.

„Guten Morgen, Sir. Es tut mir leid, aber die Straßen ins Tal runter sind bei dem Schnee nicht sicher genug. Die Parkverwaltung hat deshalb das Gelände bis mindestens morgen geschlossen. Sie können die Hotline anrufen, um aktuelle Informationen zu bekommen."

„Vielen Dank für die Information. Ist ganz schön kalt da draußen. Sehr freundlich, dass Sie uns warnen."

Er schien erleichtert. „Danke für Ihr Verständnis, und noch einen schönen Tag."

Wir wendeten, um ins Hotel zurückzufahren. Aber auf dem Weg kamen wir an einem Café vorbei.

„Wie wär's mit einer heißen Schokolade?", fragte ich.

„Au ja, Daddy! Das machen wir."

Ein herrlicher Duft von Kaffee und Kakao umfing uns, als wir eintraten. Überall an den Tischen saßen Familien, die ihre Jacken, Schals und Mützen nicht abgelegt hatten, weil sie offenbar immer noch so durchgefroren waren. Auch wir setzten uns und freuten uns schon auf das beheizte Schwimmbecken in unserem Hotel. Es würde Spaß machen, von dort aus hinaus in die winterliche Landschaft zu blicken.

Wir haben es gut, dachte ich, während ich draußen die Parkmitarbeiter beobachtete, die den ganzen Tag in der Kälte ihren Dienst tun würden. Und da kam mir eine Idee.

„Schatz, was hältst du davon, wenn wir den Männern draußen heißen Kaffee bringen?"

„Tolle Idee!"

Ich bestellte drei große Kaffees zum Mitnehmen und füllte einen Pappteller mit Milchdöschen und Zuckertütchen. Dann stiegen wir ins Auto und fuhren an der Schlange vorbei direkt zur Parkeinfahrt. Mit meinen Bechern trat ich an einen der Mitarbeiter heran.

„Ihr seht so durchgefroren aus. Da dachten wir, dass ihr einen heißen Kaffee bestimmt gut gebrauchen könnt."

Der Mann fand kaum Worte. „Oh, äh, das ist aber nett. Vielen Dank auch!"

Vom Auto aus sahen wir, wie er die Becher an seine Kollegen verteilte und auf uns deutete. Ihre dankbaren Mienen bedeuteten uns mehr als die schönste Wanderung.

Auf dem Heimweg unterhielten wir uns mit den Kindern, wie unangenehm kalt es für die armen Kerle da draußen wohl sein mochte. Und mit unserer kleinen Gabe hätten wir sie nicht nur gewärmt, sondern ihnen eine Freude gemacht, die dazu beitragen würde, den Tag besser durchzustehen. Es war auch ein Zeichen der Anerkennung für ihren Einsatz. Vermutlich würdigten nicht allzu viele Besucher, was sie leisteten, sondern machten ihnen auch noch mit ihrer schlechten Laune die Arbeit schwer.

Später dachte ich darüber nach, wie wichtig es doch ist, auch einmal ohne Anlass zu anderen Menschen freundlich zu sein. Warum bewirken wir so viel, wenn wir uns dazu entschließen?

Und warum bringen wir die Leute geradezu aus der Fassung damit?

Ich gebe zu, dass auch ich so frustriert und *fast* so unfreundlich sein kann wie die empörten Urlauber vor der versperrten Parkeinfahrt. Wir alle neigen gedankenlos dazu, zu glauben, unsere eigenen Pläne hätten stets oberste Priorität in dieser Welt. Und wer diese Pläne zu durchkreuzen droht, ist nicht etwa ein Mitmensch, der nur seine Pflicht tut, sondern unser Feind und Widersacher. Da ist es nur zu selbstverständlich, dass wir den Störenfried gedankenlos beschimpfen und uns um seine Gefühle kein bisschen scheren.

Warum aber war es mir diesmal gelungen, mich anders zu verhalten?

Ich war eben guter Dinge an jenem verschneiten Novembertag. Ich hatte Frau und Kinder bei mir. Und ich wollte einen wunderbaren Tag mit ihnen verbringen. Ich war dankbar für die gemeinsamen Stunden, obgleich das Wetter unsere Pläne durchkreuzt hatte. Ich hatte Urlaub, und mein Terminkalender war leer. Beim Blick nach draußen auf die frierenden Männer sprang mein Mitgefühl an. Ich nahm diese Männer als *Mit*menschen wahr und konnte erkennen, wie sie froren.

Viel zu oft verschwindet der Mitmensch hinter seiner Rolle – als Parkwächter, Verkäuferin oder Bankangestellter. Und dann vergessen wir, dass auch er oder sie Mutter, Tochter, Bruder oder Freund von jemandem ist. Die Lektion, die ich an diesem Tag gelernt hatte, bestand in der Erkenntnis, dass ich bei jedem zwischenmenschlichen Kontakt aus dem Menschen in einer bestimmten Funktion wieder einen Mitmenschen machen soll – vielleicht sogar einen Freund. Ich muss mir jedes Mal vor Augen führen, dass mein Gegenüber seine eigenen Bedürfnisse, Pläne, Verletzungen und Stressauslöser hat. Sollte ich da nicht viel öfter ein Brückenbauer sein, um dem anderen, falls es ihm nicht gut geht, neuen Lebensmut zu schenken? Wenn ich dem Fremden freundlich begegne, dann ist auch er viel eher motiviert, mir sein Wohlwollen entgegenzubringen. Gewinner sind wir dann alle!

Als wir am nächsten Abend nach Hause fuhren, ging die Sonne gerade über den tauenden Schneeresten unter. Wir kamen gemeinsam zu der Erkenntnis, dass die Becher mit heißem Kaffee nicht nur die frierenden Parkwächter, sondern auch uns selbst innerlich aufgewärmt hatten.

Steven L. Brown

Es muss nicht eine große Geste sein, um einem Mitmenschen den Tag zu versüßen. Manchmal reicht ein Lächeln, ein freundliches Wort – oder ein Becher Kaffee.

Wenn wir es uns zur Gewohnheit machen, immer wieder kleine Liebesdienste als Zeichen der Zuwendung zu verschenken, dann tragen wir nicht nur dazu bei, die Welt schöner zu machen, sondern wir bereichern auch unser eigenes Leben. Und mit einer solchen Grundeinstellung brauchen wir nicht lange auf die Belohnung zu warten.

Löffelweise Milch

„Wie haben du und Danny es eigentlich geschafft, eine so harmonische Ehe zu führen?“, fragte mich meine Freundin Kathy nach einem Gedenkgottesdienst für meinen verstorbenen Mann.

Diese Frage wurde mir nicht zum ersten Mal gestellt, also mussten die Leute etwas von unserem Familienglück mitbekommen haben. Wir waren mit 47 guten Ehejahren gesegnet worden, hatten drei Kindern, die ebenfalls alle glücklich verheiratet sind, und acht Enkel.

Niemand von denen, die unser Glück beobachtet hatten, wusste jedoch, dass unsere Beziehung an einem stürmischen Winterabend beinahe untergegangen wäre. Ich begriff damals plötzlich, dass von meiner Liebe zu meinem Mann nichts mehr übrig war.

Ting – ting – ting. Mein Mann löffelte wieder seine Schokoladenmilch vor dem Fernseher. Diese Angewohnheit ging mir schrecklich auf die Nerven, obwohl er eine vernünftige Begründung dafür hatte. Normalerweise würde er drei Gläser am Abend trinken. Wenn er jedoch löffelte, blieb es bei einem.

Aber dass mich das Löffelklappern derart gegen ihn aufbrachte, war nur Ausdruck eines tiefen Zerwürfnisses zwischen uns. Es war einfach so unglaublich schwer, mit Danny gut auszukommen. Wenn er mich nicht gerade ausschimpfte, redete er oft stundenlang kein einziges Wort mit mir.

Seit jenem Wochenende zu Thanksgiving, an dem wir uns kennengelernt hatten, hatte er sich vollkommen verändert. Ich hatte damals gerade mein Pädagogikstudium angefangen, um Lehrerin zu werden, und war wohl unter meinen Freundinnen diejenige, die am wenigsten an eine frühe Heirat dachte. Danny hatte bereits mit zweiundzwanzig eine gut bezahlte Arbeit und dachte daran, eine Familie zu gründen.

Kurz nachdem wir uns begegnet waren, verliebten wir uns schon unsterblich ineinander. Studium und Karriere interessierten mich plötzlich nicht mehr. Schon bei unserer zweiten Verabredung erklärte er mir seine Heiratsabsichten, und beim dritten Date sagte ich, dass auch ich wolle. Ich beendete mein Studium, und wir heirateten.

Doch unsere Ehe hatte keine guten Voraussetzungen. Wir waren noch viel zu jung und ungestüm, als wir uns füreinander entschieden. Zwar waren die ersten gemeinsamen Jahre noch einigermaßen glücklich, und unsere Familie wuchs schnell um drei weitere Personen an. Aber dann begann sich etwas zu verändern. Leider kann ich mich nicht mehr erinnern, was der Auslöser war. Als ich jedoch an jenem Abend meinen löffelnden Mann aus dem Augenwinkel beobachtete, glühten zwar noch die Scheite im Kaminofen – mein Herz aber war längst erkaltet.

Ich stand auf und ging in die Küche. *O Gott,* entfuhr es still meiner verwundeten Seele, *wie soll ich es aushalten, noch Jahrzehnte mit diesem Mann zusammenzuleben? Es muss doch einen Weg geben, aus dieser Misere herauszukommen!*

Plötzlich hatte ich eine Idee. Ich holte Papier und Kugelschreiber, setzte mich an den Küchentisch und schrieb alle Fehler auf, die mich an meinem Mann störten. Dann starrte ich auf das

Blatt Papier und konnte nicht fassen, dass ich nur fünf Punkte gefunden hatte. Zwei Eigenschaften waren ganz besonders übel – vor allem sein ständiges Kritisieren. Sollte mir nicht doch noch das eine oder andere einfallen? Aber ich hatte keine Idee mehr.

Ich verstehe das nicht, dachte ich. *Warum regen mich diese wenigen Dinge so sehr auf? Warum könnte ich aus der Haut fahren, wenn er seine Schokoladenmilch löffelt?*

Auf ein anderes Blatt Papier schrieb ich Dannys gute Eigenschaften. Diese Liste wurde seltsamerweise immer länger. Dazu gehörten auch die Dinge, die ich gleich zu Anfang so schätzen gelernt hatte – seinen Humor und seinen Fleiß, der mich überzeugte, einen guten Ernährer für meine Familie gefunden zu haben. Auch stellte er die Familie über alles. Er war ein wirklich guter Vater, der sich intensiv mit seinen Kindern beschäftigte. So positiv ging es weiter und weiter.

Du hast doch einen tollen Mann, dachte ich. *Warum nimmst du ihm so viel übel?*

Plötzlich fiel es mir wie Schuppen von den Augen. Ich hatte mich in letzter Zeit nur noch auf Dannys wenige schlechte Eigenschaften konzentriert und seine guten Seiten völlig aus dem Blick verloren.

Schon hatte ich ein neues leeres Blatt Papier vor mir liegen. Ich stellte meine eigene Negativliste zusammen – und hörte gar nicht mehr auf zu schreiben. Wie viele schlechte Eigenschaften ich doch hatte! Ich dachte über jeden einzelnen Punkt nach und begriff allmählich, dass ich ein besserer Mensch werden konnte, wenn ich daran ginge, diese Punkte zu bearbeiten.

Alle Zettel lagen nun vor mir, und ich ging die Listen noch ein paarmal durch, worauf sich mir eine entscheidende Frage geradezu aufdrängte: *Warum hält es dieser Mann eigentlich noch mit mir aus?*

Wenn man etwas schwarz auf weiß vor Augen hat, bringt dies oft sehr viel mehr Klarheit. Ich begriff, dass wir beide in einem Kreislauf steckten, der uns abwechselnd zu einer immer negativeren Sicht des anderen brachte. Jeder noch so gut gemeinte Vorschlag von Danny bedeutete für mich Kritik an meiner Person. Dann reagierte ich eingeschnappt, worauf Danny sich in seiner ablehnenden Haltung bestätigt fühlte. Seine Vorschläge bekamen nach und nach tatsächlich den kritischen Unterton, bis zwischen uns ein richtiger Schlagabtausch im Gange war. Und das wiederum verstärkte zusehends meine Abneigung.

Ich trug die Liste mit seinen schlechten Eigenschaften ins Wohnzimmer und warf sie vor seinen Augen auf die brennenden Scheite im Kaminofen. Es war ein symbolischer Akt, und ich beobachtete, wie sich das Papier braun färbte, einrollte und in Rauch aufging. Alle abwertenden Gedanken, die ich zu Papier gebracht hatte, waren buchstäblich verflogen.

Danny hatte keine Ahnung von dem, was ich tat. Er löffelte unverdrossen seine Schokoladenmilch.

Ich kehrte in die Küche zurück und arbeitete einen Plan aus. Ich las die Liste mit Dannys guten Eigenschaften noch einmal durch und steckte das Blatt in meine Handtasche. In der nächsten Woche las ich zehnmal täglich, was dort stand. In der darauffolgenden Woche las ich es einmal täglich. Und ich behielt dieses gefaltete Blatt Papier für Jahre in meiner Tasche. Spätestens wenn ich eine neue Tasche kaufte, fiel es mir in die Hände, und dann führte ich mir wieder vor Augen, was für einen guten Mann ich doch hatte.

Aber auch die Aufstellung meiner eigenen Stärken behielt ich in Reichweite. Sobald ich mir wieder einmal bewusst machte, was gut an mir war, begriff ich, dass es zumindest ein Fundament gab, auf das ich aufbauen konnte. Und außerdem machte ich mich daran, meine schlechten Angewohnheiten nach und nach abzubauen.

Ich erzählte Danny nichts von alldem. Ich befürchtete wohl, dass er mich mit dem Gefühl verlassen würde, am Ende mit seiner Kritik recht gehabt zu haben. Außerdem war ich überzeugt, dass ihn vollendete Tatsachen mehr überzeugen würden als Ankündigungen.

Ich war jedenfalls positiv überrascht, als ich nach einer Weile meinen Mann mit ganz anderen Augen zu sehen begann. Ja, ich respektierte ihn wieder, und meine Liebe zu ihm kehrte zurück – mehr denn je. Und nachdem ich mich zu verändern begann, begegnete auch Danny mir ganz anders – liebevoller, mit mehr Achtung und viel weniger Kritik. Ich weiß nicht warum, aber eine Woche, nachdem ich mich hingesetzt und meine Listen geschrieben hatte, hörte Danny ganz unvermittelt auf, seine Milch so nervtötend und laut klappernd zu löffeln.

Das ist inzwischen 36 Jahre her. Und seit dieser Zeit haben wir jene Liebe schätzen gelernt, die sich einstellt, wenn Menschen über Jahrzehnte immer mehr zusammenwachsen.

Wenn ich zurückdenke, dann weiß ich, was mir damals den Schub gab, dass ich so um meine Beziehung zu Danny kämpfen konnte. Es war die Grundüberzeugung, dass die Ehegemeinschaft etwas sehr Wertvolles ist und dass sich jeder Einsatz dafür lohnt. Gott hat meine Tränen der Verzweiflung gesehen und mir die Idee eingegeben, mit Papier und Schreibstift meine Ehe zu retten und meine verlorene Liebe wiederzugewinnen.

Doris E. Clark

In der Bibel, dem wichtigsten und wertvollsten Buch, das je geschrieben wurde, lesen wir: „Orientiert euch an dem, was wahrhaftig, gut und gerecht, was anständig, liebenswert und schön ist. Wo immer ihr etwas Gutes entdeckt, das Lob verdient, darüber denkt nach." (Philipper 4,8)

Dieser gute Rat gilt für alle Lebensbereiche, ganz besonders aber für zwischenmenschliche Beziehungen. Der Spruch: „Zu viel Vertrautheit verdirbt die Freundschaft" scheint jedenfalls seine Berechtigung zu haben. Je mehr Zeit wir mit jemandem verbringen, desto deutlicher fallen seine Schwächen auf. Die kleinsten Fehler wachsen sich zu abstoßenden Eigenschaften aus, wenn wir diesem Prozess nicht Einhalt gebieten. Und plötzlich entdecken wir die ersten Risse im Fundament unserer Beziehung.

Wie Doris herausgefunden hat, gibt es ein Rezept dagegen, dass Vertrautheit die Freundschaft verdirbt: Es ist wichtig, die Fehler, die man nach und nach entdeckt, im richtigen Maßstab zu sehen. Im Licht aller positiven Eigenschaft betrachtet, erscheint so mancher Makel plötzlich viel kleiner als gedacht.

Und wenn wir dann ganz bewusst wegsehen – oder buchstäblich ins Feuer werfen, was uns stört – dann haben wir den Blick frei für alles, was uns am anderen gefällt.

Worauf wir bewusst unseren Blick richten – das Gute am anderen –, das wird uns über kurz oder lang ganz ausfüllen und jeder Kritik den Platz streitig machen.

Die Umarmung, die ich nie vergessen werde

Du wirst bei Daddy übernachten! Das sagte ich mir, während ich im Auto unterwegs war. *Auch wenn Mom nicht da ist!*

Mein Vater war eine uneinnehmbare Festung des Schweigens. Ich kannte ihn fast nur mit finsterer Miene, und wenn er einmal den Mund auftat, dann war er kurz angebunden. Meine 35 Lebensjahre hatte ich bisher damit verbracht, ihm entweder aus dem Weg zu gehen oder ihm – vergeblich – ein Lob abzutrotzen, wenn ich glaubte, etwas geleistet zu haben.

Weder das eine noch das andere machte mich glücklich. Aber wenn ich ihm aus dem Weg ging, ersparte ich mir wenigstens, seine Distanziertheit zu spüren. Ich sehnte mich doch so sehr nach seiner väterlichen Nähe. Wenn ich jedoch versuchte, mit ihm ins Gespräch zu kommen, verletzte mich seine Schroffheit jedes Mal. Was ich auch tat, ich hatte keine Chance.

Das Verhältnis zu meiner Mutter war da ganz anders. Obgleich meine Eltern über 200 Kilometer entfernt wohnten, bestand ein reger Kontakt zu ihr. Wir schrieben uns wöchentlich Briefe und führten einen regen Gedankenaustausch – auch telefonisch. Meine Mutter kannte meine Sehnsucht nach einem besseren Verhältnis zu Daddy, aber auch sie wusste keinen Rat, was zu tun sei. Ihr Verständnis und die liebevollen Umarmungen halfen zwar, aber sie konnten meine Sehnsucht nach Daddys Nähe nicht stillen.

Über eine Sorge redete ich aber noch nicht einmal mit meiner Mutter: Daddy war zwar einige Jahre älter als sie, dennoch fürchtete ich mich davor, sie könne am Ende eher gehen und mich mit meinem verschlossenen und unnahbaren Vater allein lassen. Und dass dieser Gedanke nicht so weit hergeholt war, wie es zunächst vielleicht schien, wurde in dem Moment klar, als man bei ihr Knochenkrebs diagnostizierte – mit einer Lebenserwartung von drei bis vier Jahren.

Wie würde ich es überstehen, meinen Vater zu besuchen, der allein zu Hause sein würde, während meine Mutter im Krankenhaus war?

Und nun war ich wieder zwei Stunden unterwegs zu meinen Eltern, um zunächst meine Mutter zu besuchen. Und dann? *Du musst in jedem Fall bei Daddy übernachten*, befahl ich mir.

Und ich werde mich dabei hundsmiserabel fühlen. Er wird genauso zugeknöpft sein wie früher, widersprach meine innere Stimme.

Aber eine gute Tochter besucht ihren Vater!, argumentierte mein schlechtes Gewissen.

Mag sein, aber wenn der Vater nicht gut ist? Er ist stumm wie ein Fisch, weil er keinen Kontakt zu mir will, maulte ich.

Da musste ich plötzlich daran denken, dass Dad meiner Schwester und mir das Studium finanziert hatte, ohne je einen Cent zurückzufordern.

Stimmt schon, aber Daddy hat sich nicht einmal danach erkundigt, was ich mit meinem Studium anfangen wollte und mit welchen Noten ich abgeschlossen habe, dachte ich trotzig.

Das war richtig, aber dafür hatte ich immer genug zu essen und genügend Geld für meine Kleidung.

Mag sein. Aber musste ich nicht immer die Sachen von meiner Schwester auftragen? Ich konnte nie anziehen, was gerade in war. Daddy war viel zu knauserig, um mir mal was richtig Schickes zu gönnen.

Doch ich erinnerte mich daran, dass wir in den Ferien viel herumgereist waren. Wir durchquerten das ganze Land, sogar bis nach Kanada. Was hatten wir nicht alles gesehen! Die wunderbaren Landschaften und die kulturellen Eindrücke habe ich bis heute nicht vergessen.

Stimmt schon, aber wir waren immer dort, wo es nicht viel kostete. Die schönsten Strände und Sehenswürdigkeiten, wo die anderen waren, haben wir nicht zu Gesicht bekommen ...

So ging es weiter und weiter. Auf jeden freundlichen Gedanken an meinen Vater folgte ein Bedauern. Und während ich noch mein Schicksal betrauerte, fielen mir gleichzeitig verschiedene Bibelstellen ein: „*Wir wollen lieben, weil Gott uns zuerst geliebt hat*" (1. Johannes 4,19) und: „*Gott aber hat uns seine große Liebe gerade dadurch bewiesen, dass Christus für uns starb, als wir noch Sünder waren.*" (Römer 5,8)

Es überwältigte mich, wie groß Gottes Liebe ist. Er liebt uns, obgleich nichts Liebenswertes an uns ist!

Plötzlich fiel mir der Slogan ein, den ich oft in meiner Therapie für Alkoholabhängige benutze: „Tu so, als ob, bis es echt wird."

In diesem Moment war mir plötzlich klar, wie ich mich zu verhalten hatte. Ich würde meinem Vater gegenübertreten, als *wäre* er der perfekte Vater, der mich so liebt, wie ich es mir in meinen kühnsten Träumen nicht vorstellen konnte. Wie immer er sich auch mir gegenüber verhalten würde: Ich würde ihn spüren lassen, wie nah er mir war. Ich wollte nicht mehr auf seine Liebe warten, sondern ihm meine schenken.

Abends saßen wir zusammen. Er hatte gekocht, und ich ließ ihn wissen, wie sehr es mir schmeckte. Doch die Antwort blieb aus.

Nach dem Essen spülte ich und räumte die Küche auf, und dann ging ich zu ihm ins Wohnzimmer. Wir saßen uns gegenüber, jeder in seinem Sessel, und lasen schweigend, jeder in dem Teil der Tageszeitung, der ihn interessierte. Um zehn Uhr kündigte er an, nun ins Bett gehen zu wollen, und ich solle doch nicht vergessen, das Licht auszumachen.

Für den nächsten Vormittag war geplant, dass ich meine Mutter im Krankenhaus besuchte und anschließend nach Hause fuhr. Daddy brachte mich zum Auto, und bevor ich einstieg, legte ich noch meinen Arm um ihn und sagte: „Tschüss, Daddy. Ich hab dich lieb."

Es fühlte sich an, als hätte ich einen Stock umarmt. Er rührte keinen Finger, um mir irgendetwas zurückzugeben.

Ein paar Wochen später war Himmelfahrt und gleichzeitig Vatertag. Ich hatte eigentlich keine Lust, meinen Vater anzurufen, aber ich dachte: *Tu so, als hättest du den besten Vater der Welt.*

Ich wünschte ihm einen schönen Tag und erkundigte mich nach seinem Garten – ein Thema, das ihm stets ein paar Worte abnötigte. Er erzählte, dass die Rettichernte ganz gut sei, und er habe Mom ein paar mitgebracht. Die Wildkaninchen würden sich ständig über die Buschbohnen hermachen, und die ersten Spargelköpfe kämen schon.

„Hab dich lieb, Daddy", sagte ich zum Abschluss, und Daddy sagte: „Tschüss."

Ein paar Tage später rief ich meine Mutter an. „Dein Daddy erzählte mir übrigens, wie sehr er sich über deinen Anruf zum Vatertag gefreut hat."

Hätte er mir das nicht selber sagen können?, fragte ich mich sofort.

In den folgenden neun Monaten, während der Krebs die Knochen meiner Mutter zerfraß, fuhr ich unermüdlich fort, Daddy meine Liebe zu bekunden, ohne je eine Reaktion darauf zu bekommen. Im März besuchte ich ihn anlässlich seines Geburtstags. Da meiner nur zehn Tage später ist, feierten wir immer zusammen. Auf dem Kaminsims stand eine ganze Reihe von Glückwunschkarten.

„Sogar Francine hat dir geschrieben!" Meine ältere Schwester hatte mich wie immer vergessen. „An meinen Geburtstag hat sie noch nie gedacht."

Daddy antwortete: „Was ist schon eine Karte! Papier ist geduldig."

„Weiß ich doch, Daddy."

„Ich wollte damit nur sagen, dass du nicht traurig sein musst."

Daddy erklärte mir, was er meinte! Ich war völlig überrascht. Bisher hatte ich immer gedacht, er sei unfähig zu irgendeiner Gefühlsregung. Man nahm nicht wahr, dass er etwas fühlte. Aber hinter der rauen Schale schien sich doch etwas zu regen: Er hatte sich Gedanken um mich gemacht! Und nun war ich es, die kein Wort herausbrachte.

Monate später, bei einem weiteren Besuch, sagte ich zu Dad: „Weißt du, ich rechne es dir hoch an, dass du mir mein Studium finanziert hast. Ich möchte einfach noch mal Danke sagen."

Er drehte sich weg und murmelte: „Dass ich das noch erlebe! Es bedankt sich jemand bei mir!"

Mein Leben lang hatte ich mich nach Liebe und Anerkennung gesehnt, und plötzlich entdeckte ich, dass es meinem Vater nicht anders ging.

Er stand auf und verließ das Zimmer, weswegen ich Zeit zum Nachdenken fand. Was hatte er alles für mich getan! Wie oft hatte er mir ein Softeis, in Schokolade getaucht, vom Eiswagen geholt und mir ein heiß ersehntes Springseil zu Weihnachten geschenkt. Und als ich zunächst damit nicht zurechtkam, führte er mir vor, wie es ging, worüber wir uns ausschütteten vor Lachen. Bei jeder Schulvorführung war er dabei. Er brachte mir das Gärtnern bei, stellte ein Fernrohr auf, um mir die Mondkrater zu zeigen, und bastelte mir eine Leuchtkäferfalle. Und wie oft hatte ich ihm dafür gedankt? Gewiss viel zu selten!

Als ausgebildete Psychologin sollte ich doch eigentlich wissen, wie wichtig es für Menschen ist, sich angenommen und geachtet zu fühlen. Wie traurig war es da, dass mein Vater, der studiert hatte und Verfahrenstechniker war, mit achtzig immer noch nicht gelernt hatte, sich zu seiner Liebe zu bekennen und Liebe anzunehmen.

Aber mein Plan, so zu tun, als sei Dad der beste Vater auf der Welt, hatte letztlich Erfolg. Ich begriff langsam, dass er tatsächlich ein guter Vater gewesen war. Er hatte mir immer alles geschenkt, was er zu schenken in der Lage war: seine Liebe zum Garten, die Wissbegier dem Leben gegenüber und viele gute Ratschläge, wie man den Alltag meistert und den Boden unter den Füßen behält.

Ein halbes Jahr später starb meine Mutter. Ich rief danach noch immer mindestens einmal in der Woche bei Daddy an, und ein paarmal im Jahr besuchte ich ihn. Stets verabschiedeten wir uns, indem ich ihn in meine Arme nahm und ihm ins Ohr flüsterte, dass ich ihn liebe. Dad aber stand jedes Mal stocksteif da und sagte kein Wort.

Wir hatten noch vier gemeinsame Jahre. Als ich ihn zum letzten Mal besuchte, kurz bevor er an einem Herzinfarkt verstarb, hob er zum Abschied ganz unerwartet seinen Arm und strich mir über den Rücken, bevor er ihn hastig wieder sinken ließ. Das war vor fünfzehn Jahren, und ich spüre noch immer die zärtliche Hand meines Vaters, wie sie mir über den Rücken streicht. Er war der beste Vater, den ich haben konnte!

Rebecca Willman Gernon

Es entspricht unserem Wesen, wenn wir einem Mitmenschen sagen: „Ich kann dich nur lieben, wenn du mich liebst!"

Wir als Menschen neigen dazu, vorsichtshalber unsere Zuneigung zurückzuhalten und darauf zu warten, bis wir ganz sicher sind, für unsere Liebe eine Gegenleistung zu erhalten.

Aber wie sehr unterscheidet sich diese menschliche Natur vom Wesen der wahren Liebe! Wenn wir also nichts sehnlicher wünschen, als dass sich der Mitmensch für uns öffnet, dann ist es oft klug, selber den ersten Schritt zu tun. Wir sollten nicht danach handeln, wie die Dinge liegen, sondern so, als wären unsere Wünsche schon Wahrheit. In eine Beziehung blind zu investieren ist natürlich immer ein Risiko. Aber es passiert viel öfter, als wir glauben, dass sich etwas beim anderen und bei uns selber zum Guten ändert, wenn wir es sind, die bereitwillig den ersten Schritt tun.

Zwischen Bergsee und Badestrand

Ich versuchte zu lesen, verlor aber immer wieder den Faden und musste den Satz von vorn anfangen. Es gelang mir einfach nicht, mich auf die Worte zu konzentrieren, denn ein einziger Gedanke kreiste in meinem Kopf: *Wie kann er's nur wagen!*

Ich beobachtete Marvin, meinen Mann, durch die Frontscheibe unseres Autos. Es stand am Seeufer, während er draußen in aller Seelenruhe seine Angelrute auswarf.

Es war leicht dunstig an jenem Morgen, und durch das offene Fenster hörte ich die Stimmen der Natur – Krähen, Enten, Frösche und Grillen –, die zwar zufällig, aber dennoch harmonisch ihr Morgenlied anstimmten, und selbst das Platschen springender Fischchen schien sich rhythmisch einzufügen.

Marvin, der mit seiner Angelrute am Ufer stand, fügte sich problemlos ein in diesen äußerlichen Frieden. Während ich schmollend in unserem Auto ausharrte, besaß er die Dreistigkeit, den Augenblick zu genießen, ohne sich darum zu kümmern, wie schlecht es mir ging.

So ging es bei uns zu am Anfang unserer Ehe. Und dass wir inzwischen ein harmonisches Paar geworden sind, war damals nicht abzusehen. Es ist auch eher das glückliche Ende eines

Märchens als der zu erwartende Ausgang einer wahren Geschichte.

Wie romantisch war dieser Augenblick damals! Die Stimmung draußen war Quelle der Inspiration für die schönste Liebesgeschichte – und wir beide hätten die Hauptfiguren darin sein können. Ich sah uns Händchen halten, lange Spaziergänge machen und kuscheln. Wir hätten die Welt Welt sein lassen können! Und ich sehnte mich nach der Leidenschaft junger Paare, die derart verliebt ineinander sind, dass ihnen die Berührung von Haut zu Haut immer noch nicht nahe genug ist.

Doch unglücklicherweise schien mein Mann andere Vorstellungen von unserer Reise zu haben. Es war unser Hochzeitstag, und ich hatte noch immer keine Idee, wie man die Freiheit des einzelnen Partners und das gemeinsame Erleben als Paar zusammenbringen sollte.

Erst im Laufe der Jahre lernte ich, mit Kompromissen zu leben, im wechselseitigen Geben und Nehmen, das eine Beziehung erst fruchtbar macht.

Zum Beispiel geschah das in unserem Urlaub am Meer.

Wenn die Sonne aufging, war ich schon am Strand und spazierte am Wasser entlang. Ich genoss den Rausch der Klänge, das Klatschen der Wellen, das Brausen des Windes und dazwischen das Kreischen der Möwen. Und dann erlebte ich mit, wie die Strahlen der Sonne alles ringsumher in ein lebendiges Morgenrot tauchten. Das weckte wohl auch die Delfine, die weiter draußen ihre Bahnen zogen und mich zu begleiten schienen, während ein Küstenschiff an der Horizontlinie gemächlich das Ende meiner sichtbaren Welt markierte.

Nach dem Frühstück kehrte ich mit den Kindern an den inzwischen belebten Strand zurück. Sie konnten es kaum abwarten, rannten mir voraus, während ich ihnen etwas gemächlicher folgte, darauf bedacht, durch weite Schritte jede Berührung mit dem heißen Sand zu vermeiden.

„Komm mit rein, Mom", riefen die Kinder, während sie sich ins Wasser stürzten.

„Ist es nicht viel zu kalt?", rief ich zurück.

„Überhaupt nicht. Es ist toll. Komm schon."

Als ich ihnen folgte, stockte mir der Atem, bei jeder Welle von Kälteschauern überrollt. Hatte ich dann meinen Mutterpflichten genügt, setzte ich mich an den Strand, atmete die salzige Luft ein, ließ mich von der Sonne verwöhnen oder von den Kindern einbuddeln.

Nach einem langen Tag draußen an der frischen Luft – inzwischen hatte sich auch Marvin zu uns gesellt – duschten wir uns ab, zogen uns an und verließen mit Hunderten von anderen Feriengästen über einen Bohlenweg den Strand. Auf dem Heimweg begleitete uns der Duft nach Karamell und Popcorn von den Kiosken. Es herrschte eine so heitere, gelöste Stimmung, und ich genoss es, die warme Hand meiner großen Liebe in meiner zu spüren, was die Sehnsucht nach noch mehr Nähe nur verstärkte.

Ich sah zu ihm auf und erwartete, dass sich meine Heiterkeit auf seinem Gesicht widerspiegelte. Doch er blickte grimmig, die Baseballkappe tief ins Gesicht gezogen.

„Alles klar?", fragte ich irritiert.

„Ja, alles klar."

Die Kinder waren überglücklich. Schließlich gab es alles, was ihr Herz begehrte: Hamburger, Pommes, Eis und Meer. Shawn und Shannon tobten und alberten wie sonst das ganze Jahr nicht. Mein Mann aber litt still und stumm – kompromissbereit für das Glück seiner Familie.

Ich wusste, dass Marvin im Urlaub lieber lange im Bett blieb und las oder still seine Angelrute auswarf, statt im Getümmel am Strand zu liegen und auch noch abends das bunte Treiben der Touristenschwärme über sich ergehen zu lassen. Aber ich hatte in dem Augenblick keine Ahnung, wie sehr Marvin das Strandleben hasste.

Erst spät am Abend, als wir uns unterhielten, erfuhr ich, wie sehr er das Gefühl von Sand auf der Haut verabscheute und sich, mit ein paar Körnern kontaminiert, nach einer Dusche sehnte. Und das Gedränge auf dem Heimweg war für ihn auch nur schwer zu ertragen.

Marvin liebt die Stille beim Angeln – für Stunden. Und endlose Wanderungen. Ihn kostete also der Heimweg im Gedränge genauso viel Überwindung wie mich ein ganzer Vormittag mit der Angel in der Hand.

Als er es mir an jenem Abend gestand, war ich ziemlich überrascht. Gewiss, er hatte am Strand nicht gerade ausgelassen gewirkt, aber er hatte auch nicht so geschmollt wie ich vor Jahren am See.

Auf dieser Reise wurde mir durch Marvins Geständnis bewusst, dass man aus Liebe auch mal auf das eine oder andere Vergnügen verzichten kann, wenn es dem anderen eine Last ist. Das System von Geben und Nehmen funktioniert aber nur dann gut, wenn beide sich daran halten.

Ich begann über uns nachzudenken und nach einem Ausgleich zwischen uns zu suchen. Mit meiner zunehmenden Bereitschaft, ihm auf halbem Weg entgegenzukommen, habe ich Bereiche in Marvins Welt kennengelernt, die mir sonst verschlossen geblieben wären. Ich besitze inzwischen auch einen Angelschein, und es macht mir sogar Spaß, Marvin ab und zu auf seinen Angeltouren zu begleiten. Ich setze mich außerdem mit ihm hin, um gemeinsam entsprechende Fernsehsendungen zu gucken. Irgendwann habe ich sogar den Jagdschein gemacht, sodass ich ihn auch auf der Pirsch begleiten kann.

Und das nutzten wir in der letzten Saison aus. Wir gingen auf Fasanenjagd. Es war ausgesprochen gewöhnungsbedürftig für mich, bereits um drei Uhr in der Nacht aufzustehen. Aber als ich im grünen Tarnanzug hinter meinem Mann durch den Wald pirschte, fand ich das Ganze doch ziemlich aufregend, und ich spürte ein Glücksgefühl dabei.

Marvin führte mich an eine Stelle, die er zuvor ausgewählt hatte und die er selbst in der Dunkelheit fand. Während die Natur ringsumher erwachte, saßen wir auf zwei mitgebrachten Hockern unter einem Tarnzelt für Jäger.

Mit einem Holzkistchen und einem Stock ahmte er Vogellaute nach, indem er über eine raue Stelle strich, pausierte und wieder strich.

Es war laut und unangenehm für die Ohren, aber so schallte es in den Wald hinaus. Und plötzlich kam die Antwort! Ganz leise erst. Marvin lauschte, steckte eine Vogelstimmenpfeife in den Mund und blies hinein. Der Antwortlaut kam näher. Es war wie ein Gespräch zwischen Tier und Mensch. Ich saß nur noch auf der Kante des Hockers und hielt den Atem an, während ich das Gefühl hatte, einem Zwiegespräch in einer unbekannten Sprache zuzuhören.

Wir sahen uns an, und ich bemerkte, wie Marvins Augen vor Vergnügen funkelten. Er war ganz in seinem Element und überglücklich, mich an seiner Seite zu haben – so wie ich seine Gegenwart am Strand genoss.

Die meisten, die mich kennen, wollten hinterher nicht glauben, dass ausgerechnet ich mit meiner panischen Angst vor Spinnen auf die Jagd gegangen war. Aber das macht eben die Bereitschaft, sich auf halbem Weg entgegenzukommen – aus Liebe. Aufeinander zugehen heißt, Dinge zu tun, die man nicht für möglich gehalten hat – und sie vielleicht auch noch zu genießen.

Sheila Farmer

In unseren idealisierten Vorstellungen von Paarbeziehungen gehen wir viel zu schnell davon aus, dass unser Gegenüber ganz ähnlich gestrickt ist wie wir und alle unsere Vorlieben teilt. Und wie überrascht sind wir dann, wenn uns klar wird, dass eine unserer Lieblingsbeschäftigungen – wie ein Spaziergang am Strand – der reinste Horror für die Person ist, die uns etwas bedeutet.

Sobald wir davon erfahren, müssen wir uns entscheiden. Manche Paare kommen überein, dass trotzdem jeder immer das tut, was ihm gefällt. Dann gehen die beiden zwar die meiste Zeit getrennte Wege, aber es herrscht auch ein Höchstmaß an persönlicher Freiheit. Für eine gewisse Zeit mag das eine Lösung sein. Aber zu oft getrennte Wege – das bedeutet auch Gefahr für die Beziehung!

Sheila und Marvin haben sich jedoch dafür entschieden, aufeinander zuzugehen und Kompromisse zu suchen. Immer wieder verzichtet der eine zugunsten des anderen auf das, was ihm wichtig ist – um dem Partner eine Freude zu machen. Sie bemühen sich, die Interessen und Vorlieben des anderen im Auge zu behalten, und sie machen hin und wieder mit, um ein Gefühl dafür zu bekommen, warum der andere so viel Vergnügen an der Sache findet. Es geht dabei nicht darum, sich dem anderen zuliebe durchs Leben zu quälen, sondern mit der Bereitschaft, auf den anderen zuzugehen, ein Signal zu setzen: Ich bin bereit nachzugeben, mich auf dich einzustellen und dir mein Interesse zu schenken.

Kompromissbereitschaft ist in einer Beziehung geradezu Voraussetzung für ihr Gelingen.

Das aufdringliche kleine Mädchen

Als nebenan neue Nachbarn einzogen, interessierte mich das kaum, denn wir leben auf dem Land und die Grenze zwischen unseren Grundstücken ist dicht bewachsen. Nur dass sie Kinder hatten, bekam ich bald mit – und eins davon sollte bald eine Rolle in meinem Leben spielen.

Wir selber hatten keine Kinder und deshalb lebten mein Mann und ich all die Jahre nur für uns selber. Ich war früh in Rente gegangen, und so konnte ich schon seit einigen Jahren tun und lassen, was ich wollte. Zeit spielte eigentlich keine Rolle mehr für mich.

Als ich eines Nachmittags im Garten Unkraut jätete, hörte ich ein piepsiges Kinderstimmchen hinter mir.

„Spielst du mit mir?"

Ich sah mich um und erblickte ein süßes kleines Mädchen, das vielleicht vier Jahre alt sein mochte. Die Kleine trug ein geblümtes Kleid, aber keine Schuhe. Das braune Haar war wirr und ungekämmt.

„Ich bin beschäftigt."

„Ich bin Libby."

„Ich bin Mrs Perkins."

„Spielst du mit mir?“

„Wie bist du rübergekommen?“

Die Kleine deutete auf meine Fliederbüsche. Und tatsächlich, wenn man unbedingt wollte, konnte man sich zwischen den Ästen hindurchzwängen und in Nachbars Vorgarten gelangen.

„Weiß deine Mutter, dass du hier bist?“

„Mom hat gesagt: Geh raus und spiel. Also, spielst du mit mir?“

Sie ging mir auf die Nerven. Ich hatte noch so viel zu tun.

„Was willst du denn spielen?“

„Mutter und Kind.“

Sie deutete auf die Fichten auf unserem Grundstück.

Ich zog widerwillig meine Handschuhe aus und folgte ihr zu dem Wäldchen. Das sei das Haus, sagte das Mädchen und deutete auf eine Stelle unter den Bäumen. Sie erklärte, wo das Wohnzimmer und wo die Küche sei. Sie selber wolle die Mutter spielen und ich sei die Tochter.

Ich ließ mich eine Weile darauf ein, bis es mir zu viel wurde. „Ich muss jetzt wieder an meine Arbeit gehen“, sagte ich, während ich unter den Zweigen hervorkroch. Ich war verschwitzt, und lauter braune Fichtennadeln steckten in meinem Haar. „Du solltest jetzt auch nach Hause gehen“, sagte ich.

Ich glaubte, Libbys Neugier sei mit dem einen Besuch gestillt. Aber da hatte ich mich getäuscht. Es war nur der Beginn einer langen Reihe unangekündigter Besuche zu jeder Tageszeit.

Ich kochte gerade, als wieder einmal die kleine Faust gegen die Küchentür pochte. Mit einem Seufzer drehte ich mich um und öffnete die Tür.

„Was machst du gerade?“

„Ich koche.“

„Kann ich was helfen?“

„Nein.“

„Bitte, kann ich was umrühren?"

„Warum hilfst du denn nicht deiner Mutter beim Kochen?"

„Die arbeitet."

„Und wer passt auf dich auf?"

„Der Babysitter."

„Na schön", sagte ich kopfschüttelnd. „Da kannst du rühren." Ich stellte ihr eine Schüssel hin, aus der sie nichts verschütten konnte.

Mittlerweile fuhr ich schon jedes Mal zusammen, wenn ich tagsüber irgendein Geräusch hörte. Dann lauschte ich. Würde ich weiterarbeiten können oder unterbrechen müssen? Wollte ich in den Garten, sah ich zunächst aus dem Fenster, ob die Kleine irgendwo spielte. Wenn die Luft rein war, schlich ich hinaus und arbeitete so leise, dass sie mich nicht gleich beim ersten Handschlag bemerken würde.

Und wenn es doch wieder hieß: „Was machst du da?", dann unterbrach ich mit Leidensmiene, was ich nun nicht mehr zu Ende führen konnte. Zudem peinigten mich Gewissensbisse. Immer wieder bat ich Gott um Vergebung für meine Einstellung, und ich sagte mir, dass dieses kleine Mädchen doch wichtiger sei als meine Pflichten in Haus und Garten. Warum war ich nicht bereit, ein wenig meiner Zeit für sie zu opfern?

Eines Tages bekam Libby mit, dass ich gerne Geschichten erzählte.

„Was macht du?"

„Lesen."

„Liest du mir was vor?"

„Das ist noch nichts für dich."

„Erzählst du mir eine Geschichte?"

Ich ließ das Buch sinken und legte es beiseite.

„Was für eine Geschichte?"

„Eine Geschichte, wo ich drin bin." Sie zögerte. „Und du auch."

So begann ich: „Es war einmal ein kleines Mädchen, das hatte eine gute Freundin. Sie reisten zusammen um die Welt mit ihren Tierfreunden Affe und Adler."

Und während ich erzählte, die Kleine gespannt lauschte und mich mit großen Augen ansah, spürte ich plötzlich, wie sie mir ans Herz zu wachsen begann.

Es wurde schließlich eine endlose Fortsetzungsgeschichte von Libby, Mrs Perkins und den Tieren. Sie überstanden immer neue Abenteuer in Höhlen, auf geheimnisvollen Inseln und am Fuß von mächtigen Vulkanen. Wir setzten uns auf die Schaukel auf der Veranda, und ich fragte jedes Mal: „Wo waren wir stehen geblieben?"

Sie wusste immer ganz genau, was zum Schluss passiert war, und nach einer Weile bedeutete mir diese gemeinsame Stunde des Tages unendlich viel.

Dann ging Libby zur Schule und besuchte mich nur noch nachmittags.

Eines Tages kam ihre Schwester Katie durch den Schleichweg zwischen den Büschen und wollte wissen, ob ich Libby gesehen hätte.

„Nein, wieso?"

„Sie ist wütend geworden und schließlich weggelaufen. Können Sie mir helfen, sie zu suchen?"

„Ist eure Mutter nicht zu Hause?"

„Nein. Ich sollte auf Libby aufpassen, und da haben wir uns gezankt."

„In welche Richtung ist sie denn gerannt?"

Libby war zuerst aufs Nachbargrundstück auf der anderen Seite gelaufen. Und so begannen wir dort unsere Suche.

„Da ist sie!“, rief Katie kurz darauf und deutete auf eine kleine Gestalt zwischen zwei Häusern.

„Libby!“, rief ich, aber da lief sie schon weiter.

Ich rief noch einmal und folgte ihr. Schließlich holte ich sie ein und schloss das bitterlich weinende Mädchen in die Arme.

„Libby, Kind, wir haben uns große Sorgen gemacht! Komm, ich bringe dich nach Hause.“

„Will nicht nach Hause.“

„Tut mir leid, aber das muss sein.“

Katie kam und nahm ihre Schwester in Empfang.

Ich ging in die Hocke, um mit der Untröstlichen auf Augenhöhe reden zu können. „Weißt du, Libby, wenn dir wieder mal nach Weglaufen ist, dann läufst du zu mir weg.“

Und das tat sie auch immer wieder im Laufe der Jahre – so manches Mal in Tränen aufgelöst. Dann setzten wir uns ins Wohnzimmer, und sie schüttete mir ihr Herz aus.

„Meine Freundin hat übrigens eine Patentante“, erzählte sie eines Tages. „Möchtest du meine sein?“

Ich war gerührt. „O ja, natürlich.“

Wir beide wussten nicht so recht, was das praktisch bedeutete, weil in unseren Familien keiner einen Paten hatte. Ich wusste nur, dass es darum ging, für das Patenkind Verantwortung zu übernehmen.

Von nun an fiel es mir nicht mehr schwer, alles stehen und liegen zu lassen, wenn mein „Patenkind“ kam. Und jedes Mal, wenn wir uns verabschiedeten, umarmten wir uns.

„Meine Güte, du bist ja fast schon so groß wie ich“, sagte ich eines Tages zu ihr.

„Na ja, bis zur Schulter, aber bald werde ich dir bis zum Kinn gehen.“

Dazu musste sie sich allerdings nicht allzu sehr anstrengen, denn ich selber bin doch nur 1,52 m.

Es dauerte nicht lange, da waren wir auf Augenhöhe, und dann blickte sie eines Tages auf mich herab. Die Zeit schien wie im Flug zu vergehen. Libby hatte ihr Ziel erreicht, mich an Größe zu überragen.

Wenn sie mich besuchte, machten wir es uns immer schön. Ich lud sie zum Eis ein oder wir spielten Halma, immer schneller und perfekter.

Jedes Weihnachten und Ostern besuchte sie mich, nachdem sie zu Hause gefeiert hatte. Zu Ostern füllte ich ihr einen bunten Osterkorb und versteckte ihn im Wohnzimmer zum Suchen. Und vor Weihnachten machten wir einen gemeinsamen Einkaufsbummel, um Geschenke einzukaufen.

Im Laufe der Jahre nahmen Schule, Freunde und Familie immer mehr von Libbys Zeit in Anspruch. Bald sah ich sie nicht mehr täglich, sondern höchstens noch einmal in der Woche. Wir verabredeten feste Zeiten, um uns nicht aus den Augen zu verlieren. Manchmal gingen wir schwimmen, selbst wenn das Wasser schon richtig kalt war. Aber wir genossen jede Minute, und wenn sie länger durchhielt, saß ich frierend am Strand und wartete auf sie.

Oder wir hatten verrückte Ideen für Aktivitäten zu Hause.

„Laurie, was hältst du davon, wenn wir etwas Leckeres kochen und uns dann ganz schick anziehen, als wären wir vornehme Leute?"

Was für tolle Ideen sie doch hatte! Wir machten uns über meine Kochbücher her, banden uns Schürzen um und gingen an die Arbeit.

„Ich kümmere mich um den Nachtisch", sagte Libby, und ich kochte die Hauptspeise. Sie deckte den Tisch, stellte Kerzenleuchter an beide Enden und arrangierte einen bunten Blumenstrauß.

„Jetzt müssen *wir* uns nur noch hübsch machen“, sagte ich schließlich.

„Ich beeile mich!“, rief sie und verschwand aus der Küche. Ich zog mein elfenbeinfarbenes Spitzenkleid an, dazu meine lange Perlenkette. Und zum Spaß nahm ich meinen Fächer mit. Libby trug ein schlichtes eng anliegendes Cocktailkleid mit einer rosafarbenen Korallenkette.

Ich hielt mir den Fächer vors Gesicht, sodass ich gerade noch darüber hinwegsehen konnte, fächelte kultiviert damit, klappte ihn zusammen und sagte: „Aber nehmen Sie doch Platz, meine Liebe.“

Libby machte eine angedeutete Verbeugung. „Mit Vergnügen, Madame.“

So vornehm hatte ich noch nie gespeist.

Als Libby ihr Studium begann, zog ihre Familie ebenfalls fort. Nun würde ich mein Mädchen nie wieder durch die Fliederbüsche kriechen sehen! Nur noch sehr unregelmäßig kam sie mich besuchen, und wenn sie sich während der langen Semesterferien nicht ein einziges Mal blicken ließ, war ich sehr enttäuscht. Oft war ich dann versucht, bei ihr anzurufen und sie zu fragen: „Spielst du mit mir?“

Vor einiger Zeit räumte ich auf, und da fiel mir das alte Halmaspiel in die Hände. Das Bild auf dem Kartondeckel war verblichen und abgegriffen. Die Ecken der Schachtel hielten nur noch mit Klebstreifen zusammen. Aber die Spielfiguren waren noch vollzählig geblieben. Ich legte das Brett auf den Tisch und stellte die Figuren auf. Ach ja, ein ganzes Jahr hatte ich meine Libby schon nicht mehr gesehen.

Aber dann hatte sie sich wieder einmal angemeldet. Ich wartete ungeduldig, sprang auf, als es läutete, und riss die Tür auf. Wie wunderschön sie geworden war! Groß und schlank mit kastanienbraunem Haar. Und sie war mir über den Kopf gewachsen.

„Hi, Libby!"

„Hey, Laurie!"

Wir fielen uns in die Arme, und dann führte ich mein Patenkind, das inzwischen schon 21 war, ins Wohnzimmer, wo wir lange redeten ... und schließlich wie in alten Zeiten eine Partie Halma spielten.

Laurie A. Perkins

Die Liebe tritt manchmal ganz unverhofft in unser Leben, dort, wo wir es am wenigsten erwarten – und sie kommt womöglich auch noch ungelegen. Dann sind wir versucht, unwillig und ablehnend zu reagieren, vielleicht sogar taktlos. Aber das ist nicht die Art eines liebevollen Herzens.

Laurie hat eine wichtige Erfahrung gemacht: Wer in allen Lebenslagen ein Herz für seine Mitmenschen haben will, der muss es sich nur vornehmen; der muss bereit sein, sich in seiner Alltagsroutine stören zu lassen. Dann werden wir so manches Mal in einem Maß beschenkt und gesegnet, wie wir es uns nicht haben träumen lassen. Und wer weiß? Vielleicht entdecken wir erst viel später, wie sehr unser Leben bereichert und zum Guten verändert worden ist.

Gegensätze ziehen sich an – und was das im Ehealltag bedeutet ...

Mein Mann gibt zu, dass er bereits auf der Fahrt von der Trauung zum Hochzeitsfest an unserer Ehe zu zweifeln begann. Unser Fahrer hatte sich entschlossen, den landschaftlich schöneren, aber viel längeren Weg zu nehmen. Darüber ärgerte ich mich maßlos, weil ich es als besonders taktlos empfand, unsere Gäste an der gedeckten Tafel warten zu lassen.

Was ein unvergesslicher Augenblick meines Lebens werden sollte, wurde für mich zu einer Achterbahnfahrt der Gefühle – und mein frischgebackener Ehemann versuchte verzweifelt, mich zu beruhigen. Clay, der stets die Ruhe in Person ist, mahnte mich, die Nerven zu behalten, aber mein ungestümes Temperament widerstand seinen Überredungsversuchen.

Clay und ich verbrachten im ersten Ehejahr viel Zeit damit, uns gegenseitig zu Verhaltensweisen zu bringen, die wir beim anderen vermissten. Clay wollte mich deutlich vernunftgesteuerter haben, und ich wünschte ihn mir spontaner und unbeschwerter. Dass Gegensätze sich anziehen, mag eine Binsenweisheit sein. Aber wie geht man damit um, wenn es tatsächlich der Fall ist? Was passiert, wenn die Gegensätze heiraten?

Ich bin von Haus aus eher der ungestüme Typ, erzogen von einer durchsetzungsfähigen Mutter und einem Vater, der seine Frau bis fast zur Hörigkeit liebte. Bei unseren Familienzusammenkünften ging es immer hoch her. Es wurde oft bis spät in die Nacht debattiert, gestritten, gelacht und zum Abschluss gesungen, wobei sich alle ums Klavier scharten.

Clays Familie ist da ganz anders geartet – geregelter und vorhersehbarer. Man geht ausgesprochen höflich und gesittet miteinander um, und Clay lernte, sich jederzeit respektvoll zu benehmen. Er ist mit der eisernen Lebensregel aufgewachsen: Früh ins Bett und früh aus den Federn – dann bleibt man gesund, wird wohlhabend und weise.

In der Kennenlernphase war Clay besonders von meiner ungebändigten Kreativität angetan. Ihn beeindruckte meine stets positive Einstellung zum Leben, und er wusste es natürlich zu schätzen, dass ich fast nur seine guten Seiten bemerkte. Ich auf der anderen Seite war beeindruckt von Clays scharfem Verstand und seiner besonnenen Art. Er war der Mensch, für den ich meine Hand ins Feuer gelegt hätte. Außerdem fühlte ich mich unglaublich geborgen in seiner Gegenwart. Er schien die im Himmel bereitete Entsprechung für mich zu sein.

Diese Unterschiede, die wir anfangs so nett und anziehend fanden, begannen aber bereits kurz nach unserer Hochzeit zu einer Stressquelle zu werden. Ich erinnere mich noch, wie wir uns wegen einer blöden Fernbedienung völlig zerstritten. In Clays Familie war der Patriarch auch Herr über dieses Kästchen. Alle anderen in der Familie fügten sich, verhielten sich ruhig und sahen artig mit an, was Daddy einstellte.

In meiner Familie entbrannte an Fernsehabenden zunächst eine heftige Debatte, und wer sich am lautesten durchsetzte, gewann meistens. Mom wollte Filmschnulzen, Dad Sportsendungen und mein Bruder und ich wünschten uns Realityshows. Aber es wechselte auch tageweise ab, wer sich mit dem Abendprogramm durchsetzte.

Ich bemerkte schon bald nach der Hochzeit, dass Clay wie selbstverständlich das Fernsehprogramm bestimmte. Das fand ich ungerecht. Also begann ich zu argumentieren: „Das ist meine Lieblingssendung, und die kommt nur einmal in der Woche, und seit wir verheiratet sind, habe ich sie noch nicht einmal gesehen!"

Clay wandte unbeirrt ein, es würde aber gerade seine Lieblingsmannschaft spielen, und so schaltete er zurück zum Match, ohne zu ahnen, was ihn erwartete. Ich hatte gelernt, mich lautstark durchzusetzen, und was ich ihm bot, war nicht von schlechten Eltern. Ich gab alles und hielt eine flammende Rede, die einem Kandidaten vor der Wahl alle Ehre gemacht hätte.

Clay saß da mit offenem Mund und verstand die Welt nicht mehr. Diese Art der Kommunikation war ihm vollkommen fremd. Und ein solcher Gefühlsausbruch war für ihn so überflüssig wie ein Kropf. Ich entgegnete mit einem Zitat von Jerry Maguire aus dem Film *Spiel des Lebens*: „Du meinst, wir streiten – ich meine, wir unterhalten uns."

Unsere Art der Kommunikation unterschied sich derart, dass wir nicht wussten, wie wir unsere Ehe gestalten sollten.

Zum Glück hatten Clay und ich aber auch einige entscheidende Gemeinsamkeiten. Wir beide waren zum Beispiel wild entschlossen, eine glückliche Ehe zu führen und wirklich alles dafür zu tun. Wir lasen jeden Eheratgeber, den wir in die Finger bekamen. Wir verabredeten, niemals den Versuch zu unternehmen, den anderen verbiegen zu wollen, sondern ihn zuerst einmal in seiner Andersartigkeit zu ertragen. Das funktionierte natürlich nicht über Nacht. Aber wir fingen an, die Eigenarten des anderen zu respektieren, indem wir uns bewusst machten, dass Gott ihn genau so geschaffen hatte.

Es stimmt, was C.G. Jung einmal geschrieben hat: „Alles, was uns am andern stört, hilft, uns selber besser zu verstehen.“ Indem Clay und ich trotz unserer Unterschiede aneinander festhielten und uns bemühten, einander zu verstehen, wuchs auch die Einsicht in unser eigenes Fühlen und Handeln. Wir wurden uns noch deutlicher unserer Stärken bewusst und wie gut wir sie in unsere Ehe einbringen konnten.

Indem wir die Bedeutung unserer Unterschiede erkannten, begriffen wir, welchen Beitrag jeder für das große Ganze leisten konnte. Wir entdeckten auch viele vorher nicht bekannte Gemeinsamkeiten als Fundament für unsere Beziehung: Wir haben beide Spaß am Lehren und Lernen. Und wir gehen beide gern auf Menschen zu. Unsere geistlichen Gaben sind zwar etwas unterschiedlich verteilt, aber wir nehmen mit viel Engagement und Begeisterung an Missionsreisen teil. So sind wir bereits dreimal im Ausland gewesen, haben geholfen, Häuser zu bauen, und Englischunterricht gegeben.

Ich denke, wir haben unseren Erfolg maßgeblich der Beschäftigung mit einschlägiger Literatur, lehrreichen Vorträgen und der Teilnahme an Seminaren zum Thema Ehe zu verdanken. Wie oft habe ich mit Clay in einer großen Buchhandlung in der Leseecke gesessen, um in Eheratgebern zu schmökern. Und dann las einer dem anderen interessante Zitate vor, woraufhin sich für uns wichtige Gespräche entwickelten. Das waren schöne gemeinsame Erlebnisse für uns, bei denen wir auch noch etwas fürs Leben lernen konnten.

Die Beispielgeschichten, die die Autoren uns vorstellten, brachten uns eine mutmachende Erkenntnis: Wir waren nicht allein mit unserem Problem! Wir waren nicht das erste Paar, das aus ganz unterschiedlichen Familien kam. Es war ein gutes Gefühl, zu wissen, dass unsere Erfahrungen ganz normal waren und dass andere vor uns Wege aus der Krise gefunden hatten. Es wäre ein Fehler gewesen, weiter im Dunkeln zu tappen und es auf eigene Faust zu versuchen. Man muss nicht das Rad neu erfinden, wenn es da draußen schon so viele gibt!

Ich bin ganz sicher, dass Paare trotz vieler Unterschiede lernen können, einander zu lieben, zu schätzen und auf allen Ebenen zu kommunizieren. Allerdings müssen sie sich die Zeit nehmen, mehr über sich selbst und den anderen in Erfahrung zu bringen. Die Unterschiede zwischen den Partnern mögen Anlass zu täglichen Diskussionen ums Fernsehprogramm geben, aber gleichzeitig bieten sie die große Chance, sich persönlich weiterzuentwickeln und sich selber besser kennenzulernen.

Emily Osburne

Haben Sie Eheprobleme? Dann trösten Sie sich. Der weiseste Mann vor Jesu Geburt war König Salomo, und der hat gesagt: „Es gibt nichts Neues unter der Sonne!“ (Prediger 1,9)

Und das gilt natürlich auch für die zwischenmenschlichen Beziehungen.

Wenn wir manchmal mitten in großen Konflikten stecken und die Wellen hochschlagen, dann werden wir das Gefühl nicht los, die einzigen Betroffenen zu sein.

Als Emily und Clay anfingen, über den eigenen Horizont hinauszublicken und nach Hilfe zu suchen, erkannten sie schnell, dass sie mit ihren eigenen Erfahrungen, von denen sie dachten, sie seien völlig unnormal, gar nicht so allein dastanden.

Wer nach Beistand sucht, muss aber auch lernwillig sein und sich eingestehen, dass der bisherige Weg nicht der Weisheit letzter Schluss war. Wer sich nach Hilfe umsieht, muss Rat annehmen können – ob er zur Seelsorge geht, sich in Bücher vertieft oder an Seminaren teilnimmt.

Erst wenn wir über den eigenen Tellerrand blicken, erfahren wir von denen, die es geschafft haben, und das macht Mut, es selber zu probieren – mit guten Erfolgsaussichten!

Kein Zimmer (mehr) frei

Freitagabend. Ausgehabend. Sich verabreden. Kino. Hinterher noch was essen. Zärtlichkeiten.

„Wie anders ist alles geworden“, murmelte ich, während ich das Leihbuch aus der Bücherei in den Rückgabeschlitz schob, bevor ich mich wieder auf den Weg zum Auto machte.

Ich öffnete die Tür und ließ mich in den Fahrersitz fallen. Schnell die Tür wieder zu. Nicht auch noch den eisigen Novemberwind hereinlassen. Ich beugte mich zu meinem Weggefährten auf dem Beifahrersitz und gab ihm einen Kuss auf die Wange – mein vom Krebs gezeichneter Mann, der gerade wieder eine Chemotherapie beendet hatte.

Während ich den Zündschlüssel drehte, räusperte er sich und sagte mit leiser Stimme: „Weißt du, Schatz, ich habe nachgedacht. Wenn ich das hier nicht überstehe, dann möchte ich, dass du noch ein gutes Leben hast. Such dir einen netten Mann und heirate wieder ... einen netten Kerl wie Bob.“

„Bitte sag nicht so was“, erwiderte ich ungehalten. „Ich liebe dich von ganzem Herzen, und es wird nie einen anderen für mich geben.“

„Aber du bist viel zu jung, um den Rest deines Lebens ...“

Ich schnitt ihm das Wort ab: „Kein Aber! Ich liebe dich seit unserer Schulzeit. Wie sollte ich da je einen anderen lieben können! Kein Wort mehr davon! Bitte.“ Ich schluckte und verbarg meine Tränen.

Mir war klar, weshalb Richard in so düstere Gedanken abgeirrt war. Ein paar Stunden zuvor waren wir bei unseren engsten Freunden Betty und Bob gewesen. Betty litt an Eierstockkrebs und würde nicht mehr viel Zeit haben. Drei Jahre hatte bereits diese dunkle Wolke über unserem Leben gehangen, und nun war auch noch bei meinem Mann ein fortgeschrittener Darmkrebs festgestellt worden.

Nur die freundschaftliche Liebe, die wir vier teilten, blieb uns als Lichtblick in dieser Finsternis – wie ein paar Sonnenstrahlen, die durch eine dunkle Wolkendecke scheinen, sobald sich ein kleines Loch darin auftut. Trotzdem hatte ich in diesem Moment keine Lust, über irgendeine Zukunft nachzudenken, in der die Liebe meines Lebens nicht mehr vorkam – mein bester Freund und Ehemann seit 46 Jahren.

Aber zwei Monate später musste ich mich mit einer solchen Zukunft auseinandersetzen. Richard war gestorben. Mir war, als wäre der größere Teil von mir ohne jede Narkose amputiert worden. Übrig geblieben war ein verwundetes Herz, das immer noch für denselben schlug wie all die Jahre.

Ich suchte mir eine Gesprächsgruppe für trauernde Hinterbliebene, zu der auch Bob regelmäßig kam. Wir sprachen offen über unser Leid, wir weinten viel und leisteten gemeinsam die nötige Trauerarbeit. Nach einigen Monaten tasteten wir uns behutsam zurück ins Leben. Wir konnten bereits wieder hin und wieder lachen und unternahmen etwas, was uns Freude machte. Uns verband eine ganz besondere Freundschaft, in der wir so viel Trost fanden, dass wir wieder daran denken konnten, ins volle Leben mit all seinen Möglichkeiten zurückzukehren.

„Mir fehlt meine vertraute Golfpartnerin", meinte Bob eines Tages. „Habe ich die Chance, dich zu überreden?"

„Warum eigentlich nicht", antwortete ich. „Ich kann es ja mal probieren."

Bobs überschwängliches Lob für mein Spiel spornte mich an, und so kam es, dass wir regelmäßig gemeinsam auf dem Golfplatz zu finden waren.

Einige Zeit später holte mich Bob nach einer Reise vom Flughafen ab, und als ich die Wagentür öffnete, lag eine gelbe Rose auf dem Beifahrersitz.

„Was ist denn das?", fragte ich überrascht.

„Ich habe dich vermisst und wollte dich einfach wieder zu Hause willkommen heißen", antwortete er. „Darf ich dich zum Essen einladen? Du hast ja sicher nichts im Haus."

Was für ein aufmerksamer Kavalier, dachte ich. Und unser Gespräch am selben Abend öffnete mir den Blick in eine ganz neue Richtung. Wir verbrachten immer mehr Zeit miteinander und lernten uns immer besser kennen. Es war auf einmal nicht mehr nur die gemeinsame Trauer, die uns verband, sondern auch das Interesse am anderen. Und eines Abends, es waren wieder Monate vergangen, sagte Bob fast beiläufig: „Übrigens solltest du wissen, dass ich mich in dich verliebt habe."

Ich erschrak. *Liebe? Was bedeutet das überhaupt?* Sowohl er als auch ich hatten in der Vergangenheit immer wieder von der Liebe unseres Lebens gesprochen und unsere verstorbenen Ehepartner damit gemeint.

Ohne den Hauch eines Zweifels wusste ich, dass ich Richard noch immer liebte. Was würde es also bedeuten, zu einem anderen zu sagen: „Ich liebe dich"? Vor meinem Herzen hing noch ein Schild: „Kein Zimmer frei!", und so wusste ich nicht, was ich Bob antworten sollte. Dennoch ließ mich der Gedanke nicht mehr los, und ich grübelte Tage, Wochen und Monate, was es für mich bedeuten würde, einem anderen meine Liebe zu bekennen.

Als Bob wieder einmal das Thema Liebe zur Sprache brachte, bekannte ich ihm meine Verunsicherung, und er antwortete: „In unserem Alter ist Liebe etwas anderes als damals, als wir zwanzig waren. Da bedeutete Liebe noch Heimlichkeiten, verstohlenes Gekicher, Herzklopfen und die Überzeugung, ohne den anderen in der Nähe zu sterben."

Ja, ich erinnerte mich.

„Es gibt aber auch die reife Liebe für reife Menschen", fuhr er mit einem liebevollen Lächeln fort. „Die schmälert die Liebe keineswegs, die wir für Betty und Richard empfunden haben. Im Gegenteil, sie vertieft sie noch. Wir beide haben jetzt Zeit füreinander, und da dürfen wir auch Sehnsucht nach Nähe empfinden und uns eine gemeinsame Zukunft erhoffen."

Ich sprach mit einer guten Freundin darüber.

„Dein Herz ist weit genug, dass neben Richard auch Platz für Bob darin ist", erklärte sie. „Denk einmal daran, wie sehr du deine Kinder, Enkel und Freunde liebst. Es ist, als würde Gott für jede neue Liebe einen neuen Raum in deinem Herzen anbauen. Solange Richard bei dir war, war das Ehezimmer zwar belegt, nun aber ist er umgezogen – aber nicht weggezogen!"

Ich verstand, was sie meinte. Ich konnte mit dieser Antwort leben und spürte einen inneren Frieden.

Als Bob mir wieder sagte, dass er mich liebte, da flüsterte ich zurück: „Ich dich auch."

Das ist inzwischen vier Jahre her. Wie die gelbe Rose auf dem Beifahrersitz an jenem denkwürdigen Tag ist auch unsere Liebe zur vollen Blüte gelangt. Wir gelobten uns vor unserer Hochzeit, dass unser Glaube und unsere Familien immer erstrangig für uns sein würden.

„Es tut so gut, euch beide wieder lachen zu sehen“, bekundeten unsere Kinder einstimmig und segneten damit unsere Beziehung.

Zum Fundament unserer Ehe gehören eine reife Liebe, eine Kameradschaft in Geborgenheit, gegenseitiges Vertrauen, die gemeinsam durchlittene Trauer und die Überzeugung, dem göttlichen Willen gemäß zu handeln. Wir errichteten sozusagen ein neues Stockwerk auf dem verlassenen Erdgeschoss, das unser beider Leben bislang darstellte.

Es geht nicht darum, die Vergangenheit mit ihren Erfahrungen vergessen zu wollen. Im Gegenteil. Wir bewahren das Andenken an unsere glücklichen Ehen dankbar im Herzen, wir freuen uns über Kinder und Kindeskinder und schätzen die Weisheit, erworben in guten und in schwierigen Jahren.

Das angebaute Zimmer für die neue Liebe in meinem Herzen ist inzwischen wohnlich für mich geworden. Und ich habe daraus Kraft geschöpft, um zu neuen Ufern aufbrechen zu können.

Betty J. Johnson Dalrymple

Da die Liebe einerseits zu den wunderbarsten und tiefsten Gefühlen gehört, zu denen ein Mensch fähig ist, bedeutet ihr Verlust meist, in unendliche Trauer zu fallen. Und wenn wir einen solchen Verlust erleben, hängen wir wie Betty ein Schild vor unser Herz: „Kein Zimmer (mehr) frei!“ Wir fürchten uns viel zu sehr vor einem erneuten Verlust. Der dumpfe Schmerz unseres Kummers scheint auf jeden Fall erträglicher als das Trauma eines weiteren Verlusts, sollten wir je wieder einen Menschen in unser Herz einlassen.

Aber sollten wir uns nicht darüber freuen, dass unsere Liebe immer und immer wieder erweiterungsfähig ist? Warum begnügen wir uns mit einer engen Einzimmerwohnung, wo wir doch in einer Villa wohnen könnten? Solange wir es wollen, können wir mit unserem Wohnraum der Liebe expandieren.

Solche Erweiterungen gehen nicht ohne Mühe vonstatten. Wir müssen uns an neue Lebensumstände gewöhnen, wir müssen lernen, anderen zu vertrauen und das Risiko eines Verlustes einzukalkulieren. Aber was dabei herauskommt, lohnt die Mühe für den Anbau auf jedem Fall.

Mein Weihnachtswunder

Ich glaubte, mein Leben sei perfekt und rundum glücklich, aber dann erfuhr ich, dass sich mein jüngster Sohn Daniel an meiner Enkelin Ashley vergangen hatte.

Ich wusste nicht, was ich denken und fühlen sollte vor Kummer. Meine heile Welt geriet augenblicklich aus den Fugen, und das Auseinanderbrechen unserer Familie bahnte sich an. Verhöre bei der Polizei. Unser Familienleben wurde aktenkundig. Wir sprachen nicht mehr miteinander, sondern übereinander, und mit dem liebevollen Vertrauensklima war es auch vorbei. Stattdessen herrschten Misstrauen und Zwietracht. Die Familienbande, die mir immer so viel bedeutet hatten, drohten ganz zu zerreißen, und alle befanden sich im Ausnahmezustand.

Paul, mein Ältester, und seine Frau Claudia stellten mir schließlich ein Ultimatum: Ich würde entweder jeden Kontakt zu Daniel abbrechen oder mich damit abfinden müssen, Ashley und meine anderen Enkeltöchter nie wiederzusehen. Ich sollte gefälligst denen meine Liebe zukommen lassen, die sie auch verdienten. Daniel aber müsse zu spüren bekommen, was es heißt, nicht mehr geliebt und von der Familie ausgestoßen zu werden. Ich sollte also tatsächlich vergessen, dass er existierte.

Wer konnte ernsthaft von mir verlangen, mein eigenes Kind zu verstoßen oder wahlweise auf meine Enkel zu verzichten! Ich wurde quasi gezwungen zu entscheiden, wer meine Liebe verdiente. Das aber bereitete mir großen Kummer, weil ich doch alle liebte.

Wie sollte ich mich festlegen? Gleichzeitig war mir bewusst, dass ich, egal, wie ich mich entscheiden würde, auf keinen Fall damit rechnen konnte, unser früher so intaktes und glückliches Familienleben wiederhergestellt zu bekommen.

Deshalb entschloss ich mich, in dieser verzwickten Lage Kompromisse zu suchen. Da Daniel noch bei mir im Haus wohnte, entschloss ich mich mit großer Überwindung, ihn als Zugeständnis an die anderen wenigstens vor die Tür zu setzen. Es brach mir das Herz, als ich ihn gehen sah. Aber ich konnte doch nicht das Risiko eingehen, dass meine Enkel unter dem Vergehen meines Sohnes litten, weil sie mich nicht mehr sehen durften.

Daniel lebte nun auf der Straße, und von dort holte man ihn zum Verhör. Das dauerte Stunden, aber danach ließen sie ihn wieder frei, weil sie nicht genug in der Hand hatten, um ihn festzuhalten. Und so landete er wieder dort, wo sie ihn aufgegriffen hatten – in einer Welt des täglichen Überlebenskampfes, wo man ihn demütigte, ausgrenzte und gegen die Gesellschaft mit ihrer Moral aufbrachte.

Ich hatte Angst, an gebrochenem Herzen zu sterben. Ich weinte mich vor Gott aus und schrie zu ihm: „Wie konnte mein Kind etwas so Schreckliches tun? Musste das ausgerechnet in meiner Familie passieren? Wo ist die Liebe hin?“

Ich vergrub mich in Selbstmitleid und Scham, und es kam noch schlimmer. Meine Familie zog sich gänzlich von mir zurück. Ich war in ihren Augen die Einzige, die nicht begreifen wollte, dass man jemand in einem solchen Fall aus dem Familienverband ausstoßen müsse. Ich konnte nachvollziehen, dass die anderen voller Zorn waren, aber der totale Liebesentzug? Das überstieg mein Vorstellungsvermögen.

Paul und Claudia schlossen mich völlig aus ihrem Leben aus. Und sie verweigerten mir jeden Kontakt zu meinen Enkeltöchtern, weil ich nicht bereit war, Daniel zu verstoßen.

Nach vielen schlaflosen Nächten kam ich auf die Idee, mein Gefühlschaos zu ordnen, indem ich meine wirren Gedanken aufzuschreiben begann. Zuerst waren es einfach nur Wörter, die ich spontan zu Papier brachte, bis allmählich ein Gedankenfluss in Gang kam.

Und während ich über den Kummer schrieb, den meine zerstörte Familie mir bereitete, spürte ich, wie heilsam dieser Vorgang war. Ich begann mich in Paul und Claudia als Eltern einer verletzten Tochter hineinzuversetzen. Indem ich aufschrieb, wie ich mir ihre Gefühlswelt vorstellte, fiel es mir wie Schuppen von den Augen, und ich spürte plötzlich, wie sehr es sie gequält haben musste.

Während ich schrieb, befreite ich mich aus dem Sumpf von Selbstmitleid, Scham und Depression. Dafür begriff ich nach und nach, was Liebe ohne Vorbehalte ist. Und irgendwann war wieder ein Lichtschimmer am Ende des Tunnels erkennbar.

Indem ich nicht mehr so sehr nur meinen eigenen Schmerz vor Augen hatte, wurde ich in die Lage versetzt, das Handeln meiner Angehörigen in einem ganz neuen Licht zu betrachten. Ich entschloss mich, alle Geschehnisse der vergangenen Monate neu zu bewerten, dann ganz auf mein Herz zu hören und einfach nur die liebende Mutter von früher zu sein. Ich wollte mich dazu durchringen, jedes hässliche Wort, das gefallen war, zu ignorieren und jedem zu vergeben – auch Daniel.

Nachdem ich mich für diesen Weg entschieden hatte, war ich es auch, die den Gesprächsfaden wieder aufnehmen musste.

Und so rief ich bei Paul und Claudia an. Zunächst waren sie ausgesprochen wortkarg. Und als ich sie einmal besuchte, baten sie mich nicht herein. Aber ich ließ mich nicht davon abbringen, ihnen meine Liebe zu zeigen und ihnen klarzumachen, dass ich sie mit all ihrem Groll verstand.

Nach mehreren Wochen gingen die beiden zaghaft auf meine Annäherungsversuche ein. Wir besuchten uns gegenseitig, auch wenn es immer nur freundliche Stippvisiten waren, und wir vermieden das heikelste aller Themen. Dabei war ich mir nicht sicher, ob die Spannungen tatsächlich abgebaut oder nur unter den Teppich gekehrt worden waren und jederzeit wieder zum Vorschein kommen konnten.

Eines Tages rief mich Claudia an und fragte, ob ich etwas dagegen hätte, wenn sie mich besuchen würde. Wir redeten zunächst übers Wetter, über die Enkel und was wir kochen wollten, peinlich darauf bedacht, nicht in irgendein Fettnäpfchen zu treten. Später erwähnte ich dann, dass mir das Tagebuchschreiben half, mit manchen Dingen ins Reine zu kommen.

Überrascht darüber, dass ich das schlimme Verbrechen auch noch dokumentiert hatte, fragte Claudia mich, ob sie mein Tagebuch lesen dürfe. Ich war genauso überrascht über ihre Anfrage, aber ich erlaubte ihr, in meine privatesten Gedanken einzutauchen. Ich spürte große Anspannung, als ich sie dort sitzen sah – bis ich bemerkte, dass ihr Tränen über die Wangen liefen.

Als sie alles gelesen hatte, kam sie zu mir in die Küche, wo ich mich inzwischen durch Arbeit abzulenken versuchte. Sie trat an mich heran, umarmte mich, barg ihren Kopf an meiner Schulter und schluchzte.

Es hatte sie tief beeindruckt, wie sehr ich ihr Leid nachempfunden hatte, und es war ihr klar geworden, dass wir ganz ähnlichen Kummer zu durchleiden hatten, nur dass wir eben nicht miteinander hatten reden können. Dann entschuldigte sie sich für ihren Anteil an dem Zerwürfnis in der Familie.

Ich konnte nicht fassen, welche Wirkung meine Aufzeichnungen auf Claudia gehabt hatten. Wir sagten einander, wie sehr wir uns doch eigentlich liebten, und wir lagen uns noch eine Weile weinend in den Armen. Beide hatten wir das Gefühl, dass es uns allen ohne Liebe schlechter ging.

Claudia bestand darauf, dass auch Paul mein Tagebuch las. Und schon nach kurzer Zeit hatten alle erwachsenen Familienmitglieder gelesen, was ich über meinen Kummer aufgeschrieben hatte. Ich hätte es nicht für möglich gehalten, dass dieses offene Wort die Tür zur Versöhnung aufschlug!

Nun waren wieder alle zusammen – außer Daniel. Erst durch eine schmerzliche Erfahrung hatten wir gelernt, dass ein Leben ohne Liebe die Hoffnung auf Glück zunichtemacht. Und so hoffte ich inständig, dass ich auch mit Daniel wieder ins Reine käme. Ich wollte ihm so gerne vergeben.

Mein bewusster Weg zum Frieden zahlte sich schließlich aus. Zu Weihnachten lud mich meine Schwester ein, und als ich ankam, war meine Tochter Shelly schon dort. Zur Weihnachtsbescherung wollten sie mir unbedingt die Augen verbinden, weil sie eine Überraschung für mich hätten.

Um was für ein Geschenk mochte es sich handeln? Ich überlegte. Es musste schon was ganz Besonderes sein. Ich hörte Schritte, und als meine Schwester mir das Tuch von den Augen nahm, standen meine Kinder *vollzählig* eingehakt vor mir. „Fröhliche Weihnachten, Mom!“, riefen sie im Chor.

Ich war so perplex, dass meine Knie ihren Dienst zu versagen drohten. Sieben Jahre hatten Paul und seine Schwester Shelly nicht mehr mit Daniel geredet, und nun standen sie alle beieinander und lachten.

Sie überreichten mir ein Päckchen, und jeder gab mir einen Kuss dazu. Als ich es aufmachte, kamen gerahmte Bilder von meinen Kindern zum Vorschein. Sie hatten sich im Park verabredet und sich dort fotografieren lassen. Es war unfassbar. Ein Weihnachtswunder! Die Liebe war auferstanden!

Ich bin so froh, dass ich mich entschieden habe zu vergeben, meinen eigenen Kummer zu vergessen und mich dafür in meine Lieben mit ihrem Leid hineinzuversetzen. So haben wir alle Frieden gefunden, und unsere Liebe füreinander ist stärker und tiefer geworden.

Loretta J. Eidson

Manchmal scheinen Lebenslagen ausweglos zu sein. Beziehungen sind, so glaubt man, unwiderruflich zerstört. Und dann liegt es oft nahe, den geliebten Menschen ziehen zu lassen, den Verlust zu betrauern und das Beste daraus zu machen.

Loretta aber erinnert uns daran, dass wir eben doch trotz schwieriger Umstände berechtigte Hoffnung auf Versöhnung haben, wenn wir den mühevollen ersten Schritt tun, beten und vergeben.

Um eine Beziehung letztlich vollständig heil werden zu lassen, bedarf es immer der Mitarbeit beider Parteien, und deshalb gibt es keine Garantie auf ein Wunder, wenn wir unseren Teil dazu beitragen. Allerdings kann die beharrliche Liebe und die Gesprächsbereitschaft des einen Mauern niederreißen, so wie Loretta erfahren hat. Auf diese Weise werden zunächst einmal Missverständnisse abgebaut und einer Versöhnung der Boden bereitet – an deren Ende die Heilung einer zerbrochenen Beziehung steht.

Geben Sie nie vorschnell auf – vor allem, wenn es um Menschen geht, die Ihnen lieb und teuer sind.

Baby oder Basketball

Ich glaubte zu wissen, was Liebe und Opferbereitschaft sind.

Ich hatte schließlich einschlägige Erfahrungen damit gemacht. Durch eine schmerzliche Scheidung hatte ich gelernt, dass man Liebe nicht auf gute Vorsätze bauen kann. Sie braucht vielmehr ein Fundament aus Verlässlichkeit, Verantwortungsbewusstsein und Opferbereitschaft.

Als ich meine jetzige Frau kennenlernte, stellte ich mir eine „Geht-gar-nicht-Liste" zusammen, in die ich unter anderem folgende Punkte aufnahm: Nie den Toilettendeckel offen lassen! Kein böses Wort über die Schwiegermutter! Keine Anspielung zu Gewicht und Umfang meiner lieben Frau!

Nach der Hochzeit erweiterte ich die Liste: Keine Vergleiche zu Mutters Kochkunst! Und niemals Bemerkungen wie: „Das hat meine Mutter aber so und so gemacht!"

Nach vier Jahren Ehe war ich eigentlich ganz zufrieden mit mir. Ein guter Freund hatte mir den entscheidenden Rat gegeben: „Liebe ist nicht zuerst Romantik und Poesie, sondern Mühe und Opferbereitschaft." Und so bemühte und opferte ich mich eben. Ich teilte alle Haushaltspflichten mit meiner Frau: Ich wusch ab, machte Wäsche, kochte und tat mir gelegentlich sogar eine rührselige Seifenoper im Fernsehen an.

Ich kaufte oder pflückte Blumen und schenkte ihr zum Geburtstag einen Gutschein für einen Sommer lang Gartenpflege. Alles lief wie am Schnürchen. Wir waren zufrieden und hatten gerade unser erstes Kind in der Familie willkommen geheißen. Ich wusste also, wie man seine Frau liebt und ihr die Welt zu Füßen legt.

Aber dann war ich eines Abends gezwungen, bei Wind und Regen zu Fuß nach Hause zu laufen. Und ich hatte plötzlich das ungute Gefühl, dass mir alles im Leben zu entgleiten schien.

Ich war in meinem zweiten Jahr als Trainer einer Basketballmannschaft, und die Saison war ein totaler Reinfall gewesen. Ich hatte die eine oder andere schwerwiegende Fehlentscheidung getroffen, wodurch Spiele verloren gingen. Das Schlimmste aber war, dass ich das Vertrauen meiner Mannschaft und der Fans verloren hatte.

Mein Job als Lehrer und nach Feierabend eine Mannschaft zu trainieren, das hatte mich überfordert, und die Geburt unserer Tochter, so bewegend dieses Ereignis auch gewesen sein mochte, stellte unser Leben wider Erwarten völlig auf den Kopf. Ich kämpfte an zu vielen Fronten gleichzeitig und verlor deshalb an allen. Eine Weile gelang es mir, den Schein zu wahren. Aber an jenem Abend, als ich nach einer Autopanne allein durch den Regen lief, brach ich innerlich zusammen.

Meine Mannschaft hatte am Nachmittag wieder einmal hoch verloren. Nach ersten Hoffnungszeichen schien auch diese Spielzeit wieder ein Reinfall zu werden, und ich wusste nicht, was ich dagegen tun sollte. Darüber hinaus hatte ich mich nicht mehr im Griff gehabt und war ausgerastet. Das war das Schlimmste. Nun tuschelten sie auch noch hinter meinem Rücken, und im Vereinsvorstand würde man bald Wind von meiner Unfähigkeit bekommen.

Während ich auf der einsamen Landstraße von einer Pfütze in

die andere patschte, machten mir vor allem diese drei Dinge zu schaffen: unsere enttäuschende Spielzeit, mein Ruf als Trainer und meine gescheiterte Strategie zum Erfolg.

Damit hatte ich mir doch beweisen wollen, dass ich ein ganzer Kerl war, und nun entglitt mir, worauf ich gesetzt hatte. Ich würde morgen nicht nur unangenehme Fragen zu beantworten haben, ich musste auch noch meinen Wagen mit dem kaputten Reifen aus dem Straßengraben bergen lassen. Und das Geld dafür hatten wir im Augenblick wirklich nicht übrig.

Wie froh war ich, zu Hause anzukommen! Frierend, müde und niedergeschlagen wollte ich nur noch ins Bett, um meine Sorgen wegzuschlafen. Dann würde ich wieder die Kraft haben, mich den Herausforderungen zu stellen. Aber als ich die Haustür öffnete, sah ich als Erstes meine Frau, tränenüberströmt und mit dem schreienden Neugeborenen im Arm.

Abby ist Krankenschwester und eigentlich nicht so schnell aus der Ruhe zu bringen. In ihrem Beruf reagiert sie stets besonnen und zuverlässig. Aber an jenem Abend war sie so aufgelöst und panisch, wie ich sie noch nie zuvor erlebt hatte.

Plötzlich war alles, was ich eben noch für lebenswichtig gehalten hatte, nebensächlich und klein. Jetzt gab es nur noch meine weinende Frau und das schreiende Baby.

Das Problem stellte sich später als gar nicht so dramatisch heraus. Madison hatte ihre erste Erkältung und bekam schlecht Luft. Wir aber waren als frischgebackene und überängstliche Eltern leicht zu verunsichern. Dennoch war dies ein Schlüsselerlebnis für mich.

Im Laufe des Abends wurde mir bewusst, dass ich den ganzen Tag nicht ein einziges Mal an Abby und Madison gedacht hatte und stattdessen mit „wichtigen“ Dingen beschäftigt gewesen war. Noch während meines einsamen Fußmarsches auf der Landstraße waren es die Probleme im Verein, die mich beschäftigt hatte, während meine Frau zu Hause saß, um das Leben unserer Tochter fürchtete und meine Heimkehr sehnsüchtig erwartete.

Man könnte nun einwenden, dies sei der typische Konflikt jedes Ehrenamtlichen, der zu Hause Frau und Kinder hat. Das mag sein. Dennoch bedeutete es für mich das Ende meiner Trainerkarriere. Und zum ersten Mal seit Langem fragte ich Abby: „Wofür brauchst du mich am dringendsten im Moment?"

Vielleicht war mein Abschied vom Basketball überstürzt und vielleicht geschah es aus Trotz. Viele verstanden es nicht oder meinten, ich würde einen Fehler machen. Manche waren traurig oder sogar gekränkt. Ich rechtfertigte mich bei allen, die mich anriefen oder mir mailten, und erklärte, so gut es ging, was mich bewogen hatte, diesen Schritt zu tun. Im Grunde reichte nur ein einziger Satz: „Meine Familie braucht mich jetzt mehr als der Basketball."

Und ich hatte recht. Sobald ich mit dem Training aufgehört hatte, legte sich der Stress. Wir ordneten unser Leben neu und begnügten uns mit einem unkomplizierten Tagesablauf: Ich ging zur Schule, unterrichtete und kehrte heim zu Frau und Kind.

Aber dann gab es doch noch ein Problem. Mehrere Wochen, nachdem ich mich von meinem Trainerjob verabschiedet hatte, dachte meine Frau daran, zum ersten Mal wieder eine Wochenendschicht als Krankenschwester zu übernehmen.

Allein der Gedanke trieb mir den Angstschweiß auf die Stirn. *Das kann nicht gut gehen!*

Ich war doch der Mann im Haus, und Männer kennen sich in Babypflege nicht aus. Sie reparieren, bringen den Mülleimer raus und mähen den Rasen. Aber für die Windeln sind sie nicht zuständig. Hinzu kam noch, dass ich aus Erfahrung wusste, dass ich zwei linke Hände beim Umgang mit Zerbrechlichem hatte. Wie oft fiel mir etwas runter! Und um mein Konzentrationsvermögen war es auch nicht besonders gut bestellt. Was wäre, wenn ich nun die Milch falsch anmischte oder meine Tochter unter der Decke erstickte, weil ich vergaß, nach ihr zu sehen?

Und dann erst das Schreien! Ich bin sonst nicht gewalttätig, aber konnte ich für mich selber die Hand ins Feuer legen?

Außerdem hatte ich noch ein paar Hobbys übrig behalten, denen ich mich nur am Wochenende widmen konnte. Hatte ich nicht schon genug Opfer gebracht? Musste ich nun auch noch meine restliche Freizeit drangeben?

Zwei Wochen vor jenem für mich schicksalhaften Termin – dem einen oder anderen bekannte ich meine Endzeitstimmung davor – konfrontierte ich meine Frau mit meinen Einwänden und Zweifeln. Ich hatte die logischsten Argumente parat, die alle darauf hinausliefen, dass es Madison in jedem Fall besser bekäme, wenn ihre Mutter in der Nähe bliebe. Warum nicht noch ein Weilchen zu Hause sein, bis wir Geld für einen Babysitter übrig hätten? Noch bis zu jenem unheilvollen Samstagmorgen setzte ich meiner Frau zu. Ich löcherte sie und bettelte – bis ich mir plötzlich bewusst wurde, wie schäbig ich mich verhielt.

Da stand Abby aufbruchbereit, und der Gedanken, ihr Kind zu verlassen, trieb ihr die Tränen in die Augen. Aber nicht nur das machte ihr das Herz schwer, sondern auch die bange Frage, wie sie nach längerer Pause wieder mit den Anforderungen zurechtkommen würde. Würde sie noch mithalten können? War sie körperlich fit genug? Sie wusste besser als ich, wie es um unsere Finanzen stand und dass sie einfach mitverdienen musste. Aber wohl war ihr bei der Sache nicht.

Und ich? Was tat ich in diesem Augenblick, als meine Frau mehr denn je den Beistand ihres Mannes gebraucht hätte?

Nichts! Ganz im Gegenteil: Ich hatte alles dafür getan, um ihr ein schlechtes Gewissen zu machen – in der Hoffnung, sie werde sich besinnen, damit ich mich vor der Verantwortung für Madison drücken konnte.

In dem Augenblick begriff ich schockiert: In den Turbulenzen der vergangenen Monate hatte ich überhaupt nichts gelernt. Ich tat immer noch, was *mir* gerade so passte!

Und da wusste ich plötzlich, warum ich mich in Wahrheit davongestohlen hatte und nichts mehr mit Basketball zu tun haben wollte. Die Trainertätigkeit war mir lästig geworden. Ich hatte keine Lust mehr. Es war nicht so gelaufen, wie ich es mir gedacht hatte, und da warf ich alles hin.

Ich war zwar tatsächlich erschöpft gewesen – körperlich, seelisch und geistlich. Mein Rücktritt war objektiv die richtige Entscheidung. Uns als Familie ging es danach tatsächlich deutlich besser. Aber letztlich war ich aus gekränkter Eitelkeit gegangen und weil ich keine Lust mehr hatte.

An jenem Samstagmorgen begriff ich, dass Liebe mehr ist, als ich gedacht hatte. Sie erfordert Einsatz und die Bereitschaft, eigene Interessen zurückzustellen. Und beides verlangt uns oft Dinge ab, vor denen wir am liebsten weglaufen möchten, weil sie uns Angst machen.

Ich hatte mir die ganze Zeit eingeredet, mein Abschied vom Basketball sei ein großes Opfer gewesen, weil mir der Sport doch so viel Spaß gemacht habe. Natürlich war mir der Abschied auch schwergefallen, aber mir entging dabei ein wichtiges Detail: Ich *wollte* weg.

Das ist leider typisch für uns Menschen. Wir geben uns aufopferungsvoll und machen uns selbst etwas vor wegen unserer Gründe.

Das alles wurde mir schlagartig klar, und so seufzte ich einmal tief und sagte zu meiner Frau: „Mach dich auf den Weg, Schatz. Wir werden schon zurechtkommen."

„Bist du sicher?", flüsterte sie mit Tränen in den Augen.

Ich nickte und rang mir ein Lächeln ab. „Wir kriegen das hin. Du musst *deine* Pflicht tun und ich *meine*."

An diesem Wochenende lernte ich eine ganz neue Facette der Liebe kennen. Zwei Tage lang war *mir* dieses süße Kind anvertraut! Mir allein! Da bedeutete Liebe, ein kleines Leben auf Händen zu tragen und für jeden Mangel der Versorger zu sein – in jedem einzelnen Augenblick. Zwei Tage lang lebte ich dafür, mich in einem fort hinzugeben – manchmal allerdings mit Überwindung, wenn ich ein Schläfchen halten wollte und die Kleine putzmunter war. Die ganze Zeit hatte ich nichts weiter im Sinn, als meiner Tochter das Leben freundlich zu gestalten.

Die stillen Glücksmomente zwischen Vater und Tochter werde ich mein Leben lang nicht vergessen. Ja, die gab es immer wieder. Etwa neun Stunden verbrachte ich täglich im Schaukelstuhl, denn ich bekam bald heraus, dass es uns beiden besser ging, wenn ich dort saß. Ich lernte auch, dass Babys sehr schnell merken, wenn der Hunger sich meldet – aber es fällt ihnen meist spät ein, wenn sie satt sind, und dann fällt das Bäuerchen ganz besonders üppig aus.

Dieses erste Wochenende mit meiner Tochter hat mein Leben völlig verändert. Ich mache noch immer mehr Fehler, als mir lieb ist, das ist menschlich. Aber ich habe – manchmal mühevoll – die selbstlose Liebe kennen- und praktizierengelernt, und deshalb habe ich inzwischen ein sehr herzliches Verhältnis zu meinen Kindern. Auch unsere Ehe ist gesegnet worden, denn Abby weiß jetzt, dass ich mir nicht mehr zu schade bin, ihr auch dort beizustehen, wo es mich Überwindung kostet. Und so gehen wir Hand in Hand gemeinsam unseren Weg.

Das, und nichts anderes, bedeutet, sich aus Liebe zu „opfern".

Kevin Lucia

Immer wieder kommt es vor, dass wir etwas als „Opfer" ausgeben, was uns insgeheim ganz gut ins Konzept passt (so wie es Kevin ergangen ist). Aber das ist reiner Selbstbetrug, und unsere lieben Mitmenschen haben uns meist längst durchschaut. Und dann sind wir überrascht, dass unser „Opfer" nicht wie erwartet gewürdigt wird.

Wenn wir wahrhaft lieben, so hat Kevin erfahren, wird die Bereitschaft zum Verzicht zum Lebensstil. Aber diese Selbstlosigkeit aus Liebe drückt sich meist nicht in großen Gesten aus, sondern eher im Kleinen, dort, wo wir uns im Alltag entschließen, auf dieses oder jenes zugunsten eines andern zu verzichten. Das ist immer ein sicheres Zeichen, dass wir es mit der Nächstenliebe ernst meinen.

Grund zum Leben

Es klopfte energisch an meiner Tür. Als ich öffnete, stand mir eine ausgezehrte weibliche Gestalt mit wirrem Haar gegenüber, die mich resigniert ansah. Anfang zwanzig mochte sie sein. Neben ihr stand eine Frau, die ich erst auf den zweiten Blick erkannte: Es war Mitty, eine Freundin von früher, die ich bestimmt fünfzehn Jahre nicht gesehen hatte.

Wir drei Frauen machten es uns auf dem Sofa bequem, und Mitty begann zu erzählen. Sie wohnte in einer Stadt, etwas 65 Kilometer entfernt. Sie hatte sich auf die Suche nach mir gemacht und mich schließlich gefunden. Die Frau, die sie mitgebracht hatte, war Mona, ihre jüngere Schwester. Sie hatte vor ein paar Tagen versucht, sich umzubringen. Ein Insektenvernichtungsmittel hatte sie genommen, das Ganze jedoch überlebt. Seitdem sprach sie aber mit niemandem mehr, und sie weigerte sich auch, Nahrung zu sich zu nehmen.

Nach einer Stunde verließ mich Mitty – zu meinem Entsetzen ohne ihre Schwester. Ich glaubte zuerst, sie werde zurückkommen, um Mona abzuholen. Aber nach Stunden war Mitty noch immer nicht wieder aufgetaucht. Aus Stunden wurden Tage, und meine alte Freundin kam nicht mehr, um sich ihrer Schwester anzunehmen.

Ich war ratlos. Was sollte ich tun? Bei uns in Indien haben wir keine Sozialstationen und keine Anlaufstellen für suizidgefährdete Menschen, auch keine Frauenhäuser und dergleichen. Was sollte ich nur mit Mona anfangen?

Ich steckte bis über beide Ohren in Arbeit und hatte jeden Tag vier Stunden Fahrzeit ins Büro und zurück. Ich arbeitete zwölf Stunden am Tag, sechs Tage die Woche. Da konnte ich mich doch nicht auch noch um Mona kümmern! Was sollte ich überhaupt mit einer Fremden anfangen, die ich nie zuvor gesehen hatte und von der offensichtlich die eigene Familie nichts wissen wollte?

Da ich keinen weiteren Raum hatte, stellte ich in meinem Zimmer ein Klappbett, einen Stuhl und einen kleinen Tisch vors Fenster.

„Möchtest du vielleicht etwas Kaffee?", fragte ich. Mona aber ließ sich, ohne ein Wort zu sagen, aufs Bett fallen. Dort blieb sie eine Woche lang reglos liegen und starrte mit leerem Blick an die Decke. Jeden Tag versuchte ich sie zu überreden, doch wenigstens ein bisschen Obstsaft zu trinken.

Glücklicherweise nahm sie ab und zu schweigend ein Glas an. Die Mauer, die sie um sich errichtet hatte, war undurchdringlich. Mona schien es nicht wahrhaben zu wollen, dass sie ihren Selbstmordversuch überlebt hatte. Offenbar beabsichtigte sie nun, sich umzubringen, indem sie die Nahrungsaufnahme verweigerte. Sie musste dringend etwas essen. Aber sie widersetzte sich jedem Versuch. Noch nicht einmal Eiscreme oder mein berühmtes Tandoori-Hühnchen konnte sie locken.

Ich hatte eigentlich keine Lust, noch abends zu kochen, wenn ich müde von der Arbeit kam, aber ich tat es dennoch und setzte ihr so lange zu, bis sie irgendwann doch etwas Suppe probierte.

Wie kann ein Mensch, der keinen Lebenshunger mehr hat, Lust verspüren, seinen Körper zu ernähren? Das fragte ich mich jetzt täglich.

Monas eisernes Schweigen und die grimmige Miene waren für mich Anzeichen für aufgestauten Hass. Und eine tiefe Verzweiflung schien sie eingekerkert zu haben.

Ich hatte keine Ahnung, ob sie je wieder den Mund aufmachen würde, und trotzdem fragte ich sie eines Tages: „Willst du nicht darüber reden, was dich so belastet? Ich möchte dir gern helfen. Es geht mir einzig und allein darum, dich zu verstehen. Ich habe nicht die Absicht, über irgendetwas zu urteilen. Ich will nur zuhören. Ich möchte nachfühlen, warum dir das Leben nicht mehr lebenswert erscheint."

Mona sah mich eine Weile schweigend an. Es schien sie zu beschäftigen, was sie hörte, und ich fragte mich, ob sie den Mut aufbringen würde, ihr Schweigen zu brechen. Ich tat alles, um den Eindruck zu vermeiden, ich würde sie bedrängen. Es sollte ein Angebot sein. In den darauffolgenden Tagen sprach ich sie immer wieder an, obwohl sie beharrlich schwieg.

An einem Winternachmittag ließ sie es zu, dass ich sie in meinen Garten mitnahm. Ich goss die Blumen, und sie setzte sich unterdessen auf einen Baumstumpf. Ich betete, dass die Schönheit der Natur sie berühren und die warmen Sonnenstrahlen ihr erfrorenes Herz erreichen würden.

Ein paar Tage später nahm ich Mona zu einem Ausflug mit, und als wir heimkehrten, aß sie etwas von dem Curryreis, den ich gekocht hatte. Und sie streichelte zaghaft meinen Welpen, den sie bislang völlig unbeachtet gelassen hatte.

Wieder vergingen Wochen, und dann, ganz plötzlich, überwand Mona sich, etwas von ihrem zerstörten Inneren preiszugeben. Sie wünsche sich, nie geboren worden zu sein, vertraute sie mir an. Sie sei ein ungewolltes Kind gewesen wie fast alle ihrer vielen Schwestern. Der Vater, verärgert darüber, keine Söhne zu bekommen, war ein hasserfüllter Mann, der seine Töchter misshandelte und seine Wut an ihnen ausließ.

Mona war die Einzige, die gegen die Gewaltherrschaft des Vaters aufbegehrt hatte. Oft hatten sich die beiden die hässlichsten Wortgefechte geliefert.

Die Mutter, nach Monas Schilderung ein schlichtes Gemüt, hatte das Verhalten ihres Mannes stets geduldet. Die Schwestern waren inzwischen fast alle verheiratet. Sie selber sei eine der Letzten im Haus – ausgerechnet die widerspenstige Tochter, die der Vater nicht hatte zähmen können. Um seinem Zorn zu entkommen, war sie oft von zu Hause weggelaufen und dabei in schlechte Kreise geraten. Hier lernte sie Drogen und Alkohol kennen.

Niemand hatte sich je um sie gekümmert. Ihre Geschwister wollten nichts mit ihr zu tun haben. Ihre Mutter liebte sie zwar, gab ihr aber auch nicht mehr als den Ratschlag, sich zu fügen und ein ordentliches Leben zu führen. Doch obgleich die Drogen ihr den Verstand vernebelten und der Alkohol sie zur Sklavin machte, konnte Mona nicht davon lassen. Ihr war inzwischen alles egal, denn sie fühlte sich wie in einer Sackgasse.

Ich hatte keine Ahnung, wie ich mit alldem umgehen und einem Menschen helfen sollte, den ich nicht kannte. Womit sollte ich ihr neuen Lebensmut geben, wo sie sich so sehr nach dem Tod sehnte? Wie sollte ich jemandem helfen, der sich selber nichts Gutes wünschte? Mona würde mich schließlich verabscheuen, wenn ich versuchte, ihr das Leben zu verlängern. Wie sollte ich eine so unliebenswürdige und selbstzerstörerische Person in mein Herz schließen können? Und wie lange würde ich sie noch beherbergen müssen?

War Mona anfangs schweigsam und zurückgezogen gewesen, so machte sich bald, nachdem sie sich wieder etwas gefangen hatte, ihre aufgestaute Aggressivität bemerkbar. Immer wieder verschwand sie und kehrte unvermittelt nach einiger Zeit zurück. Ich betete, dass sie wieder nach Hause finden würde.

Eines Abends fand ich nach meiner Heimkehr einen Zettel vor, auf dem sie schrieb, nicht mehr leben zu können.

Wo sollte ich anfangen zu suchen, wenn jemand nicht mehr gefunden werden wollte? Ich war ratlos und flehte zu Gott, dass er seine schützende Hand über sie hielt. Nach quälenden 48 Stunden kam Mona nach Hause, ihre Kleider verklebt und morastig.

Sie erzählte, dass sie bei Nacht zu dem Wasserreservoir vor der Stadt gelaufen sei. Dort habe sie sich zu ertränken versucht, es aber nicht geschafft. Ich kochte Kaffee, hörte ihre Worte und zitterte noch immer vor Aufregung und Erleichterung.

Es ging nicht anders, sie musste in die Hände eines Fachmanns. Es dauerte eine Woche, bis sie einwilligte. Da keine von ihren Schwestern bereit war, sich für sie einzusetzen, fuhr ich sie dreimal in der Woche mit meinem Motorroller siebzig Kilometer hin und zurück, damit sie die Termine beim Psychologen wahrnehmen konnte. Und wenn wir vor Ort waren, weigerte sich Mona, auch nur eine einzige Frage zu beantworten. Erst nach mehreren Sitzungen taute sie etwas auf.

Als ich gerade etwas Hoffnung geschöpft hatte, weigerte sie sich plötzlich, mit der Therapie fortzufahren.

Es wurde immer schlimmer mit ihr. Eines Tages versuchte sie, sich selber in Brand zu stecken, nachdem sie einen Benzinkanister in meinem Vorratsraum gefunden hatte. Sie stand mitten in der Küche, die Kleider vollgesogen mit Benzin und eine Schachtel Streichhölzer in der Hand. Dabei ließ sie ihre Wut an mir aus, indem sie mich beschimpfte und verfluchte.

Ich flehte Gott an, mir zu zeigen, wie ich sie aufhalten könne. Nie war ich zuvor in einer so verzweifelten Situation gewesen. Ich warf mich schließlich auf sie, und es gelang mir, ihr die Streichhölzer zu entwinden.

„Warum lässt du mich nicht endlich sterben, du blöde Kuh", schrie sie. „Mein Leben gehört mir!"

Schließlich brach sie schluchzend zusammen. Ich fuhr sie ins Krankenhaus, wo sie für ein paar Tage aufgenommen wurde. Natürlich kam niemand, um sie abzuholen. Keine ihrer Schwestern meldete sich, obwohl alle von ihrem Klinikaufenthalt wussten. Also entschloss ich mich, so groß meine Furcht davor auch war, sie wieder bei mir aufzunehmen.

Ein letztes Mal war ich bereit, es zu versuchen. Ich wollte ihr weiter beistehen, aber nur, wenn sie die Therapie wieder aufnehmen und sie auch abschließen würde.

Meine Mutter und ich beteten viel für Mona, und wir durften ihr auch manchmal die Hände zum Segen auflegen. Bei einer dieser Gelegenheiten fiel mir mein Lieblingspsalm ein: „Wer unter dem Schutz des Höchsten wohnt, der kann bei ihm, dem Allmächtigen, Ruhe finden. Auch ich sage zu Gott, dem Herrn: Bei dir finde ich Zuflucht, du schützt mich wie eine Burg! Mein Gott, dir vertraue ich!" (Psalm 91,1-2)

Ich las den Text laut, und Mona hörte aufmerksam zu. Später las ich ihr aus dem Philipperbrief noch folgenden Satz vor: „Das alles kann ich durch Christus, der mir Kraft und Stärke gibt." (Philipper 4,13)

Ich sagte ihr, dass sie unbedingt ihre Süchte aufgeben müsse, um gesund zu werden. Dazu sei auch die Therapie unerlässlich. Ich spürte, dass sie ernsthaft darüber nachdachte.

Als wir wieder einmal ins Gespräch kamen, erzählte Mona mir, dass sie sich nie für Gott interessiert habe und auch nicht auf die Idee gekommen sei, ihn zu brauchen.

„Ich kenne keinen Gott, und selbst wenn es ihn gibt, so kümmert er sich nicht um mich. Niemand kümmert sich um mich."

Ich gab zu bedenken: „Er hat sich immerhin so sehr um dich gekümmert, dass er uns zusammengebracht hat. Und habe ich mich nicht auch um dich gekümmert? Habe ich dich etwa rausgeworfen?"

Da brach sie in Tränen aus, und ich hörte sie die ganze Nacht über weinen. Und als es dämmerte, war es so weit: Wir beteten zusammen – zu dem Gott, den sie so lange für nicht existent gehalten hatte.

Der Heilungsprozess setzte ganz allmählich ein. Aber Mona nahm wieder regelmäßig feste Nahrung zu sich, und sie schlief auch besser. Außerdem gelang es ihr, sich von Alkohol und Drogen fernzuhalten.

Nachdem ich eines Tages Mona doch wieder in Kontakt mit ihrer Familie gebracht hatte, hielt sie sich mal bei mir und dann wieder bei ihren Schwestern auf. Wenn wir uns unterhielten, sprach sie häufig davon, wie sehr Jesus ihren Alltag verändert habe. Er half ihr dabei, ein ganz anderes Leben zu führen – mit viel mehr Selbstdisziplin. Besonders den dritten Vers im 121. Psalm liebte sie: „Der Herr wird nicht zulassen, dass du fällst; er, dein Beschützer, schläft nicht."

Erst drei Jahre später war Mona in der Lage, eine geregelte Arbeit aufzunehmen.

Indem ich einem Menschen in so großer Not und unter so widrigen Umständen half, lernte ich, mich ganz und gar auf Gottes Liebe, Weisheit und Führung zu verlassen.

So intensiv hatte ich mich noch nie um einen anderen Menschen gekümmert. Und eigentlich war die Herausforderung auch viel zu groß für mich. Ich musste Monas totale Ablehnung aushalten. Die Versuchung war groß, alles hinzuwerfen. Aber ich hielt durch, lag nächtelang wach und betete.

Allein durch Gottes Gnade war ich in der Lage, diesen auf Hilfe angewiesenen Menschen zu lieben, anzunehmen und zu begleiten.

Sieben Jahre sind inzwischen seit jenem unerwarteten Klopfen an meiner Haustür vergangen. Und was folgte, war für mich eine harte Zeit gewesen. Aber Gott steht seinen Kindern bei – überall und jederzeit.

Auch wenn ich in tiefster Nacht und Finsternis aufwache, so bin ich doch absolut sicher, dass Jesus bei mir ist. Was für ein Vorrecht ist es, dass ich mir seines Beistandes so sicher sein kann! Gerade nach den Erlebnissen mit Mona nehme ich dieses Geschenk und Privileg nicht mehr wie früher als Selbstverständlichkeit entgegen, sondern bin mir noch mehr der Gnade bewusst.

Sudha Khristmukti

Glücklicherweise werden die meisten von uns nicht mit so dramatischen Ereignissen konfrontiert wie Sudha. Dennoch bekommen es viele irgendwann mit Menschen zu tun, die voller Wut sind, die vielleicht sogar ihrem Leben am liebsten ein Ende bereiten würden oder die von Süchten geplagt werden.

Sicherlich ist es gut, wenn wir als Helfer selber Beistand erwarten können. Aber auch wenn wir Unterstützung bekommen, zehren schwierige Mitmenschen doch an unseren Kräften, weil wir Zeit und Mühe für sie aufbringen müssen.

Sudha nahm die Herausforderung an, eine Frau zu lieben, die nicht nur eine Fremde für sie war, sondern zunächst auch jedes wohlgemeinte Hilfsangebot ablehnte.

Aber vielleicht sind unsere Erfahrungen gar nicht so anders. Leid, Schmerz und Süchte können uns auch einen nahestehenden Menschen entfremden. Und Leidende lassen häufig ihre ganze Bitterkeit ausgerechnet an denen aus, die mutig auf sie zugehen, um ihnen zu helfen.

Wie können wir einen solchen Menschen lieben? Manchmal besteht, wie auch Sudha gelernt hat, der erste Schritt darin, unser Gegenüber mit dem Lebensnotwendigsten zu versorgen, damit er innerlich und äußerlich wieder zu Kräften kommt. Diese erste Hilfeleistung muss die leidende Person erst einmal verarbeiten, und das erfordert Geduld. Man sollte es also auf keinen Fall persönlich nehmen, wenn der andere sich mit Händen und Füßen gegen die Hilfe wehrt. Wichtig ist dabei, dass wir Hilfe zur Selbsthilfe anbieten. Wir sollten also auf Höhen und Tiefen vorbereitet sein!

Wahre Liebe ist beharrlich. Aber wir werden sie, wie Sudha sagt, nur dann für den Hilfsbedürftigen aufbringen, wenn wir auf Gottes gnädigen Beistand bauen.

Besser als Schokolade

Wie misst man Liebe? Es gab einmal eine Zeit, da war eine herzförmige Pralinenschachtel für mich der Maßstab.

Der Valentinstag gehörte, als ich noch ein Kind war, zu den wichtigen Ereignissen im Jahr. An diesem Tag pflegte man so wunderbare Traditionen. In der Schule gab es eine Feier. Wir tauschten Glückwunschkarten aus und machten uns über die mitgebrachten Kuchen und Süßigkeiten her. Und Dad überreichte meiner Mutter eine Schachtel Pralinen.

Mom öffnete die Schachtel, und jedes von uns sechs Geschwistern durfte einmal hineingreifen. Was für eine schöne Geste! Ich freute mich schon darauf, eines Tages von meinem zukünftigen Ehemann am Valentinstag Schokolade geschenkt zu bekommen.

Und dann – es war am ersten gemeinsamen Valentinstag nach meiner Hochzeit mit Keith – gab mein lieber Mann mir einen Kuss und machte sich wie jeden Tag auf den Weg zur Arbeit. Ein bisschen war ich enttäuscht, aber noch nicht richtig. Der Tag war ja noch lang. Er würde mir gewiss am Abend eine große Schachtel Pralinen überreichen.

Ich war sehr überrascht, als Keith mit leeren Händen heimkam. Hatte er sein Geschenk im Auto vergessen?

Wir fuhren los, um in unserem Stammlokal einen Hamburger

zu essen. Immer noch nichts Süßes. Der Rücksitz war leer, wie ich mich mit einem verstohlenen Blick nach hinten überzeugte.

Kein Wort von Keith zum Valentinstag! Ich war inzwischen richtig sauer. Wie konnte er diesen wichtigen Tag für Liebespaare vergessen!

„Was ist los?", fragte er, als er meine mürrische Miene bemerkte.

„Das solltest du eigentlich wissen", antwortete ich und strafte ihn mit Schweigen.

Ich hatte ihm zwar auch keine Schokolade mitgebracht, aber bei uns war es immer Dad gewesen, der Mom etwas geschenkt hatte.

Nach drei Valentinstagen in drei Jahren hatte ich noch immer keine Pralinen bekommen. Inzwischen war aber eine ellenlange Liste von Versäumnissen meines Mannes entstanden, die unserer Ehe meiner Meinung nach überhaupt nicht guttaten. Ich hasste es, wenn er abends im Bett noch Kartoffelchips in sich hineinstopfte. Und es ging mir auf die Nerven, dass er alle Automarken auf der Straße erkannte und glaubte, jeder teile sein Hobby. Ständig dieses Autoquiz, wenn wir unterwegs waren! „Wetten, du weißt nicht, welche Marke das da ist?"

Bald erkannte ich jeden Ford und Chevy und konnte sogar das Herstellungsjahr wie aus der Pistole geschossen angeben.

Erst nach langer Zeit begriff ich, dass Keith davon lebte, von anderen Bestätigung zu bekommen. Es ging ihm gar nicht darum, von mir eine korrekte Antwort zu bekommen. Er wollte vielmehr von mir hören: „Toll, wie viele Autos du kennst!"

Wenn er etwas an unserem Wagen reparierte, wollte er am liebsten, dass ich mich dazusetzte. Denn so wollte er mir zeigen: „Sieh mal, was ich kann!" Das war mir aber lange nicht bewusst, jedenfalls so lange, wie ich mich selber als die Wichtigere in unserer Ehe empfand.

Als wir uns dann doch einmal über den Valentinstag unterhielten, sagte Keith zu mir: „Ich muss dir doch keine Schokolade schenken, um dir meine Liebe zu beweisen. Und was bedeutet ein Geschenk schon, wenn man es erst auf Anregung des anderen mitbringt? Das ist doch nicht echt."

Wie unsensibel er doch reagierte, fand ich damals. Warum sah er die Dinge nicht wie ich?

Diese für unsere Ehe gefährlichen Kommunikationsprobleme hielten an, bis Keith zum Kriegseinsatz ins Ausland kam. Unser Sohn wurde drei Monate vor der Abreise geboren. Ich zog mit dem Baby in eine Wohnung in der Nähe meiner Eltern, um dort auf Keiths Rückkehr zu warten.

Am einsamen Valentinstag überreichte mein Vater mir eine Schachtel Pralinen, weil er wohl dachte, Keith habe das auch immer getan, solange er zu Hause war. Ich brach in Tränen aus. Aber Dad konnte ja nicht ahnen, dass dies die erste Schachtel Pralinen war, die ich überhaupt geschenkt bekam, seit wir verheiratet waren. Ich erzählte Dad nichts davon, weil ich fürchtete, er könne glauben, Keith würde mich vernachlässigen.

Aber dann geschah etwas Überraschendes: In dem Augenblick, als ich die Schachtel in Händen hielt, wurde mir bewusst, dass ich nach etwas Sehnsucht gehabt hatte, was eigentlich unwichtig war. Mein egoistisches Denken, das mich auf Abwege geführt hatte, war wie weggeblasen und hatte meine falschen Vorstellungen von Romantik und vom idealen Ehemann gleich mitgenommen. Dads Geschenk öffnete mir die Augen. Wie selbstsüchtig war mein Denken und Fühlen gewesen!

Ich begriff nun, was mir der ausgeglichene und immer hilfsbereite Ehemann an meiner Seite bedeutete, ob mit oder ohne Schokoladengeschenke. Die Negativliste wanderte in den Papierkorb, während ich gleichzeitig ganz neue Seiten an meinem

Mann entdeckte. Er zeigte mir seine Liebe auf so vielerlei Weise. Zu Anfang unserer Ehe war ich krank gewesen, und er hatte mir damals rührend zur Seite gestanden. Er hatte darauf geachtet, dass ich meine Medizin nahm, wenn ich mich beharrlich weigerte. Tagsüber war er beruflich unterwegs gewesen, und dann hatte er sich noch bis spät in die Nacht um mich gekümmert. Warum nur hatte ich das damals nicht entsprechend gewürdigt?

Keith war ein treuer Ernährer und Vater und nahm seine Rolle als Familienoberhaupt sehr ernst. Was konnte sich eine Frau mehr von ihrem Mann wünschen! Was ich als unerlässlich für eine romantische Liebesbeziehung betrachtet hatte, war ein Produkt meiner fehlgeleiteten Tagträume. Man kann die Liebe nicht anhand einer Pralinenschachtel messen.

Inzwischen weiß ich, wie wichtig es ist, ständig einen regen Gedankenaustausch mit Keith zu führen. Er muss wissen, was ich empfinde, und Gelegenheit bekommen, selber darüber nachzudenken. Ich habe mittlerweile auch erkannt, dass er sich nicht gern etwas sagen lässt. Er möchte am liebsten immer selber auf die Idee kommen.

Nachdem ich ihm erzählt hatte, wie groß meine Freude über das Geschenk meines Vaters zum Valentinstag war, kam *er* auf eine tolle Idee. Nun bringt er mit jedes Jahr ein Pralinenherz mit!

Inzwischen ist mir auch bewusst geworden, dass ich selber am Anfang unserer Ehe keine besonders gute Partie war. Ich hatte überhaupt keine Ahnung vom Kochen. Eines Tages bereitete ich etwas zu, was in meinem Kochbuch *Spaghettiomelette* hieß. Ich selber konnte es absolut nicht herunterbekommen, aber Keith ließ es sich tapfer schmecken und lobte meine Kochkunst.

Keith war sich niemals zu fein, Windeln zu wechseln, Wäsche zu waschen oder aufzuräumen. Er ist sogar ein begabter Koch, und alle meine Freundinnen beneiden mich um diesen Mann. Ihre Männer denken gar nicht daran, selbst hin und wieder den Kochlöffel zu schwingen oder das Geschirr abzuwaschen.

Und wenn mir mein Mann zum Valentinstag wieder eine Schachtel Pralinen mitbringt, dann freue ich mich, weil ich weiß, dass er es aus Liebe tut, und nicht, weil er sich genötigt fühlt.

Midge DeSart

Mit welchem Maß misst man die Liebe? Jeder von uns bedient sich einer individuellen Liebessprache. Für Midge sprach Schokolade zum Valentinstag Bände. Ein Geschenk war für sie ein sicheres Zeichen, dass sie geliebt wurde.

Für ihren Mann dagegen bedeuteten Geschenke wenig, zumindest waren sie für ihn nicht das Signal, geliebt zu werden. Er zeigte seine Zuneigung für Midge dadurch, dass er ihr zur Hand ging und ihr lästige Dinge abnahm.

Er sagte: „Ich liebe dich!", indem er im Alltag ganz praktisch für sie da war. Doch Midge mit ihrer Liebessprache wartete zuallererst auf Geschenke als Zeichen.

Wie kann man die Liebessprache des anderen herausbekommen? Manchmal sollte man einfach fragen. „Wodurch fühlst du dich wirklich geliebt?" Oder man beobachtet den anderen, wie er oder sie Liebe und Zuneigung ausdrückt. Dann versucht man es beim Partner genauso zu machen.

Liebe mag grundsätzlich eine überall verstandene Sprache sein, aber bei unterschiedlichen Menschen klingt sie eben individuell anders.

Wenn Liebe das Rennen macht

„Warum müssen unsere Gespräche immer im Streit enden?", fragte John mürrisch. „Ich hab doch nur einen Vorschlag gemacht, wo wir was essen gehen könnten. Damit es nicht heißt, dass ich immer bestimmen will. Also, du möchtest nicht zu Andys Pub, weil du Angst hast, wir kommen dann wieder so spät nach Hause. Okay, okay. Was willst du dann? Sollen wir etwa ins Eiscafé gehen wie die kleinen Kinder?"

Das sagte mein Mann, zog den Mantel über und verschwand zu einem einsamen Abend im Pub.

Wollte ich gerade wieder einmal mit dem Kopf durch die Wand? Aber ich hatte doch das gleiche Recht, mich durchzusetzen wie er! In den vier Jahren unserer Ehe glaubte ich, immer wieder gezwungen zu sein, meine „Rechte" einzufordern. Und außerdem hatte John keine Ahnung, was es bedeutete, sich nach einer kurzen Nacht morgens aus dem Bett zu wälzen und einen schweren Arbeitstag vor sich zu haben. Waren wir nämlich erst bei Andy im Pub, blieben wir meist bis zum Morgengrauen.

Was für ein sorgenfreies Leben hätte ich ohne John führen können. Männer waren doch das Letzte! *Und Frauen,* so dachte ich, *sind in jedem Fall die besseren Menschen.*

Aber warum hatte ich John dann überhaupt geheiratet? Ganz einfach: Ich hatte mich Hals über Kopf und unsterblich in den süßesten und humorvollsten jungen Mann verliebt, der mir je über den Weg gelaufen war. John konnte der liebenswürdigste Herzensbrecher sein. In der Zeit, in der wir uns näher kennenlernten und verabredeten, beeindruckte er mich mit dieser ganz besonderen Mischung aus Kavalier und Clown in einer Person. Näherten wir uns zum Beispiel einer geschlossenen Restauranttür, lief er eifrig voraus, öffnete die Tür und verbeugte sich wie ein Hamlet nach der Vorstellung – eine Rolle, die zu spielen er sich übrigens erträumte. Jedenfalls brachte er mir den Respekt entgegen, der mir – meiner Ansicht nach – stets zustand.

Doch schon kurz nach unserer Hochzeit begann John zu trinken, und von dem Kavalier blieb nichts mehr übrig. Ich versuchte alles, um ihn am Trinken zu hindern, damit seine hässliche Seite nicht so oft zum Vorschein käme. Aber damit wurde alles nur noch schlimmer.

Auch ich hatte keineswegs eine reine weiße Weste, aber was ich tat, hielt ich unter den gegebenen Umständen für gerechtfertigt. Schließlich hatte ich einen Widerling zum Ehemann. Aber ich hatte ihn nun einmal geheiratet, obwohl ich mir eigentlich einen wohlerzogenen Charmeur gewünscht hätte. Ich glaubte, ihn schon mit der Zeit zurechtbiegen zu können, um den ersehnten Ehemann doch noch zu bekommen.

Unsere engsten Freunde waren allerdings felsenfest davon überzeugt, dass es nur eine Frage der Zeit sei, bis wir uns scheiden ließen. Doch wir enttäuschten sie und blieben zusammen, während sich so manches Paar aus unserer Umgebung trennte. Vielleicht lag es an unserer Sturheit, verbunden mit dem Wunsch, die Freunde Lügen zu strafen. Doch es gab auch etwas Positives, was uns den Entschluss zum gemeinsamen Weg erleichterte. Das war immer noch unsere Liebe. Als wir das einmal begriffen hatten, versuchte jeder, sich zu ändern, um unsere Ehe zu bewahren.

Es begann mit Änderungen im Lebensstil. Wir brachen die Kontakte zu Freunden ab, deren schlechten Einfluss wir meiden wollten. Wir kündigten unsere stressigen Arbeitsstellen und zogen in eine Kleinstadt.

Es bedeutete mir viel, als John mit dem Trinken aufhörte. Und ich bemühte mich, ihn besser zu verstehen. Aber irgendwie gelang es mir nicht, die Erwartung abzulegen, ich allein müsste im Mittelpunkt unserer Ehe stehen. Aber immerhin: Wir arbeiteten gemeinsam daran, unsere problematische Vergangenheit hinter uns zu lassen und den berühmten Märchenschluss vom glücklichen Ende als Ziel anzustreben. Dazu kauften wir ein Haus und wollten eine Familie gründen.

Dann aber bekam John gesundheitliche Probleme. Plötzlich konnte er nicht mehr richtig sehen. Danach wurden die Beine taub, sodass er hinkte. Erst dachte ich, er habe wieder mit dem Trinken angefangen, aber er gab mir sein Wort, keinen Tropfen angerührt zu haben.

Kurz bevor unser Sohn geboren wurde, bekam John die Diagnose: multiple Sklerose – eine unheilbare Krankheit des Zentralnervensystems. Während wir uns bemühten, ein möglichst normales Leben zu führen, bedrohte die MS alles, was wir uns aufzubauen versuchten.

Wir waren dankbar, dass unser Danny gesund und munter zur Welt kam. Leider wurde mit der schnell fortschreitenden Lähmung Johns Hinken immer schlimmer, und das sprach dafür, dass wir es mit einer der aggressivsten Formen der Krankheit zu tun hatten. Bald darauf ging er schon an Krücken. Es brach mir jedes Mal das Herz, wenn ich ihn leiden sah. Dennoch war ich wie immer mehr mit mir selber beschäftigt. Ich hatte nie genug Zeit für meinen Mann, schließlich musste ich mich doch ausgiebig mit meinem Kind beschäftigen.

In seiner Verzweiflung fing John wieder an zu trinken. Und mein charmanter Kavalier wurde zum sarkastischen Spötter, der vom Leben nichts mehr wissen wollte. Dazu versteckte er sich hinter seiner Flasche und brüllte mich an, sobald ich mich ihm näherte. Darauf zog ich mich wieder zurück und leckte meine Wunden.

Ich war ratlos, meine Situation schien ohne Ausweg. Ich musste mich gleichzeitig um einen Säugling und einen verbitterten Ehemann kümmern. John im Stich lassen konnte ich nicht. Mir war klar, dass unser Danny seinen Vater brauchte. Andererseits fehlte mir die Kraft, mich dieser Herausforderung zu stellen. Wie sollte ich das alles schaffen?

Während ich verzweifelt nach Antworten suchte, kam mir eine nette Nachbarin zu Hilfe. Mary meinte, ich solle doch Gott eine Chance geben, mir zu helfen. Der Gedanke, mir von einem Wesen beistehen zu lassen, das unsichtbar ist, kam mir erst ziemlich seltsam vor. Doch ich war verzweifelt genug, um in der Bibel zu lesen, die Mary mir überreicht hatte. Ich war bis dahin keine begeisterte Leserin gewesen, aber dieses Buch nahm mich für sich ein, und ich hörte gar nicht mehr auf zu lesen. Ich hatte das Gefühl, der Verfasser würde mich persönlich kennen und sei imstande, meine Gedanken zu lesen. Meine Lebensgeschichte schien dort in der einen oder anderen Form erzählt zu werden. Und es war keine erfreuliche Geschichte. Aber am Ende bekam ich eine ganz neue Lebensperspektive vor Augen geführt – eine Aussicht voller Hoffnung, die mich veranlasste, Gott als meinen himmlischen Vater anzunehmen.

Während ich mich immer mehr in Marys Bibel vertiefte, wurde mir klarer denn je, dass ich genauso hässlich zu John gewesen war wie er zu mir. Vielleicht sogar noch schlimmer! Ich las weiter und weiter, Tag und Nacht, und ich spürte, dass es ein heiliges Buch war, das ich da vor mir hatte. Es gab Antworten auf die Fragen meines Herzens: Was habe ich falsch gemacht? Verdiene ich, was passiert ist? Was kann ich tun, um John zu helfen ... Danny ... und mir selber?

Die Antworten sprangen mir förmlich entgegen, auch wenn sie nicht wortwörtlich niedergeschrieben waren. Es war höchst sonderbar – so etwas hatte ich noch nicht erlebt. Mir war, als flüstere mir eine Stimme ins Ohr, wie ich die Texte zu versehen hätte.

Als ich beispielsweise las: „Liebt eure Feinde und tut denen Gutes, die euch hassen“ (Lukas 6,27), da sagte mir diese innere Stimme: „Genau das ist dein Schlachtplan!“

Bei diesem Gedanken verzog ich das Gesicht. Und wenn ich dann noch die griesgrämige Miene meines „Feindes“ sah! Wie immer saß John mir gegenüber im Sessel, betrank sich und starrte ins Leere. Ihn zu lieben würde mich mehr Opferbereitschaft kosten als alle anderen Herausforderungen meines Lebens. Aber dann bemerkte ich, wie der kleine Danny zu den Füßen seines Vaters spielte, und mir war schlagartig klar, dass mir nichts anderes übrig blieb, als es wenigstens zu versuchen. Ich *musste* John mit all seinen Schwächen lieben lernen.

Also betete ich. Ja, ich betete, Gott möge mir die Fähigkeit schenken, meinen Mann zu lieben.

Ich näherte mich John äußerst behutsam, da Selbstschutz bei mir höchste Priorität besitzt. Und das spürte er wohl, und so gab er es mir heftiger zurück denn je. Ich durfte also keine Scheu signalisieren. Und so betete ich wieder. Diesmal betete ich um Kraft und Mut, um Johns Herz erneut zu erobern. Ich erwies ihm daraufhin ab und zu kleine Aufmerksamkeiten. Zunächst reagierte er wieder unwirsch und misstrauisch, aber ich ließ mich nicht mehr beirren.

Dann hatte ich auf einmal den Gedanken, ich sollte John für seine Stärken loben, und ich entschloss mich, ihm mindestens einmal am Tag eine Anerkennung zukommen zu lassen. Zunächst ließ er jedes nette Wort abprallen, aber nach Wochen hatte ich das Gefühl, dass die harte Schale Risse bekam. Und etwas war bemerkenswert: Mit jedem Lob, das ich aussprach, kamen mir Johns tatsächliche Stärken wieder stärker ins Bewusstsein. Er war intelligent, hatte ein hohes Verantwortungsbewusstsein für seine Familie und ein mitfühlendes Herz für Schwache. Und trotz seiner Verdrießlichkeit war er stets lieb und freundlich zu Danny. Er ging sogar sehr zärtlich mit unserem Sohn um und hatte immer ein offenes Ohr, wenn der Kleine mit seinem Kummer kam.

Aber die Einschränkungen, die seine Krankheit mit sich brachten, gaben ihm das Gefühl, als Vater, Partner und Mann zu versagen. Hinzu kamen noch die Verletzungen aus der Vergangenheit, die vor allem ich ihm zugefügt hatte.

Spätestens jetzt begriff ich, wie unentschuldbar ich mich John gegenüber verhalten hatte. Sollte ausgerechnet ich ihm da die Schuld für unsere Eheprobleme in die Schuhe schieben? *Ich* war doch von Anfang an egoistisch gewesen, und es war eine schockierende Erkenntnis, dass mein Verhalten John gegenüber die Trunksucht nicht verhindert, sondern eher verstärkt hatte. Es war also höchste Zeit, mein Selbstmitleid zu beenden und alles in meiner Macht Stehende zu tun, um die Fehler der Vergangenheit wiedergutzumachen. Ich konnte nichts an der multiplen Sklerose ändern, aber ich konnte John trotz seiner Krankheit lieben.

Und John schien sich nach dieser Art bedingungsloser Zuwendung zu sehnen. Zwar kam nichts davon über seine Lippen, aber seine Augen sprachen zu mir und schienen folgende Frage zu formulieren: „Liebst du mich noch, obwohl ich dir keine Tür meines Herzens öffnen kann? Und wirst du mich auch noch lieben, wenn mir die Krankheit alle Würde genommen hat?"

Ich wusste nicht, ob ich durchstehen konnte, was sich in Zukunft ereignen würde, aber ich betete unaufhörlich um Kraft und Weisheit.

Ich fing an, mich mit Christen wie Mary zu umgeben, mit Frauen, die ihre Männer liebten und mich lehren konnten, John ganz neu anzunehmen. Und bald merkte ich, dass mich das veränderte. Die Egozentrikerin von früher gab es nicht mehr. Trotz meiner Charakterschwächen gestaltete Gott mich in einen geduldigen Menschen um, und ich konnte auf einmal lieben. Ich wurde tatsächlich eine neue Kreatur. Und es ging mir so unendlich gut dabei. Ich tat nichts Besonderes, ich liebte John nur – und konnte beobachten, wie immer mehr seiner guten Eigenschaften ganz neu zum Vorschein kamen.

Es bedurfte vieler Monate intensiver Zuwendung, um Fortschritte hin zu einer heilen Beziehung festzustellen. John hörte auf zu trinken und die Wutanfälle ließen deutlich nach. Ab und zu kam sein wunderbarer Humor wieder zum Vorschein.

Inzwischen war unsere Liebe mit jeder weiteren Herausforderung stärker geworden. Dreißig Jahre kämpften wir schon mit der MS meines Mannes. Aber da ich irgendwann begriffen hatte, was Liebe wirklich ist, ließ ich Johns Hand nicht mehr los. Die Krankheit hatte ihm nach und nach immer mehr Einschränkungen auferlegt: Er konnte nicht mehr gehen, aufrecht sitzen, seine Arme benutzen und deutlich sprechen. Aber so grausam die Krankheit auch war, so diente sie doch quasi als Katalysator für all das Gute, das in uns beiden steckte und erst auf diese Weise zum Vorschein kam. Da spielte es für mich keine Rolle mehr, dass meine eigenen Interessen oft zurücktreten mussten, denn gerade dadurch hatte ich viel mehr von dem Mann, den ich geheiratet hatte.

Die Liebe hatte John so stark gemacht, dass er über sich hinauswachsen konnte. Er war ein großartiger Ehemann und guter Vater und darüber hinaus ein weiser Ansprechpartner für alle, die als Behinderte sein Schicksal teilten. Es war immer eine Freude, zu beobachten, wie er sich mit seinen Möglichkeiten in die Arbeit der Gemeinde einbrachte.

In unserem 35. Ehejahr bekam John eine Lungenentzündung. Sein Immunsystem war stark in Mitleidenschaft gezogen, und so konnte er nicht mehr dagegen ankämpfen. Er blickte mich über die große Sauerstoffmaske an und gab mir ein Zeichen näherzukommen. Ich gab ihm einen Kuss auf die Wange und flüsterte: „Ich liebe dich, John."

Ein schwaches Lächeln huschte über sein Gesicht. Und noch einmal brachte er mühsam, aber verständlich ein paar Worte hervor: „Ich liebe dich auch."

Dann war er nicht mehr unter uns.

Die multiple Sklerose mochte einen Etappensieg errungen haben, aber die Liebe ging dennoch am Ende als Sieger hervor.

Laura L. Bradford

„Liebt eure Feinde, und tut denen Gutes, die euch hassen." (Lukas 6,27) Diese Worte nahm sich Laura zu Herzen. Wie aber gehen Sie und ich mit Menschen um, die uns Probleme bereiten? Der Bibelvers ist da eindeutig: „Tut denen Gutes!"

Wenn eine Beziehung über Wochen, Monate oder sogar Jahre durch Streit, ablehnende Gefühle und schwierige Umstände in Mitleidenschaft gezogen worden ist, dann reichen Lippenbekenntnisse nicht mehr aus. Soll der andere wirklich darauf vertrauen können, dass bei uns ein Sinneswandel stattgefunden hat, werden handfeste Beweise unverzichtbar.

Wer aber beharrlich Gutes tut, der legt sichtbar Zeugnis dafür ab, dass er sich geändert hat, und er beweist damit, dass er an den anderen glaubt, für ihn hofft und ihm vertraut. Freundlichkeiten sind eine Wohltat für die Seele.

Leben Sie in einer Beziehung, in der Sie ständig das Gefühl haben, mit dem Partner streiten zu müssen? Und sind Sie die ewigen Kämpfe leid? Dann tun Sie Gutes!

Vier Schwestern verloren – und wiedergefunden

Die meiste Zeit meines Lebens habe ich damit zugebracht, mich von meinen vier Schwestern abzuschotten. Sie sind alle nett und sympathisch – und doch erinnerten sie mich an schmerzliche Zeiten, die ich am liebsten vergessen wollte. In dem Bemühen, meine Kindheit zu verdrängen, löschte ich sie gleich mit aus, als hätten sie niemals existiert.

Ich bin die Jüngste von fünf Töchtern, die meine Mutter innerhalb von nur sieben Jahren zur Welt brachte. Sie war eine klassische Schönheit der Fünfzigerjahre, und kaum hatte sie die Schule abgeschlossen, wurde sie schon von einem neun Jahre älteren stattlichen Herrn in den Hafen der Ehe geführt. Sie hatte, wie sie mir später erzählte, keinen größeren Traum, als Ehefrau und Mutter zu werden.

Ihre glückliche Kindheit, das waren fünf wilde Brüder, liebevolle Eltern und eine unübersehbare Schar von Onkeln, Tanten, Cousins und Cousinen, die sich regelmäßig zu Besuchen einstellten. Und dann verließ meine Mutter das einzige Zuhause, das sie kannte, und ahnte nicht, was auf sie zukommen würde.

Mein Vater war ein gewalttätiger Alkoholiker, der Dinge tat und Sachen sagte, von denen ich schon als Kind wusste, dass sie böse waren, obwohl ich viele seiner Flüche gar nicht verstand. Er blieb immer ein Fremder in unserer Familie. Oft ließ er sich wochenlang nicht blicken, und dann tauchte er mitten in der Nacht auf und riss uns alle mit rücksichtslosem Geschrei aus dem Schlaf.

Von seiner Kindheit erfuhr ich nichts. Er erzählte uns keine einzige Begebenheit von früher, und irgendwie habe ich ihn nie als persönliches Gegenüber wahrgenommen. Mir erschien er immer nur wie eine dunkle, bedrohliche Gestalt, deren Schatten sich auf uns alle legte.

Wir wuchsen mit dem Gefühl auf, unseren Vater um jeden Preis aus unserem Leben heraushalten zu müssen. Aber das gelang uns viel zu selten. Wie oft trafen wir Kinder uns spät abends schlaftrunken im Flur, um mitansehen zu müssen, wie er Mutter grün und blau schlug. Auch wenn ich noch so sehr versuchte, es mir nicht zu Herzen zu nehmen, tat es doch unendlich weh.

Meistens spielte ich allein oder schloss mich Nachbarskindern an, die in ganz normalen Familien zu leben schienen. Wurde meine Freundin zum Essen gerufen, blieb ich draußen, setzte mich auf die Verandaschaukel und wartete, bis sie wieder herauskam. Manchmal war es schon so spät, dass sie drinnen bleiben musste. Dann wartete ich, bis es dunkel war, und blickte durchs erleuchtete Fenster, wobei ich etwas fühlte, was ich damals nicht beschreiben konnte.

Wir zogen in diesen Jahren bestimmt neunmal um, und jedes Mal wurde es schlimmer bei uns. Ich hielt mich so wenig wie möglich zu Hause auf, und als auch ich endlich die Schule beendet hatte – meine Schwestern waren bereits fort zur Berufsausbildung oder hatten geheiratet –, verließ ich mein Elternhaus für immer. Heimkehren wollte ich auf keinen Fall mehr.

Meine Mutter rief ich regelmäßig an, aber zu meinen Schwestern brach der Kontakt völlig ab. Es gab nichts, was mich mit ihnen zu verbinden schien. Ich suchte mir einen Freundeskreis, in dem mich niemand an mein Elternhaus erinnerte. Wenn zu den Feiertagen alle nach Hause fuhren, blieb ich allein, wie damals als Kind auf der Veranda meiner Freundin, und wartete auf die Rückkehr der anderen.

Im Laufe der Jahre verschlimmerte sich die Situation meiner Mutter. Ich lebte inzwischen weit entfernt von ihr, und meine Schwestern taten sich zusammen, um ihr einen Neustart ins Leben zu ermöglichen. Sie befreiten sie zunächst einmal aus den Fängen meines Vaters. Meine älteste Schwester kaufte ihr ein Häuschen, und die anderen halfen, es in Ordnung zu bringen. Sie mähten den Rasen und besorgten meiner Mutter alles, was sie brauchte.

So unbeschwert hatte ich meine Mutter nie zuvor erlebt. Ich besuchte sie zuweilen und rief regelmäßig an. Wenn ich sie dann bei einem Besuch fragte, was ich noch für sie tun könne, lächelte sie nur und fragte, ob ich nicht doch noch eine Nacht bleiben könne.

Als wir nach Jahren erfuhren, dass sie Krebs hatte, fragte ich sie wieder: „Mom, was kann ich noch für dich tun?“ Sie lächelte wieder und antwortete: „Du könntest deine Schwestern ein bisschen mehr lieb haben ... und vielleicht noch eine Nacht länger bleiben?“

Als es Mom immer schlechter ging, sorgte ich mich sehr um sie – wie damals als Kind. Aber diesmal fühlte ich mich nicht mehr so allein. Ich hatte vier Schwestern, die alle auf irgendeine Weise Züge meiner Mutter trugen. Wir waren zwar sehr unterschiedlich, aber uns einte doch auch vieles. Wir hatten dieselbe traumatische Kindheit überstanden, und jede hatte ihren eigenen Weg ins Leben gefunden. Aber am meisten verband uns wohl, dass wir alle unsere Mutter liebten.

Je kränker sie wurde, desto offensichtlicher wurde, wie sehr auch sie jede von uns liebte. Und ich begann, meine Schwestern mit den Augen der Mutter zu sehen. Bei der einen, so erzählte sie mir, fühlte sie sich besonders umsorgt, die andere heiterte sie auf. Von einer wurde sie besonders verstanden, und die vierte hatte ihr Wesen geerbt.

In den Tagen und Wochen nach ihrem Tod fühlte ich mich einerseits vollkommen verloren, doch gleichzeitig spürte ich eine große Dankbarkeit, meine Schwestern um mich zu haben, von der jede zum Glück meiner Mutter beigetragen hatte. Ich liebte jede Einzelne dafür, ob sie den Fahrdienst zum Arzt übernommen, die Einkäufe gemacht oder Mom den ersten Enkel geschenkt hatte. Meine Schwestern haben ihr ein zweites Leben geschenkt.

Heute, als erwachsene Frauen, genießen wir das Lebensglück, das uns in der Kindheit durch einen Menschen verwehrt worden ist. Und so fühle ich mich gesegnet. Ich habe einen wunderbaren Mann und einen liebenswerten Sohn. Ich pflege ein herzliches Verhältnis zu meinen vier Schwestern und liebe sie sehr. Und ich muss nicht mehr allein und verlassen von draußen durchs Fenster beobachten, wie andere ihr Familienglück leben. Und wenn wir dann alle beisammen sind, habe ich oft das Gefühl, Mom wäre noch immer mitten unter uns. Durch all diese Erfahrungen habe ich eins gelernt: Wahre Liebe geht niemals verloren, doch wir verlieren sie manchmal aus den Augen. Und wie gut ist es dann, wenn andere uns helfen, ihr wieder auf die Spur zu kommen – wie meine Schwestern es taten.

Sarah B. Hawkins

Haben wir die Liebe erst einmal aus den Augen verloren, bedarf es manchmal außergewöhnlicher Umstände, um sie wieder neu für sich zu entdecken. Das hat auch Sarah erfahren müssen.

Der Weg zu einem Menschen, den wir haben ziehen lassen, ist oft sehr mühsam. Die schmerzlichen Erinnerungen lasten auf den Schultern und hindern uns am Vorwärtskommen, bis wir sie ablegen und dabei noch einmal in Augenschein nehmen. Da mag es nötig sein, zu vergeben und Verständnis für den anderen zu entwickeln.

Aber wenn wir wirklich auf eine verloren geglaubte Liebe stoßen, dann ist die Freude riesengroß, weil es ein Schatz ist! Wir erleben ein neues Glück, wie wir es uns nicht mehr vorstellen konnten, und bald fragen wir uns, wie wir es ohne Liebe überhaupt ausgehalten haben.

Es gibt immer wieder Dinge im Leben, die zu suchen sich lohnen. Und die Liebe gehört auf jeden Fall dazu!

Der Ritter mit der schiefen Nase

„Ist deine Nase eigentlich schief?“, fragte ich.

Und während Richard noch überlegte, was er antworten sollte, zweifelte ich schon an meinem Verstand. Wie konnte ich nur so etwas Unüberlegtes sagen! Dieser wunderbare Mann warb charmant um mich, und wenn es so weiterging wie bisher, würde mein Singledasein bald ein Ende haben. Aber nun war mein Mundwerk wieder schneller gewesen als mein Verstand. Wie blöd klang, was ich da fragte!

„Eigentlich nicht“, sagte er. „Meine Nase ist völlig in Ordnung, nur mein Gesicht ist wohl etwas schief.“ Sein fröhliches Lachen zeigte mir jedenfalls, dass er mit meiner Offenheit umgehen konnte.

Hätten Sie sich bei meinen Nachbarn über Richard erkundigt, so wäre er als der Mann beschrieben worden, der stets elegant gekleidet in einem teuren Wagen bei mir vorfuhr. Für mich aber war er mein Ritter in glänzender Rüstung, dem nur ein Pferd zu fehlen schien.

Ich atmete tief durch und war entschlossen, ihm etwas mitzuteilen, was die Stimmung augenblicklich zerstören könnte. „Du musst wissen, Rich, dass ich Antidepressiva nehme.“

Er nickte und schien zu warten, was noch kommen würde.

„Sie helfen mir, mit meinen Schmerzen zurechtzukommen. Mit den Tabletten halte ich es aus, wenn es wieder schlimmer wird. Ich brauche ein bisschen seelische Stabilität, um nicht durchzudrehen. Ohne das Zeug bin ich völlig neben der Spur." Jetzt war es raus. Verlegen starrte ich zu Boden. Ungefähr siebzig Prozent aller Schmerzpatienten nehmen zusätzlich Antidepressiva. Ich bin also keine Ausnahme. Aber in diesem Augenblick zählten solche Fakten wenig. Wichtiger war, wie Richard reagierte.

Er nahm meine Hände. „Was immer du nehmen musst, das nimm auch. Ich habe keine Probleme damit, solange die Sachen vom Arzt verschrieben sind. Außerdem bin ich davon überzeugt, dass die Liebe da helfen kann, wo selbst die moderne Medizin versagt."

Meine Erleichterung war unbeschreiblich. Richards Worte streichelten meine Seele, und ich lächelte zurück. Einige Jahre vor diesem Gespräch hatte ein Autounfall mein Leben vollkommen auf den Kopf gestellt, und Schmerzen begannen meinen Alltag zu bestimmen. Auch in diesem Augenblick, als ich mich mit Richard unterhielt, tat mein ganzer Körper weh. Seine Antwort aber stimmte mich hoffnungsfroh. Mit ihm an meiner Seite fühlte ich mich gleich viel besser.

Als alleinstehende, selbstständig lebende Frau von Mitte vierzig fiel es mir nicht immer leicht, mich Richards Liebeserklärungen zu öffnen und ihm arglos zu vertrauen. Und ihm zu erklären, was es heißt, mit starken Schmerzen zu leben, kostete in jedem Fall Überwindung. Aber Richard, der fünfzehn Jahre älter war als ich, besaß genug Reife, um sich in meinen Seelenzustand hineinversetzen zu können und mir mit viel Behutsamkeit beizustehen. Bevor wir uns kennenlernten, war er glücklich verheiratet gewesen. Dann aber war seine Frau an Krebs erkrankt und gestorben. Aufgrund dieser Erfahrung wusste er, dass die zwischenmenschlichen Bande in einer Beziehung wichtiger waren als eventuelle körperliche Einschränkungen. Auch wenn ich nicht imstande sein würde, die Taue beim Segeln zu bedienen und mit ihm Squash zu spielen, so war er dennoch überzeugt, dass es sich lohnen würde, die Ehe mit mir einzugehen. Und ein paar Monate später gab ich gerne mein Jawort dazu.

Grundsätzlich fiel es mir nicht schwer, Richard zu heiraten. Dennoch blieb für mich die Frage, wie er mit meinen Schmerzen zurechtkommen würde. Jedes Mal, wenn sie wieder zunahmen, kämpfte ich mit mir, wann der Zeitpunkt gekommen sei, darüber zu sprechen. Ich versicherte mir zwar, dass ich seiner Liebe vertrauen könne, auch wenn es noch so schlimm käme. Aber da ich mich selber mit meinen Schmerzen noch nicht angenommen hatte, wie sollte ich ihm da zutrauen, mich anzunehmen? Oft weinte ich Tränen der Verzweiflung und fühlte mich seelisch und körperlich völlig am Ende. Die starke, aktive Frau von früher war ich schon lange nicht mehr, und das verunsicherte mich sehr, während ich gleichzeitig versuchte, meine neue Rolle als Ehefrau anzunehmen. Und tief drinnen trieb mich die Frage um, ob eine Frau, deren Körper ständig von Schmerzen geplagt ist, tatsächlich Richards Liebe verdiente.

Bevor die Schmerzen mein Leben zu bestimmen begannen, war ich ein ausgesprochen aktiver Mensch gewesen. Nach Feierabend war ich an drei Abenden entweder in der Tanzschule oder beim Jazzdance. An Wochenenden ging es zum Aerobic, und nach dem Gottesdienst radelte ich oft stundenlang durch die Gegend. Machte ich Urlaub, so wanderte ich, zeltete in der freien Natur und kletterte im Gebirge. Obgleich ich von Natur aus eher schüchtern bin, stärkten diese Aktivitäten mein Selbstwertgefühl sehr, und so fand ich vielfältige Möglichkeiten, andere Menschen kennenzulernen.

Und dann änderte sich mein Leben an einem sonnigen Wintertag innerhalb von Sekunden. Während ich an einer roten Ampel wartete und das Lied im Radio mitträllerte, fuhr ein Lieferwagen ungebremst auf meinen Wagen auf. Die Folge war eine relativ seltene Schädigung der Nerven und Muskeln im Nacken-, Schulter- und Rückenbereich. In den folgenden anderthalb Jahren drehte sich in meinem Leben alles nur noch um Physiotherapie, Arztbesuche und neurochirurgische Eingriffe. Weil ich arbeitsunfähig war, verlor ich außerdem meinen Job. Meine sozialen Kontakte reduzierten sich auch auf ein Minimum, weil einfach keine Kraft mehr dafür übrig war. Es war eine schlimme Zeit. Aber bei alldem entdeckte ich wieder ganz neu, was es heißt, von Gott abhängig zu sein und zu erfahren, um wie viel größer die eigenen Kraftreserven sind, als man dachte.

Richard hatte fast gleichzeitig sein eigenes Leid zu tragen. Und auch für ihn war es die schwerste Zeit seines Lebens. Seine Frau Linda, die erst 33 war, verlor ihren Kampf gegen den Brustkrebs. Und während er sie pflegte und schließlich betrauerte, erfuhr auch er viel Neues über sich selber und über Gott. Ein paar Jahre lebte er als Witwer, doch dann machte er sich auf die Suche nach einer neuen Partnerin, um mit ihr das Leben zu teilen. Auf diese Weise begegneten wir uns.

Hollywood will uns ja immer glauben machen, dass sich mit dem Verliebtsein alle Probleme in Wohlgefallen auflösen und wir ein glückliches sorgenfreies Leben führen. Zwar fügte Richard meinem Leben tatsächlich eine wunderbare neue Dimension hinzu, doch die Schmerzen in meinem Körper blieben als Kontrastprogramm bestehen.

Ich erinnere mich an das erste Mal, als wir unsere Pläne für den Abend ändern mussten, weil ich zum Ausgehen einfach nicht in der Lage war. Als hochrangiger Soldat und Seemann war es Richard überhaupt nicht gewohnt, Verabredungen in letzter Minute abzusagen. Meine Tränen überzeugten ihn wohl zunächst, dass meine Schmerzen echt waren. Dennoch ging es ihm ziemlich gegen den Strich, wegen so einer vermeintlichen Lappalie ein Abendessen zu versäumen. Während er noch darüber nachdachte, ob ich wirklich nicht konnte oder nur simulierte, fragte ich mich, ob er je würde nachvollziehen können, wie sehr permanente Schmerzen die Kraft rauben, und ob unsere Ehe eine Serie solcher Enttäuschungen sein würde.

Mit dem ersten Tag unserer Ehe begannen wir einen Lernprozess, der bis heute anhält. Wir beobachteten meine Kraftreserven im Verhältnis zu meinen Schmerzattacken und zogen daraus unsere Schlüsse. So fanden wir zum Beispiel heraus, dass ich auf Reisen drei Tage durchhalte, bevor ich zu erschöpft bin und unbedingt einen Ruhetag brauche. Also planen wir unsere Touren entsprechend. Zu Hause ist eine bestimmte Ruhezeit vorgesehen, in der ich mich auf jeden Fall zurückziehen kann. Für das Segelboot haben wir geeignete Kissen angeschafft, auf denen ich entspannen kann. Und wenn ich nachts nicht schlafen kann, weiß Richard Bescheid, dass es mir nicht schlechter, sondern besser geht, wenn ich aufstehe und nicht mehr neben ihm liege.

Oft reicht meine Kraft nicht, um eine komplette Mahlzeit zu kochen. Anfangs habe ich deshalb manch bittere Träne vergossen. Inzwischen sage ich mir: *Vertrau doch, dass Richard dich liebt.*

Und dann sage ich einfach zu ihm: „Ich hab's heute mal wieder nicht geschafft."

Er antwortet dann mit den fünf Worten der Liebe: „Lass uns

einfach essen gehen.“ Auf diese Weise haben wir beide etwas davon. Er kann mir durch sein Zugeständnis zeigen, wie sehr er mich liebt, und ich zeige ihm mit meinem Eingeständnis, wie sehr ich ihm vertraue. Das macht uns beide glücklich.

Wir haben auch unsere eigene Geheimsprache entwickelt. Wenn es mir gut geht, dann brauche ich nur „Wellenreiter“ zu sagen, und schon weiß Richard Bescheid. Melden sich die Schmerzen wieder, sage ich „Bruchlandung“. Dann weiß er, dass ich in Kürze „abstürze“ und um Hilfe bitten werde.

Es war ein langer Weg, bis wir uns diese Vertrauensbasis geschaffen hatten. Richard weiß sicher, dass ich meine Krankheit nicht ausnutze, um ihn zu manipulieren. Und ich weiß, dass er mir beisteht, wenn es mir richtig schlecht geht.

Wir sind schon weit gekommen, und dennoch lerne ich immer noch dazu. Erst letzten Donnerstag, als wir ins Auto stiegen, um uns mit Freunden zum Picknick zu treffen, hatte ich plötzlich das Gefühl, dass es mit meinem „Wellenreiten“ bald zu Ende sein würde. Ich spürte, wie meine Kraft schwand, aber ich fühlte mich gleichzeitig in der Zwickmühle. Warum ich dann nichts sagte, weiß ich nicht. Ich hätte Richard vertrauen dürfen, aber ich selber wollte mir meine Schwäche nicht eingestehen.

Wir waren kaum einen Kilometer gefahren, als ich mich in meinem inneren Zwiegespräch endlich an Richards verlässliche Liebe erinnerte. Ich biss mir auf die Unterlippe und sagte: „Ich muss dir leider was sagen: Bruchlandung!“

Ich fühlte mich wie ein elender Versager. Ich konnte mit den anderen einfach nicht mithalten! Schnell sah ich zum Seitenfenster hinaus, um meine Tränen zu verbergen.

Richard sagte kein Wort, und bei der nächsten Wendemöglichkeit kehrte er um. Danach streckte er seine Hand aus, nahm meine und sagte: „Ich fahr dich jetzt schnell nach Hause. Dann legst du dich hin und ruhst dich aus, und wir machen es uns gemütlich."

Ich spürte noch die Tränen auf meiner Wange, aber ich lächelte schon wieder, weil ich so dankbar war für den Beschützer an meiner Seite. Die Nachmittagssonne beschien sein weißes Hemd, und im Augenwinkel glaubte ich die schimmernde Rüstung meines treuen Ritters zu erkennen – der Ritter mit der schiefen Nase und dem einnehmenden Lachen. Er rettete mich gerade wieder. Und klang das Knattern des Motors nicht fast wie der Hufschlag seines Pferdes?

Leslie J. Payne

Was bedeutet es für Sie, wenn Ihnen jemand beisteht? Jeder braucht ganz individuell irgendwo Hilfe. Für Leslie bestand sie darin, dass Richard ihr zunächst einmal glaubte und ihr dann ganz praktisch bei der Bewältigung ihrer Schmerzproblematik beistand – obwohl er sich gewiss kaum in ihre Lage versetzen konnte.

Für Sie bedeutet Beistand vielleicht, dass Ihr Mann einen Ausflug mit den Kindern macht, weil Ihnen im Augenblick alles zu viel wird. Auch ein Freund oder eine Freundin kann Rettung in letzter Not sein, wenn Sie jemand zum Reden brauchen. Und jemand, der sich mit Behördensachen auskennt, ist ein Beistand, wenn Sie keine Ahnung von den Vorgängen im Amt haben.

Wie dankbar dürfen wir sein, wenn wir nicht alle Widrigkeiten des Lebens allein bewältigen müssen. Wir brauchen einander.

Bedanken Sie sich doch noch heute bei einem Menschen dafür, dass er Ihnen beisteht, und fragen Sie sich regelmäßig, wem Sie mit Rat und Tat das Leben leichter machen können.

Der Herzschlag von Springfield

Die ältere Dame hatte in den *Springfield News* eine Anzeige geschaltet. Ihren Namen weiß ich nicht mehr. Ich läutete und sie bat mich herein. Sie war hager und trug ein graues Baumwollkleid mit Gürtel und weißem Kragen, der mich an die selbst gehäkelten Zierdeckchen meiner Großmutter erinnerte. Ihr weißes Haar hatte sie so stramm wie irgend möglich im Nacken zu einem Dutt geknotet. Unter der spitzen Nase suchte ich vergebens nach dem Rot ihrer Lippen.

„Warten Sie hier, junger Mann. Ich muss nach meinem Mann sehen", sagte sie kühl, nachdem sie mich ins Wohnzimmer geführt hatte, um gleich darauf zu verschwinden.

Ich war überrascht. Ich hatte es nicht für möglich gehalten, dass sie verheiratet war.

Ich stand lange herum, trat von einem Fuß auf den anderen und wartete auf ihre Rückkehr. Auf dem schweren Tisch in der Mitte des Zimmers lag eine gehäkelte Decke – aus ähnlichem Material wie ihr Kragen. Der Tisch war gedeckt. Tässchen aus feinem Porzellan, jede dort, wo sie stehen musste. Nichts hier schien dem Zufall überlassen.

Ich trat einen Schritt zurück und berührte unsanft die Glasvitrine. Ich sah hinein und bemerkte eine Menge Porzellanfigürchen, die dort fein säuberlich aufgestellt waren. Sie schienen aus aller Herren Länder zu stammen.

„Junger Mann?“

Ich fuhr zusammen. „Ja, Ma'am?“

„Sie werden für mich arbeiten“, sagte sie im Ton einer Herrin, die keinen Widerspruch duldet. „Den Lohn gibt's erst am Ende des Tages. Und wenn ich zufrieden bin, dürfen Sie wiederkommen.“

Bevor sie mir voraus in den Garten ging, blieb sie neben dem Tisch stehen, bemerkte einen schief liegenden Teelöffel und rückte ihn zurecht.

„Das ist für meine Mädchen“, sagte sie selbstzufrieden. „Wir spielen donnerstags Bridge.“

Heute war Dienstag.

Ich folgte ihr nach draußen in die Garage. Dort holte sie einen nagelneuen Rasenmäher hervor und zeigte mir, wo der Startknopf war. Den müsse ich exakt dreimal drücken und dann erst die Startleine ziehen. So und nicht anders!

Der Mäher sprang an, und ich begann meine Bahnen zu ziehen. Die alte Dame aber stand noch immer am Rasenrand und beobachtete mich, wie ich hin und her lief.

Als ich fertig war, musste ich noch alles Gras vom Mäher bürsten und kratzen und ihn ordentlich wegstellen. Dann waren noch die Wege zu fegen, und sie achtete darauf, dass ja kein einziges Grashälmchen zurückblieb.

Als alles zu ihrer vollsten Zufriedenheit erledigt war und sie mir den Scheck ausschrieb, erkundigte ich mich nach ihrem Mann.

„Er ist oben“, sagte sie und fuhr fort: „Kommen Sie wieder. Nächsten Dienstag um dieselbe Zeit.“

„Gern, Ma'am."

Am Freitag lud ich meine Freundin zum Squash ein. Es würde ihr bestimmt Spaß machen. Ich spielte ganz besonders mutig und aggressiv und traf sie mit dem Ball am Hinterkopf, dass es laut knallte. Sie fasste sich an den Kopf und wandte sich zu mir. Es war beileibe nicht der Blick, nach dem ich mich sehnte.

* * *

Dienstag. Diese Woche war wieder Mähen dran und dazu Unkrautjäten. Meine Arbeitgeberin beobachtete mich die ganze Zeit vom Fenster aus.

* * *

Wir fuhren Inlineskater mit den Jugendlichen aus unserer Gemeinde. Das war unser nächstes Date. Ich hatte es vorgeschlagen. Und nun hielt ich sie bei der Hand und zog sie übers Pflaster. Aber dann stieß uns einer von hinten. Wir verloren den Halt, und meine Freundin landete mit dem Gesicht im Dreck. Die Lippe war aufgeplatzt und ein Zahn angebrochen.

In dem Augenblick wurde mir bewusst, wie viel mir dieses Mädchen bedeutete. Aber immer ging etwas schief, wenn wir zusammen waren, und außerdem fragte ich mich, *ob auch sie mir die gleichen Gefühle entgegenbrachte*.

* * *

Wieder Dienstag. Ich mähte den Rasen und putzte Fenster – mit Essig und Zeitungspapier.

„Damit glänzen sie mehr als mit dem chemischen Zeug",

sagte sie mit lauter Stimme durch einen Fensterspalt hindurch, während ich von außen putzte. Sie deutete hierhin und dorthin, wenn ich irgendwo einen Streifen übersah, und war erst zufrieden, als alles blitzblank war. Als wir die dritte Hausseite hinter uns gebracht hatten, war ich es leid. Bitte keine Streifen mehr! Aber dann ließ sie mich zum Glück allein.

* * *

So ging es mehrere Wochen lang – auch mit meiner Freundin, die überallhin mitging, was ich auch vorschlug. Wir sahen uns zwar jeden Tag in der Bibliothek, ich war aber längst noch nicht sicher, ob sie mich wirklich liebte.

* * *

Im Laufe der folgenden Wochen hörte meine alte Dame auf, mich bei der Arbeit zu beaufsichtigen. Es war ein gutes Gefühl, dass sie mir endlich traute. Stattdessen verbrachte sie, wie ich bemerkte, viel Zeit im ersten Stock. Und als ich mich eines Dienstags wieder um den Rasen kümmern wollte, hielt sich mich zurück.

„Es wird heute noch regnen", sagte sie. „Ich brauche Ihre Hilfe drinnen."

Toll, dachte ich. *Aber im Häkeldeckchenfalten bin ich nicht gut!*

Wir gingen nach oben, und sie führte mich in eins der Hinterzimmer, dessen Decke und Wände mit dunklem Holzpaneel versehen waren. Mitten im Zimmer stand ein unbezogenes Bett. Sie wies zu einem Schrank. „Hier müssen wir aufräumen und sauber machen."

Es war ein Kleiderschrank mit Herrengarderobe – Anzüge,

Hemden und Krawatten –, und alles war fein säuberlich geordnet. „Genau *so* musste es immer sein", sagte sie. „Dann war er zufrieden."

Wir begannen mit dem obersten Bord, und ich wunderte mich, dass sie mir half. Hier oben lagen Hüte. Dreiundzwanzig, um genau zu sein. Ich reichte sie ihr hinunter, und sie verstaute sie in Kartons. Manchmal nahm ich gleich mehrere auf einmal, und da fielen sie mir aus der Hand und landeten auf dem Boden. Schon rechnete ich damit, dass sie mich anschreien und einen ungeschickten Kerl nennen würde.

Aber sie hob einen der Hüte schweigend auf, ein Strohhut mit breitem, blau-rot gestreiftem Band. Sie hielt ihn hoch, als setze sie ihn jemand auf – erst gerade, dann aber schief und keck zur Seite geneigt, während ein Lächeln über ihr Gesicht huschte.

Zum ersten Mal sah ich sie so gelöst. Ich hatte das Gefühl, als würde sie gleich lachen. Dann legte sie den Hut aufs Bett und begann, die anderen zu sortieren. Eine schwarze Melone landete sofort im Altkleidersack.

Meine Arbeitgeberin begann zu erzählen. Mit der Eisenbahn seien sie und ihr Mann damals in Springfield angekommen. Besessen hätten sie außer ein paar Koffern fast nichts. Und ach, wie unordentlich sei sie gewesen, damals als junge Braut. Das könne ich mir nicht vorstellen, sagte ich.

Schließlich hielt sie einen eleganten Hut aus braunem Filz in Händen. Sie wischte ihn mit dem Ärmel ab, betrachtete ihn einen Augenblick und setzte ihn mir unvermittelt auf. Und dann zog sie mir die Krempe tief ins Gesicht. Ich wusste nicht, wie mir geschah, und stieß reflexartig den Hut zurück – und sah gerade noch, wie sie eine Träne von der Wange wischte.

Hastig riss sie mir den Hut vom Kopf und legte ihn aufs Bett neben den Strohhut. „Nächste Woche brauche ich Sie nicht mehr“, sagte sie dabei.

Damit hatte ich nicht gerechnet! „Aber ich brauche das Geld, um meinem Mädchen was zu bieten.“

„Das schaffen Sie auch so. Da bin ich ganz sicher.“

Wir setzten Deckel auf die Schachteln, und ich brachte alle nach unten.

„Könnte ich einen der Hüte haben?“, fragte ich mutig.

„Ich verreise eine Weile“, sagte sie, als habe sie meine Frage nicht gehört. „Und ich habe jemand, der auf das Haus aufpasst.“

Sie gab mir den Scheck.

Als ich die Tür öffnete, um zum letzten Mal zu gehen, tippte sie mir auf die Schulter. Ich drehte mich um, und da hielt sie mir den Strohhut hin.

„Nehmen Sie. Vielleicht passt er ja“, sagte sie mit einem Lächeln.

* * *

Am folgenden Wochenende trug ich den Strohhut, als ich meine Freundin ausführte. Ich folgte dem Tipp eines Bekannten. Es gebe da eine Brücke in Springfield, unter der ein Abwasserkanal hindurchführe. Der habe ein schmales Ufer und man könne sich unter die Brücke setzen, ohne von irgendjemand gesehen zu werden. Das passte gut, wenn man ein Mädchen bei sich hatte. „Hört sich cool an, wenn die Autos drüberfahren“, sagte meine Freundin.

„Den Platz hier nennt man auch ‚Herzschlag von Springfield‘“, erklärte ich.

Während wir unter der Brücke saßen, sah mich meine Freundin plötzlich spitzbübisch an und streckte den Arm aus, um den

Hut nach ihrem Geschmack zu platzieren. Nun saß er mir schief auf dem Kopf.

Dieser Gesichtsausdruck meiner Freundin! Hatte ich ihn nicht neulich bei der alten Dame gesehen? Diese spitzbübische Freude, endlich einmal etwas nach eigenem Geschmack zu verändern. Aber es musste ja bei dem alten Herrn immer alles *so* sein und niemals anders! Im Laufe unseres letzten Gespräches hatte ich erfahren, dass sie alles ihm zuliebe getan habe. Selbst das Fensterputzen mit Essig und Zeitungspapier war sein Spartipp gewesen. Und dass sie es so machte, war ihre Art, um ihm zu zeigen, wie sehr sie ihn liebte.

Als ich jetzt in das lachende Gesicht meiner Freundin blickte, fiel mir etwas ein: Was immer wir gemeinsam unternommen hatten, *ich* war es jedes Mal gewesen, der bestimmte. Sie fügte sich stets, und wenn etwas ein Reinfall war, was ich vorgeschlagen hatte, dann beschwerte sie sich nie. Sie war bereit, alles auf meine Weise zu tun – *so*, wie ich es mir in den Kopf gesetzt hatte.

Ich fand es traurig, dass meine Arbeitgeberin erst hatte lächeln können, nachdem ihr Mann gestorben war. Und ich fragte mich, ob es sie glücklich gemacht hatte, immer alles *so* zu machen, wie ihr Mann es sich wünschte. Sie hatte es aus Liebe getan, aber hatte sie es von ihrem Mann auch vergolten bekommen? Nach meinem Eindruck wohl nicht.

Ich tastete nach meinem Hut, der noch immer schief auf dem Kopf saß, und bemerkte das stille Vergnügen im Gesicht meiner Freundin. Und in diesem Augenblick, dort beim Herzschlag von Springfield, wusste ich tief in meinem Herzen, dass sie mich liebte.

Aber liebte ich sie denn, worauf ich bislang so sicher gesetzt hatte? Wie auch immer – dieses Lächeln wollte ich für den Rest meines Lebens nicht missen!

Ich drückte den Hut noch etwas fester – so schief, wie es ihr gefiel.

Ein Lastwagen kam näher, rollte polternd über die Brücke und entfernte sich wieder, während meine Freundin ihren Kopf an meine Schulter lehnte. Dann wendete ich mich ihr zu, gab ihr einen sanften Kuss auf die Lippen und fragte: „Was wollen wir nächste Woche machen?"

Ein Jahr später heirateten wir – und zwar dort, wo *sie* es wollte.

Jon Hopkins

Jon erzählt, wie er zwei Arten der Liebe kennengelernt hat: Da war einmal die selbstlose Hingabe der alten Dame, mit der sie alles tat, um dem Ehemann aus Liebe gefällig zu sein.

Aber Jon spricht auch von einer anderen Liebe, die ihm begegnet ist und die erfordert, sich für den geliebten Menschen Zeit zu nehmen, ihm Aufmerksamkeit zu schenken und zu fragen: „Was wünschst du dir?" Doch auch sich selber sollte man fragen: „Möchte ich zu oft meinen Willen durchsetzen?"

Viel zu häufig gehen wir ohne nachzudenken davon aus, dass sich der andere immer genau das wünscht, was uns selber gerade passt. Aber Jon begriff, dass das längst nicht immer der Fall ist. Und inzwischen weiß er, dass man auf den geliebten Menschen achtgeben muss. Nur so lernt man seine Gefühlswelt kennen und kann schließlich Dinge tun, die ein Lächeln auf sein Gesicht zaubern.

Wenn wir lernen, aufeinander zu achten, gewinnen wir alle.

Piercings im Herzen

Zum ersten Mal sah ich sie zu Semesterbeginn an der Uni, wo ich in der Verwaltung tätig war. Ich hatte mich bereit erklärt, die Neuen zu begrüßen, aber diesen Neuzugang ignorierte ich bewusst.

Sie war kahl geschoren bis auf eine rote Locke, die ihr in die Augen hing. Die Latzhose war viel zu groß und in einem Zustand, der vermuten ließ, dass es schon lange Jahre ihre Lieblingshose war. Dazu trug sie ausgetretene Militärstiefel.

Noch nie zuvor hatte ich so viele Piercings an einer Person gesehen. Sie sah aus wie ein menschliches Nadelkissen. Und um den Hals trug sie ein Hundehalsband aus Kettengliedern.

Wir waren ein christliches College! *Was sollen denn Besucher von uns denken, wenn sie mitbekommen, dass so jemand bei uns studiert?* Gewiss, unser Jüngster hatte auch mal lange Haare gehabt und abgewetzte Jeans getragen. Aber das war während seiner Schulzeit gewesen. Inzwischen ist er ordentlich geworden und arbeitet mit seiner Frau als Missionar in Thailand.

Ich bin heilfroh, dass meine Kinder die Pubertät längst hinter sich haben! So dachte ich, als ich sie sah. Ich bemerkte nicht, wie Überheblichkeit und Stolz mich enger einschnürten als das Halsband jene Studentin.

Während des Semesters lief ich ihr seltsamerweise ständig

über den Weg. In der Mensa saß sie meist allein am Tisch, aber ich fand immer jemand anders, zu dem ich mich setzen konnte. Und außerdem war sie ja *nur* Studentin und ich Angestellte.

Eines Abends ging ich mit meinem Mann essen. Leider saß vor dem Restaurant ein Obdachloser, der uns eine Büchse entgegenhielt. Ich achtete sorgfältig darauf, jeden Blickkontakt zu vermeiden, während wir ihn umrundeten.

Doch diese Begegnung verdarb mir den Appetit! Stand nicht irgendwo in der Bibel, dass alles, was wir den Geringsten täten, ein Dienst an Jesus selber sei? Ich hätte es mir doch leisten können, ein oder zwei Dollar in die Büchse zu werfen! Warum hatte ich es nicht getan?

Die Gedanken verfolgten mich noch bis ins Schlafzimmer. Wie liebt man die, die nicht liebenswert scheinen? Ich stellte fest, dass ich die Menschen viel zu schnell nach ihrem Äußern beurteile, ob es nun die Punkerin war oder der Obdachlose. Aber wie konnte man von mir erwarten, sich mit jemand anzufreunden, der ungewaschen roch oder nicht in meine Kleiderordnung passte?

Ist das Äußere nicht ein Abbild des Inneren? Das sagt man doch, oder? Da hatte ich endlich meine Rechtfertigung. Und würden mich nicht auch die anderen danach beurteilen, mit welchen Menschen ich mich umgab?

Die Art, wie Leute sich äußerlich gaben, schien wie eine Botschaft zu mir zu sprechen: „Fass mich nicht an!“ – „Sprich mich nicht an!“ – „Sieh mich nicht an!“

Oder sollte ich am Ende immer genau das Gegenteil verstehen?

Wie auch immer – ich wollte doch lieben, wie Gott liebt, und hinter die Fassade zum Wesentlichen vordringen. Ich wollte sehen, wie Gott sieht.

„Herr, hilf mir, die zu lieben, die mir am wenigsten liebenswert scheinen." So betete ich noch kurz vor dem Einschlafen.

Mitten in der Nacht hörte ich meinen Namen: „Barb!" Mein Mann sah aus, als würde er schlafen, aber vielleicht tat er auch nur so.

„Was ist los, Gary?", flüsterte ich.

„Hm?", gähnte er verschlafen.

Das ist seltsam, dachte ich, als ich wieder einschlief.

„Barb!"

„Gary, was ist los?" Ich wurde lauter.

„Ich habe nichts gesagt", erwiderte Gary.

Das klingt fast wie die Geschichte von Samuel aus der Bibel, dachte ich. Das kann doch nicht sein.

Wieder war ich eingeschlafen, und wieder hörte ich diese Stimme: „Barb!"

„Okay, Herr, ich stehe ja schon auf."

Ich tastete mich bis ins Wohnzimmer, setzte mich und wartete darauf, dass Gott mir etwas mitteilen würde. Nichts passierte.

Mein Blick fiel auf meine aufgeschlagene Bibel auf dem Wohnzimmertisch.

1. Johannes, las ich, und mein Blick blieb an Kapitel 3, Vers 17 hängen: „Denn wie kann Gottes Liebe in einem Menschen bleiben, dem die Not seines Bruders gleichgültig ist, obwohl er selbst alles im Überfluss besitzt?"

Was für eine Heuchlerin war ich doch! Da waren so viele Ungeliebte um mich herum, aber ich ging ihnen bewusst aus dem Weg. Jeder besitzt doch das Bedürfnis, geliebt zu werden. Mir aber mangelte es erheblich an Nächstenliebe.

Am darauffolgenden Tag saß die Punkerin wie gewöhnlich allein am Tisch.

„Darf ich mich zu dir setzen?", fragte ich.

„Klar“, erwiderte sie erfreut.

„Wie heißt du?“

„Angela.“

„Schöner Name. Unser zweites Kind sollte auch so heißen, aber dann ist es ein Junge geworden.“

Wir lachten zusammen.

„Ich heiße übrigens Barbara. Nenn mich Barb, wenn du willst. Woher kommst du?“

„Corvallis in Oregon.“

„Ach wie lustig, meine Mutter kommt auch aus Corvallis.“

Es fiel mir schwer, nicht dauernd auf die Sicherheitsnadeln zu starren, die an ihren Ohrläppchen hingen. Und erst der silberne Ring zwischen den Brauen! So etwas hatte ich noch nie gesehen. *Das muss doch wehtun!*

Angela entpuppte sich als geselliges Gegenüber, und so trafen wir uns mehrere Tage hintereinander zum Essen. Ich winkte ihr fröhlich zu, wenn wir uns auf dem Campus sahen. Mittlerweile fielen mir ihr Gesichtsschmuck, die Locke und die ausgebeulte Latzhose gar nicht mehr auf.

Erst einen Monat später, als wir uns wieder einmal begegneten, bemerkte ich, wie sehr sie sich verändert hatte.

„Hat jemand verlangt, dass du deine Piercings entfernst?“, fragte ich neugierig.

„Nein“, antwortete sie, „hab ich von mir aus gemacht.“

Und ich bemerkte erst jetzt, was für ein süßes Gesicht sie hatte. Schließlich sah ich es ja zum ersten Mal richtig.

Im November suchte ich eine der großen Buchhandlungen in der Stadt auf, um Weihnachtseinkäufe zu machen. Neben der Kasse hatte Angela einen Tisch aufgestellt, an dem sie gegen ein kleines Entgelt die gekauften Bücher als Geschenke einpackte. Sie jobbte, wie ich erfuhr, für eine Missionsreise.

Angela kannte sich im Laden aus und so half sie mir beim Einkauf. Wir fanden Gelegenheit, ein wenig zu plaudern. Dieses Weihnachten sei das erste ohne ihre Familie zu Hause für sie. Aber sie freue sich, in einem Land der Dritten Welt für Waisenkinder da sein zu können.

Ein paar Wochen später erzählte mir Angela, dass sie mit dem Einpackdienst so viel Geld verdient hatte, dass sie nicht nur ihre Missionsreise finanzieren, sondern auch andere Mitstudenten bei ihren Missionseinsätzen unterstützen konnte.

Zu Weihnachten waren Angelas Haare schon ein Stückchen gewachsen, die rote Locke war gekürzt und in ihren natürlichen Ton umgefärbt worden. Und kurz vor ihrem Missionseinsatz sah ich sie zum ersten Mal im Rock! Wie süß sie aussah.

Ich konnte nicht an mich halten. „Hey, Angela, das steht dir aber gut", rief ich schon von Weitem. Und als ich näher kam, fragte ich: „Wie kommt's eigentlich, dass du dich so verändert hast?"

„Weißt du, als ich die Erfahrung gemacht habe, dass mich jemand liebt, obwohl ich so anders aussah, hatte ich plötzlich das Gefühl, nicht mehr provozieren zu müssen. Ich muss nicht mehr andere testen, ob sie mich auch so lieben."

Aber nicht nur Angela war inzwischen eine andere geworden. Nachdem ich Gott gebeten hatte, mich zu lehren, wie man nicht nur die Liebenswerten liebt, merkte ich, wie ich mit denen mitzufühlen begann, die ich früher wegen ihres Äußeren verachtet hatte.

Ich begriff, dass Angela mehr war als ihre Fassade. Ich lernte, sie mit Gottes Augen zu sehen. Und ich fing an, ein uneingeschränktes Mitgefühl zu entwickeln. Das aber half mir, ohne Ansehen der Person zu lieben.

Barbara L. Scott

Während sie lernte, Angela zu akzeptieren und zu lieben, fragte sich Barbara, ob sie sich so provozierend verhielt, weil sie tatsächlich auf Abstand gehen wollte ... oder ob es ihr womöglich darum ging, auf sich aufmerksam zu machen, weil sie sich im Gegenteil nach Zuneigung sehnte.

Und dann stellte sich wirklich heraus, dass Angelas Maskerade ein Hilfeschrei war: „Bitte liebt mich, auch wenn ich nicht bin wie ihr!" Diejenigen, von denen man glaubt, sie scherten sich am wenigsten um die Meinung anderer, sind oft besonders abhängig davon! Wie Barbara gelernt hat, dürfen wir uns auf keinen Fall vom Äußeren eines Menschen abschrecken lassen. Die Signale, die Menschen damit aussenden, sind einfach zu vieldeutig und missverständlich. Wer sich auffällig gibt, sagt nur eins ganz klar: „Nehmt mich wahr!" Es kann dabei eine Aufforderung zum Freundschaftschließen sein oder ein verzweifelter Hilferuf.

Überwinden wir uns also wie Barbara, auch gegen den Anschein zu lieben, dann entdecken wir so manchen kostbaren Juwel.

Heilung für eine verwundete Seele

Als ich von den Seitensprüngen meines Mannes erfuhr, trauerte ich mit jeder Faser meines Herzens. Aber nachdem Monate vergangen waren, veränderten sich meine Gefühle: Aus Trauer wurde unbändige Wut. Ich hatte doch immer zu ihm gestanden – in guten wie in schlechten Zeiten – und ihn unterstützt, wo ich konnte. *Und das ist nun der Dank?*

Je mehr ich von seinen sexuellen Eskapaden erfuhr, desto erboster wurde ich. Und als ich dann noch mitbekam, dass sich Freunde und Verwandte auf seine Seite schlugen, war es um mich geschehen. *Wie ist das möglich? Bin jetzt ich etwa schuld? Warum halten sie nicht zu mir?*

Ich wurde zum Vulkan – der schließlich explodierte. Meine aufgestaute Wut brach sich in lauten, anklagenden Worten Bahn.

Nach einem Jahr hatte ich diese Phase einigermaßen überstanden, als mich Freunde einem äußerst sympathischen Mann vorstellten. Zunächst kam es nur dann und wann zu einem eher oberflächlichen Gespräch, aber bereits einen Monat später lud er mich förmlich zum Abendessen ein.

Obwohl ich ihn sehr sympathisch fand, machte mir die Vorstellung Angst, mit ihm allein auszugehen. Ich wusste, was es heißt, verliebt zu sein, und was daraus werden konnte. Ich war innerlich ausgebrannt, hatte nichts mehr zu geben und verteidigte gleichzeitig verzweifelt die wenigen heilen Stellen meiner Seele, die noch nichts abbekommen hatten. Ich tat deshalb alles, um ihn mir vom Leib zu halten. Er aber setzte mir liebevoll beharrlich zu. Schließlich gab ich nach, und wir verabredeten uns. Danach trafen wir uns regelmäßig, und trotz all meiner ursprünglichen Vorbehalte verliebte ich mich in ihn.

Ja, ich liebte A.J. – so nannten ihn alle. Aber als er mich eines Abends aufs Heiraten ansprach, hatte ich doch das Gefühl, keinen neuen Ehebund eingehen zu können, solange ich noch nicht mit meiner ersten Beziehung vollständig im Reinen wäre. Und er, der stets Großzügige, nahm es mir nicht übel. Er wollte warten, bis ich so weit sei.

Schon ein paar Monate später war dieser Zeitpunkt gekommen. Voller Zuversicht blickte ich in die Augen jenes Mannes, der so geduldig gewartet hatte, bis ich meine Furcht überwunden hatte. „Jetzt bin ich bereit", sagte ich.

A.J. strahlte übers ganze Gesicht. Mir aber war vor Aufregung richtig schlecht. Wie aus weiter Ferne hörte ich seine Stimme und verstand nicht, was er sagte, bis es endlich zu mir vordrang: „Amy, willst du mich heiraten?"

Schon setzte er an, seine Frage zu wiederholen. Aber ich kam ihm zuvor: „Ja!", rief ich laut und deutlich.

Vier Monate später bekam ich einen neuen Namen. Ich war nicht mehr Amy Jenkins, sondern Amy Chanan. Doch mit dem Namen wechselte auch mein Verhalten. Ich war nicht mehr die liebenswürdige Person, in die A.J. sich verliebt hatte. Plötzlich kamen die Verhaltensmuster zum Vorschein, die mein erster Mann und ich gemeinsam eingeübt hatten. In meinem Herzen wusste ich, dass die Ehe nicht zwangsläufig eine Kampfarena war, aber ich konnte meine Zunge nicht zügeln, und so verletzte ich durch meine Worte ausgerechnet den Mann, der mir so viel bedeutete.

Ich verachtete mich dafür. Ich hatte eine zweite Chance für die Liebe erhalten und war mit einem außergewöhnlichen Menschen verheiratet, und doch wusste ich, dass ich diese Beziehung zerstören würde, wenn ich mich nicht änderte. Ich gab mir alle erdenkliche Mühe, aber die Stimmen aus der Vergangenheit verfolgten mich erbarmungslos. Wie oft hatte sich schon mein erster Mann darüber beklagt, dass ich in bestimmten Situationen so überreagierte. Und dann erinnerte ich mich an meine Kindheit, als ich ständig zu hören bekommen hatte: „Amy, von wem hast du das nur geerbt?" – „Deswegen musst du doch nicht so ausrasten!" – „Wenn du so bist, bist du zum Fürchten!"

Wenn's die anderen dauernd sagen, dann bin ich eben ein Giftzwerg!, dachte ich damals.

Später als Erwachsene konnte ich diese Seite an mir nicht ausstehen. Immerhin hielt ich Bibelstunden und tat noch andere Dienste in der Gemeinde. Zu Fremden war ich auch nett und höflich, nur denen, die mir nahestanden, zeigte ich mein wahres Gesicht – den Wesenszug, mit dem ich andere verletzte und mir selber so schadete.

Ich wollte doch nicht so sein! Aber ich wusste nicht, was ich dagegen tun sollte.

Während eines Wutanfalls schrie ich A.J. wieder einmal lautstark an. An den Anlass erinnere ich mich schon gar nicht mehr, aber ich weiß noch, dass ich rot sah und innerlich kochte. Ich war bereit für das altbekannte Kräftemessen, das mein Ex-Mann und ich so meisterlich beherrscht hatten. Aber anstatt in Verteidigungsstellung zu gehen, tat A.J. das Unvorstellbare.

Er trat zu mir, legte mir sanft die Hände auf die Schultern, sah mir tief in die Augen und sagte: „Amy, ich weiß, dass du das nicht bist. Man hat dich verletzt, und du teilst gerade wieder nur aus, was du eingesteckt hast."

Da fiel es mir wie Schuppen von den Augen. Tränen liefen mir übers Gesicht. „Es tut mir so leid", stieß ich zwischen Schluchzern hervor. „Es tut mir so unendlich leid. Vergib mir bitte."

An jenem Abend fand ein tief greifender Wandel in mir statt. Ich behaupte nicht, dass ich nie mehr aus der Haut fahre. Es kommt hin und wieder einmal vor. Aber in jenem heiligen Augenblick damals hat A.J. mir ein kostbares Geschenk gemacht, indem er mein Verhalten durchschaute und tief im Innern eine verwundete Seele wahrnahm. Er befreite mich davon, geradezu zwanghaft jener Erwartungshaltung gerecht zu werden, die ich immer noch wie ein Etikett an mir trug. Er hielt mir eindrücklich meine guten Eigenschaften vor Augen und verhinderte damit, dass ich meine durchaus vorhandenen Schwachstellen wehleidig fixierte. Erst dadurch lernte ich, mich aus meiner Erstarrung zu wagen und andere Menschen zu lieben – aber genauso auch mich selber.

Amy Chanan

Verletzte Menschen verletzen Menschen. Diese Erkenntnis erweist sich immer wieder als wahr. Auch Tiere sind besonders gefährlich, wenn sie verwundet sind. Der kleinste Anlass wird als Bedrohung empfunden, und schon schlägt der Verletzte aus.

Sind wir gekränkt und verletzt worden, so dauert es oft länger als erwartet, bis wir uns von Schmerz und Trauer erholt haben.

Manchmal reicht eine kleine Überforderung oder ein flüchtiger Gedanke an die traumatischen Ereignisse aus, und schon sind die alten Gefühle geweckt – ohne dass wir den wahren Zusammenhang begreifen können. Auch Amy musste, wie sie schreibt, solche Erfahrungen machen. Es sind plötzlich komplexe Gefühlsregungen da, die aus der leidvollen Vergangenheit stammen, aber eigentlich nichts mit der Gegenwart zu tun haben.

Wie sollen wir nun mit einem geliebten Menschen umgehen, der durch Emotionen aus der Vergangenheit immer noch geplagt wird? Zunächst einmal sollten wir uns in der konkreten Situation vergegenwärtigen (sofern wir davon wissen), was der andere leidvoll durchgemacht hat. Das bewahrt uns davor, die Wortattacken persönlich zu nehmen. Und wenn sich die Wogen geglättet haben, sollten wir in entspannter Atmosphäre nachfragen: „Sag mal, hast du vorhin das Gefühl gehabt, als wärst du wieder in der gleichen Bedrängnis wie damals? Was sollten wir tun, damit du dich von der Vergangenheit lösen kannst?"

Wer wahrhaft liebt, fragt nach der Ursache für alles, was diese Liebe stört. Er nimmt es nicht hin, sondern forscht in der Vergangenheit des geliebten Menschen, damit beide eine Zukunft haben.

Mollys Welt

„Hört mal her“, sagte ich zu meinen kleinen Pfadfinderinnen bei unserem ersten Treffen. „Haltet die rechte Hand hoch ... mit zwei Fingern. Andere Hand, Denise. Nein, nur zwei Finger, Molly. Molly?“

Das Mädchen schielte mich durch ihre dicken Brillengläser an.

„Molly, zwei Finger. Sieh mal, so. Nein, keine Faust. He, schlag mich nicht!“ Ich fuhr zurück. *Lassen wir das lieber*, dachte ich.

„Fein gemacht, Mädels! Und jetzt wollen wir unser Pfadfinderversprechen aufsagen, ja?“

Ich war schon als Zweitklässlerin zu den Pfadfindern gestoßen. Meine Mutter war damals unsere Gruppenführerin gewesen. Und wir beide blieben dabei, bis ich aufs College ging. Das Pfadfinderleben lag mir also im Blut, aber viele Jahre war ich nicht aktiv gewesen.

Als ich irgendwann nach Colorado umzog, dort niemand kannte, zu niedergeschlagen war, um irgendeinen Job durchzuhalten, und nach Zerstreuung suchte, gründete ich kurzerhand eine neue Pfadfindergruppe für die Kleinen, zu der auch Molly angemeldet wurde.

Der Vorfall mit Molly war schon vergessen, als wir eines Tages wieder einmal im Kreis saßen und Schnipsel für eine Kollage ausschnitten. *Was für ein niedliches Bild*, dachte ich, als ich in die Runde blickte: neunzehn kleine Gesichter in voller Konzentration.

„Ist das ein gutes Bild zu ‚Freundschaft mit Tieren', Mrs Dodge?"

„Ganz toll, Stephanie!"

„Hier, die Leute umarmen sich. Passt das zu ‚Freundschaft mit Menschen'?", fragte Karen. Genau in diesem Augenblick sprang Molly auf und ging mit ihrer Schere auf Karen los. Zum Glück benutzten wir nur stumpfe Plastikscheren.

„Sag mal, Molly", schimpfte ich, nachdem ich Karen gerettet und die anderen Mädchen beruhigt hatte. Ich nahm sie beiseite. „Was sollte das werden?"

Molly sah zu mir auf, ihre dunklen Augen schweiften unruhig umher. Unter ihrer Kappe hervor kringelten sich die Löckchen, die aussahen, als habe das Mädchen sie selber mit der Bastelschere geschnitten. Wie ich später erfuhr, hatte sie es nicht selber getan. Sie hatte jedoch eine so panische Angst, vom Frisör ermordet zu werden, dass ihre Mutter nur mit einer stumpfen Schere zu Werke gehen durfte.

„Ich musste sie zurückhauen", erklärte mir Molly. „Sie sollte damit aufhören."

„Aber Schatz, was hat Karen dir denn getan? Sie hat doch weit weg von dir gesessen."

„Sie hat über mich Lügen gedacht."

Ich legte meinen Arm um ihre Schultern.

„Ach was, sie hat bestimmt keine Lügen über dich gedacht. Und außerdem können wir gar nicht wissen, was andere Leute denken."

„Ich hab's aber gehört! Und sie hat gelogen. Damit soll sie aufhören. Unbedingt!"

Abends zu Hause dachte ich immer noch über den Vorfall nach. Molly gehörte zwar zu den drei Mädchen in der Gruppe, die in ihrer Entwicklung hinterherhinkten. Aber das heute schien mir mehr zu sein als ein Entwicklungsproblem, und ich war mir nicht sicher, ob ich mich da hineinziehen lassen wollte. Schließlich war es nur meine Aufgabe, interessierte kleine Mädchen aufs Leben und ihre Rolle als Frau vorzubereiten. Molly aber war offenbar nicht ganz richtig im Kopf.

Schließlich suchte ich doch ihre Lehrerin auf. Molly besuchte eine spezielle Klasse für verhaltensauffällige Kinder. „Können Sie mir etwas über Molly erzählen?“, fragte ich.

„Sie ist deutlich verhaltensgestört“, antwortete Mrs Blixen. „Ich kann ihr überhaupt nichts beibringen.“

Ich nahm als Zuschauer am Unterricht teil, las viel über Lernbehinderungen und machte mir ein Bild davon, wie seltsam sich dieses Kind verhielt. Der Unterschied zu den anderen lernbehinderten Mädchen war jedenfalls deutlich.

Irgendwann begann die Klasse mit dem Lesebuch zu arbeiten. Jeden Tag kam ein anderer Buchstabe dran. Sie schnitten Bilder von Dingen aus, die mit dem jeweiligen Buchstaben begannen, und klebten sie in Schreibhefte. Mrs Blixen hatte viele alte Kataloge dafür mitgebracht.

Es begann mit A: Apfel, Anzug, Affe ...

Plötzlich schrie Molly auf: „Ameisen! Drauftreten, drauftreten!“ Sie lief umher und tat, als müsse sie unsichtbare Ameisen töten.

Dann kam B dran: Bananen, Buch, Bratpfanne ...

„Nein, nicht!“, brüllte Molly. „Das knallt zu laut, wenn der Ballon platzt!“

Sie hielt sich die Ohren zu, rannte zum Lehrertisch und versteckte sich dahinter. Sie wimmerte und schien nicht zu begreifen, dass der einzige Ballon im Raum aus Papier ausgeschnitten war.

Ein andermal las Mrs Brixen die Geschichte von der kleinen rotbraunen Henne vor.

Fast unbemerkt begann Molly, ihren Stuhl Zentimeter um Zentimeter auf die Lehrerin zuzurücken. Dabei streckte sie immer wieder ihr Bein aus und ließ es hin und her schwingen. So kam sie Mrs Blixen immer näher.

Ihre finstere Miene und der Bewegungsablauf verrieten, was sie vorhatte. Wenn sie nahe genug war, so würde sie ihrer Lehrerin ans Schienbein treten. Aber noch bevor sie ihr Ziel erreichte, sprang sie unvermittelt auf, hielt die Arme schützend vor sich und fing an zu schreien: „Nein, nicht! Hör auf! Hau mich nicht!" Hatte sie ihr Vorhaben weitergesponnen und ihre Lehrerin in Gedanken bereits getreten? Und fürchtete sie nun die Strafe? Keiner wusste es.

Ich hatte zwar einen Abschluss in Pädagogik, aber ein Kind wie Molly hatte ich nirgends in der Literatur beschrieben gefunden. Was sollte ich diesem Mädchen beibringen? Wir hatten ja schon genug Probleme damit, sie einigermaßen im Zaum zu halten. Andererseits brachte ich es nicht übers Herz, dieses kleine Ding sich selbst zu überlassen. Sie hatte kaum einen Funken Grips im Hirn, und besonders anziehend sah sie auch nicht aus – und dennoch hatte ich sie längst in mein Herz geschlossen.

Molly war irgendwann zu verhaltensauffällig, als dass sie in einer normalen Integrationsklasse hätte bleiben können. Aber selbst für eine Sonderschule war sie viel zu gestört. Also musste sie zu Hause betreut werden. Für diese Aufgabe wurden Lehrer abgestellt, die sich stundenweise um solche Kinder kümmerten. Und so fand man vonseiten der Behörden eine Lösung: Ich bekam den Auftrag, als Betreuerin zu arbeiten und mich um Molly zu bemühen.

Ich ging mit Feuereifer an die Arbeit, bekam noch mehr Kinder dazu und stellte bald fest, dass ich die Gabe hatte, Zugang zu geistig behinderten Kindern zu finden. Es gelang mir irgendwie, mit viel Feingefühl in die wirre Gedankenwelt dieser Geschöpfe vorzudringen.

So war Molly absolut nicht imstande, die einfachsten Zahlen zusammenzuzählen. Aber seltsamerweise konnte sie abziehen.

„Du hast zwei Äpfel. Und jemand schenkt dir noch einen. Wie viele Äpfel hast du dann?"

„Weiß nicht. Mag keine Äpfel. Ist egal." Molly kicherte und rutschte von ihrem Stuhl, um wegzugehen.

„Moment, Molly. Noch eine Frage: Wenn du drei Bücher hast und eines verlierst, wie viele sind dann noch übrig?"

„Zwei. Aber du bist gemein! Du hast mein Buch geklaut. Gib's mir wieder!"

Andere Lehrer, mit denen ich mich über Molly unterhielt, und ich interpretierten dieses Phänomen so: Sie hatte eine Vorstellung davon, was es heißt, Dinge zu verlieren oder weggenommen zu bekommen. Aber dass man etwas zusätzlich erhält, das schien ihr ein völlig fremder Gedanke.

Auch wenn ich mich von meiner Scheidung längst nicht erholt hatte und mein Selbstwertgefühl noch immer beschädigt war, suchte und bekam ich einen Studienplatz für Sonderschulpädagogik. Ich wusste, dass ich momentan noch nicht das Optimale für meine Molly tun konnte. Ich wollte mehr wissen. Und schon während meiner Fortbildung wendete ich bei ihr an, was ich nach und nach lernte.

So fragte ich sie eines Tages: „Molly, du gehst in den Laden, um für deine Mutter Brot einzukaufen, aber dann merkst du, dass du das Geld unterwegs verloren hast. Was würdest du dann machen?"

Es ist eine übliche Testfrage, um die Fähigkeit zu prüfen, ob sich die Kinder durch ein normales Urteilsvermögen in Alltagssituationen zurechtfinden. Aber Molly wusste nichts darauf zu antworten, obwohl sie offenbar den Sachverhalt verstanden hatte. Sie sprang auf, bedrohte mich mit der Faust und schrie: „Du darfst mir das Geld nicht klauen!"

Endlich hatte ich meinen Abschluss in der Tasche, und sogleich wurde ich von der Behörde als Sonderschulpädagogin eingestellt. Ich konnte mich nicht mehr um Molly persönlich kümmern, aber ich blieb in Kontakt mit ihr und ihren Eltern und sorgte dafür, dass sie immer gut aufgehoben war.

Dreißig Jahre bin ich nun schon im Schuldienst. Und viele meiner Schützlinge haben etwas aus ihrem Leben machen können. Dann und wann gab es auch Misserfolge, wie der junge Mann, der auf die schiefe Bahn geriet und nun lebenslänglich hinter Gittern sitzt. Aber ich hoffe, dass auch er sich in dunklen Nächten an seine Mrs Dodge erinnert, die ihn in der fünften und sechsten Klasse lieb gehabt hat.

Das ist für mich immer der Schlüssel zu allem gewesen. Ich liebe „meine" Kinder – seien sie klug oder verwirrt, gemein oder lieb, manipulativ oder folgsam, angenehm oder widerspenstig oder gar im späteren Leben ein verurteilter Verbrecher. Sie sind mir alle ans Herz gewachsen – unwiderruflich. Und ich tue alles, um ihnen beizustehen.

Molly starb im Alter von 22 Jahren an Herzversagen. Als ihre Mutter mir die Nachricht am Telefon überbracht hatte, sagte sie noch: „Ich verstehe nicht, warum Gott ihr überhaupt das Leben geschenkt hat. Molly war niemals fröhlich und ausgelassen. Niemand hat sich an ihr freuen können, und nichts war ihr eine

Freude. Ihr Leben war sinnlos und trist. Wie konnte Gott sie so lange Jahre leiden lassen?“

„Ich kann nicht für Gott sprechen“, erwiderte ich. „Aber eins weiß ich: Molly war der Grund, warum ich noch Sonderschulpädagogik studiert habe. Und mit dem Erlernten habe ich im Laufe der Jahre unzähligen Kindern geholfen. Ohne Molly hätte ich nicht einem von ihnen so viel Gutes tun können. Ich finde, sie hat sich um jedes dieser Kinder verdient gemacht, das so ein besseres Leben führen konnte – auch wenn Molly bewusst gar nichts geleistet hat.“

Ich weiß nicht, ob ich Mollys Mutter mit diesen Worten helfen konnte. Ich selber aber begriff etwas in diesem Augenblick. Ja, Molly hatte mir geholfen, meinen Weg zu finden! Durch sie entdeckte ich meine Gabe, mit Lernbehinderten zu arbeiten. Ich fand durch sie meinen Beruf, den ich noch heute als Berufung empfinde. Meine Liebe zu ihr und ihre Gegenwart in meinem Leben waren eine heilsame Kraft, die mich verändert hat.

Elsi Dodge

Als Elsi Mollys Andersartigkeit bemerkte, da hätte sie sich, wie sie sich selber eingesteht, am liebsten aus der Verantwortung gestohlen. Und sie hätte es plausibel erklären können: Ein Kind wie Molly sei ungeeignet für die Pfadfinderinnen.

Aber Elsi entschied sich anders. Anstatt sich zurückzuziehen, wandte sie sich Molly zu. Sie entschloss sich, einem kleinen Mädchen ihre Zuneigung zu schenken, das in seinem Leben offenbar nur wenig Freundlichkeit erfahren hatte.

Je mehr Liebe Elsi diesem Kind entgegenbrachte, desto inniger wurde die Zuneigung und desto größer das Verlangen, Molly zu beschenken. So geht es mit der Liebe: Je mehr wir uns engagieren, desto tiefer wird sie, und je tiefer die Liebe, desto mehr wollen wir den Geliebten beschenken.

Das ist die Liebe, die ein Leben verändert. Geben wir, so empfangen wir.

Er nannte mich Lämmchen

„Ja, ich will", kam es mir feierlich über die Lippen. Aber mein Verstand widersprach: *Was tust du hier eigentlich?*

War es nicht alles ein bisschen übereilt? War ich nicht zu alt, um noch einmal zu heiraten? So fragte ich mich ängstlich. Aber dann sah ich Pete in die Augen – und ich wusste nur eins: Ja, ich wollte es so!

Der Pastor sagte: „Und hiermit erkläre ich euch ..."

Aber noch bevor er ausgesprochen hatte, zog Pete mich an sich und gab mir den obligatorischen Hochzeitskuss.

Während er mich zärtlich umarmte, flüsterte er mir zu: „Bringen wir das mit der Hochzeitstorte so schnell wie möglich hinter uns, Lämmchen, und dann nichts wie weg!"

Lämmchen! So hat mich noch niemand genannt.

Ich beobachtete ihn, später, als die Hochzeitstorte angeschnitten war. Er ließ es sich schmecken. Dabei Schulterklopfen, Händeschütteln und ein Blick auf die Uhr. Wir lasen unsere Gedanken: *Schluss machen ... und aufbrechen!*

Aber auf der Fahrt in unsere Flitterwochen gerieten meine Gedanken außer Kontrolle. Vor noch nicht allzu langer Zeit war ich dreißig Ehejahre mit einem guten Mann verheiratet gewesen und dann Witwe geworden. Und nun hatte ich dessen besten Freund geheiratet. Pete seinerseits hatte kurz nach Bills Tod seine Frau verloren, und als gegenseitige Tröster in der Not hatten wir beide uns schließlich vor dem Altar wiedergefunden.

Bill war ein guter Vater und Ehemann gewesen, hatte gleichzeitig aber auch mit seiner Arbeitswut zu kämpfen gehabt. Es war kaum einmal Zeit für Romantik übrig gewesen. Stand uns einmal Zeit zur „freien" Verfügung, ging sie für die Aktivitäten der Kinder drauf – und Bill hatte sich inzwischen angewöhnt, mich *Mama* zu nennen.

Warum eigentlich nicht? Immerhin hatte ich vier Kinder in fünf Jahren zur Welt gebracht. Eheleben gab es da ohnehin wenig. Und Pete berichtete mir Ähnliches.

Da waren wir also – eine Mama, 49, mit vier erwachsenen Kindern und ein Daddy, 63, mit zwei Sprösslingen in den besten Jahren – gemeinsam auf dem Weg in den Hochzeitsurlaub, um endlich einmal über die Stränge zu schlagen.

Als wir in unserem Hotel angekommen waren, schloss Pete die Tür auf, ließ mich eintreten, folgte mir auf dem Fuß, drückte die Tür hinter sich ins Schloss, drehte den Schlüssel und ließ die Koffer fallen. Hastig entledigte er sich seines Jacketts, riss den Schlips mit einer Hand vom Hals und knöpfte mit der anderen sein Hemd auf. Ich aber fühlte plötzlich eine große Leere im Kopf. Am liebsten wäre ich nach Hause geflohen und hätte mich im Kleiderschrank versteckt. Bill war der einzige Mann, mit dem ich intim gewesen war, und das viel zu selten, vor allem nachdem die Kinder geboren waren – und außerdem stets im Dunkeln unter der Decke.

„Also dann, Lämmchen", sagte Pete, und die Augen funkelten hinter seiner Hornbrille.

Ich kicherte verlegen wie ein Teenager, zog die Bluse aus dem Rock – und siebzehn wunderbare Ehejahre nahmen ihren Anfang.

Kurze Zeit darauf besuchten wir meine Schwester. Und Pete nannte sie *Lämmchen*. Wie entrüstet war ich da!

Später im Bett fing Pete fast augenblicklich an zu schnarchen. Ich beugte mich zu ihm und raunte: „Pe-ete!" Aber er schnarchte seelenruhig weiter.

Ich wollte es aber loswerden: „Pete, sag niemals wieder *Lämmchen* zu irgendeiner Frau, hörst du? Das ist *mein* Name!"

Mein großer Romantiker gab keine Antwort, aber er schnarchte wenigstens nicht mehr. Ich wartete noch einen Augenblick, dann ließ ich meinen Kopf ins Kissen sinken, zog die Decke bis zur Nase und wartete auf den ersten Schlummer.

Auch noch Jahre später war bei uns jeder neue Morgen der Beginn eines wunderbaren Tages, der keine Wünsche offen ließ. Romantik in der Liebe, das muss nicht immer ein Strauß rote Rosen sein oder ein Candle-Light-Dinner im Nobelrestaurant. Romantik muss nicht viel kosten. Sie muss nicht unendlich Mühe machen. Es reicht meist ein bisschen Aufmerksamkeit und Kreativität.

Unseren ersten gemeinsamen Valentinstag verbrachten wir in einem Freizeitpark. Und auf der Hinfahrt meinte Pete: „Heute werden wir keinen Cent ausgeben. Wir werden nur zusehen und trotzdem Spaß haben." Das verhieß nichts Gutes.

Am Nachmittag, als wir uns auf den Heimweg machen wollten, warf mir Pete plötzlich ein Päckchen mit rotem Geschenkpapier in den Schoß. Dabei grinste er mich an, und seine blauen Augen funkelten.

„Hattest du nicht gesagt, wir würden heute kein Geld ausgeben?"

„*Wir* haben ja auch kein Geld ausgegeben. *Ich* war es. Für den Valentinstag. Mach schon auf."

Er beobachtete gespannt, wie ich eine braune Lederbrieftasche auspackte und das Kärtchen, das dabeilag, las. „Ich liebe dich, Lämmchen", stand darauf.

Bevor ich mich bedanken konnte, sagte er schnell: „Falls du wirklich mal Geld zum Ausgeben hast, dann weißt du wenigstens, wo du's reintun kannst."

In den Jahren unserer Ehe haben wir den Valentinstag auf ganz unterschiedliche Weise begangen: Pete hat mich zum Essen eingeladen oder selber was gekocht. Wir haben Kleider in der Boutique eingekauft, die ich eigentlich nicht brauchte. Wir besuchten eine Kunsthandwerksmesse, verreisten für ein paar Tage an einen Ort, wo es schön ist, oder frühstückten ganz einfach im Bett.

Irgendwann hörte ich auf zu zählen, wie oft es schon an der Tür geläutet und eine Blumenbotin davorgestanden hatte. Jedes Mal überreichte sie mir eine langstielige rote Rose mit einem Kärtchen. Und ich bemerkte, dass sie sich das Lachen verbeißen musste. Sie las wohl immer die Grüße darauf: „Bin ich richtig hier, wo mein Lämmchen wohnt?" Oder: „Ist mein Lämmchen zu Hause?" Oder: „Sag mir, wo mein Lämmchen ist."

Und damit nicht genug. Pete erfand extra Feiertage für mich, um mich noch mehr verwöhnen zu können: Da gab es neben dem Frauentag auch den Liebhaberinnentag oder den Tag für die beste Ehefrau von allen.

Irgendwann begann Pete zu kränkeln, und man stellte schließlich Lungenkrebs und Herzinsuffizienz fest. Da er dort liegen wollte, wo er mich ständig im Blick hatte, stellten wir im Wohnzimmer ein Krankenhausbett auf. Eines Tages, als ich mich zur Arbeit davonschleichen wollte, weil ich glaubte, er schlafe, drehte er sich plötzlich um und sagte: „Hey, Lämmchen, weißt du was? Ich habe dein Bild in meinem Herzen."

Ich konnte kaum an mich halten vor Rührung, ging zu seinem Bett und schloss ihn in meine Arme. Dann flüsterte ich ihm ins Ohr, dass ich ihn mehr liebe als alles auf der Welt, und er sei mein Leben.

„Ich liebe dich auch, Lämmchen", flüsterte er, tätschelte meine Wange und strich mit dem Finger über meine Lippen. „Jetzt geh ruhig zu deinem Computer."

Ich lachte, ging und machte mich gerade an die Arbeit, als ich ein entsetzliches Geräusch hörte. Pete krampfte und schrie vor Schmerzen.

In den folgenden vier Wochen wachte ich Tag und Nacht an seinem Bett im Hospiz. Er sprach kein Wort mehr, aber wir kommunizierten, indem er meine Hand häufig drückte und mir signalisierte, dass er mich liebe.

Zwei Jahre nach seinem Tod fasste ich mir endlich ein Herz und schlug unser Hochzeitsalbum auf. Innen klebte ein gelber Notizzettel, auf dem stand: „Ich liebe dich, Lämmchen!"

Ich presste den Zettel an die Lippen und wusste, dass die wunderbaren siebzehn Jahre einer großen Liebe immer in meinem Herzen bewahrt bleiben würden.

Und noch heute, wieder ein paar Jahre später, höre ich meinen großen Romantiker regelmäßig in meinem Herzen flüstern: „Hallo, Schatz!" – „Ich liebe dich, Lämmchen!" – „Du wirst für immer mein Herzblatt sein!"

Donna Smith

„Wie liebe ich dich? Lass mich zählen, auf wie vielerlei Art …“ Das schrieb Elizabeth Barret Browning. Und Pete lebte, was sie einst zu Papier brachte. Eine verlässliche, stetige Liebe ist ein Segen und ein innerer Halt für unser Leben. Aber wenn wir sie noch ein wenig mit Romantik krönen, dann ist das wie der Guss auf dem Kuchen. Gebackener Teig kann manchmal trocken sein und etwas langweilig schmecken. Dann macht erst der Schokoladenüberzug einen echten Genuss daraus.

Das schafft man in der Liebe nicht auf einen Schlag. Einmal Rosen geschenkt – das reicht nicht. Wir müssen unser gemeinsames Leben lang kreativ bleiben. Und im Zeitalter der Suchmaschinen im Internet hat auch der Unkreative keine Ausreden mehr, ihm falle nichts ein.

Wollen Sie Ihre Beziehung beleben und den Ehealltag versüßen? Wie wär's mit etwas Kuvertüre auf dem Kuchen? Machen Sie sich einen Spaß daraus, auf hunderterlei Weise diesen einen, alles entscheidenden Satz zu variieren: „Ich liebe dich!“

Sara lehrte mich Freiheit

Ich war zwar ein von allen Seiten geliebtes Kind, aber meine Großmutter liebte mich auf eine ganz besondere Weise. Die anderen Beziehungen passten in das herkömmliche Schema, das ich übernahm und akzeptierte, ohne Fragen zu stellen: Wenn ich den anderen alles recht machte, fühlte ich mich angenommen und geliebt. Und tat ich, was ihnen missfiel, dann akzeptierte ich, dass sie enttäuscht waren und mich ablehnten.

Aber meine Großmutter mit ihrer Liebe passte nicht in dieses Schema. Ich wusste, dass sie mich liebte. Sie hatte es mir oft genug gesagt und es mir gezeigt, wenn wir uns vergnügt und ausgelassen die Zeit vertrieben. Und selbst wenn ich über die Stränge schlug, so tat das ihrer Zuneigung keinen Abbruch. Bei Großmutter Sara wurde ich geliebt, einfach so – ohne Erwartungen und Bedingungen. Ich musste dafür keine Vorleistungen erbringen. Ich war ihre ganze Freude, und das gab mir das wunderbare Gefühl, unendlich frei zu sein. Und weil ich frei sein durfte, fiel es mir leicht, sie zurückzulieben.

Als ich allerdings älter wurde, fiel es mir zusehends schwerer, die Komplimente zu glauben, die sie mir immer machte. Vielleicht hatte ich inzwischen auch zu wenig Gelegenheit gehabt,

Zeit mit Sara zu verbringen, sodass ihre Stimme im Vergleich zu den anderen immer weniger Gehör fand. Womöglich hatte ich mich aber auch an die anderen angepasst, denn das System von Liebe gegen Leistung funktionierte, oberflächlich betrachtet, ganz gut. Ich strengte mich an, etwas zu leisten, und so wurde ich beachtet. Vielleicht schämte ich mich auch, so viel Lob von Großmutter anzunehmen bei all den Fehlern, die ich machte. Warum auch immer ich mich inzwischen von Saras Lob distanzierte – wenn sie von mir zu schwärmen begann, ließ mich das immer häufiger unberührt.

Glücklicherweise war ihre bedingungslose Liebe am Ende stärker als meine Skepsis. Und selbst als sich ihr Verstand durch die Alzheimerkrankheit zunehmend verdunkelte, schwand ihre Liebe noch lange nicht.

Ich nannte unser erstes Kind zwar nach meiner Großmutter, verhielt mich der Kleinen gegenüber jedoch nach dem herkömmlichen Muster. So trieben mich Leistungsdenken und Mutterstolz dazu, das Leben meiner Tochter bereits im Vorgriff zu gestalten: Die Erste würde sie unter ihresgleichen sein und die helle Freude der Lehrer mit ihrem freundlichen Wesen und dem beachtlichen Wissen für ihr Alter. Ich sah sie vor mir – mit vorbildlichen Manieren, gepflegtem Haar und ordentlicher Kleidung. Sie würde liebevoll zu kleineren Kindern sein und gleichzeitig reif genug für kluge Konversation mit Erwachsenen zu jedem Thema. Auszeichnungen würden ihre Schulzeit begleiten. Natürlich musste sie Klassensprecherin sein, jede Talentshow gewinnen und als Sportlerin die Preise abräumen. Und ich – ich würde jeden Augenblick davon genießen.

Aber dann wusste ich nicht, wie mir geschah, als meine Tochter sich gar nicht darum scherte, was die Leute von ihr dachten, wie sie aussah oder wie sie sich benahm. Für einen Menschen, der mir äußerlich so ähnlich sah, konnte sie vom Wessen her unterschiedlicher nicht sein. Wenn ich nicht gerade wieder über irgendetwas empört war, beneidete ich sie sogar heimlich um die Freiheiten, die sie sich so einfach herausnahm. So etwas hätte ich nie gewagt. Und schon deshalb konnte ich es ihr nicht durchgehen lassen. Mit der Absicht, meine Tochter Sara schon in jungen Jahren zu einem angepassteren und damit leichteren Leben in der Gesellschaft zu verhelfen, setzte ich sie unter Druck, sich meinen Vorstellungen zu beugen. In Wahrheit aber ging es mir dabei nicht darum, sie lebenstüchtiger zu machen, sondern *meinen* Vorstellungen zu unterwerfen.

Immer, wenn ich sie zur „perfekten" Tochter machen wollte, indem ich sie zwang, sich nach meinem Geschmack zu kleiden, kam es zwischen uns zu heftigen Wortgefechten. So hatte ich mir meine Mutterrolle nicht vorgestellt. Immer wieder stellte sich das ungute Gefühl bei mir ein, als Erziehungsberechtigte meiner Tochter versagt zu haben. Dieses Versagen bestand darin, dass ich Sara nicht um ihrer selbst willen liebte, sondern sie nur lieben wollte, wenn sie meinen Vorstellungen entsprach.

Und so hörte ich häufig diesen einen Satz von ihr, der ihre ganze Unzufriedenheit ausdrückte: „Lass mich doch *einmal* machen, wie ich will!"

Manchmal zweifelte ich, ob ich sie überhaupt noch liebte. Und das machte mir Angst. Ich hatte völlig vergessen, dass sich das, was ich mir einst am sehnlichsten für meine Tochter gewünscht hatte, längst in Erfüllung gegangen war: Sie war gesund und munter! Das war mein schlichter Wunsch für ihr Leben gewesen, als sie noch ein Baby gewesen war. Aber dann kam sie ins Schulalter, und meine Erwartungen an sie wuchsen beträchtlich, und ich begann sie damit zu erdrücken. So war es höchste Zeit, uns beide von dieser Last zu befreien.

In jenen Jahren verschlechterte sich der Zustand meiner Großmutter zusehends. Schließlich war ich überzeugt, ihr Gutes zu wünschen, wenn ich bei Gott um ihre Erlösung bat. Immerhin hatte sie ein erfülltes Leben hinter sich, und wir wussten, dass sie in den Himmel gehen würde. Was sollte sie noch auf dieser Erde, gefangen in der Demenzabteilung ihres Pflegeheims?

Wenn wir Großmutter Sara besuchten, so saß sie manchmal stundenlang bewegungslos da, bevor sie ganz plötzlich zu reden anfing. Aber wie es typisch für Demenzkranke ist, drehten sich unsere Gespräche immer nur um dasselbe Einerlei. Sie schien auch vergessen zu haben, wer ich war. Sie erinnerte sich nicht mehr, was wir gemeinsam erlebt hatten oder was sie mir immer wieder an Komplimenten gemacht hatte: „Ich hab dich lieb und bin so stolz auf dich." – „Wie schön du bist." – „Du machst einen so guten Job." – „Der liebe Gott sieht schon, dass du eine gute Mutter bist."

Da sie es nicht mehr selber aussprechen konnte, vergegenwärtigte ich mir immer wieder das, was sie früher über mich gesagt hatte. Ein Wunder geschah: Ich begann irgendwann zu glauben, was ich gehört hatte, und das machte mich frei, auch meine Tochter in diese positive Sichtweise mit einzubeziehen.

Ich hatte meine Tochter nicht annehmen können und ihr meine Liebe vorenthalten, weil ich andere Menschen immer nur dann liebte, wenn sie aus irgendeinem Grund liebenswert waren. Aber meine Tochter Sara ließ diesen Erwartungsdruck nicht an sich heran, und Sara, meine Großmutter, übte ihn nie aus. Das waren zwei Vorbilder, die ich mir unbedingt zu Herzen nehmen wollte.

Ich nahm mir nun vor, mit aller Entschlossenheit andere so bedingungslos zu lieben, wie meine Großmutter es getan hatte. Auf Vorleistungen zu warten, um dann zu lieben, ist in Wirklichkeit gar keine Liebe, sondern ein Vorwand, Herrschaft auszuüben. Und davon hatte ich ein für alle Mal genug.

Ich entschloss mich also ganz bewusst, meine Tochter aus den Fesseln meiner Erwartungen zu lösen, die ich ihr zuvor selber angelegt hatte. Sie sollte die Person werden können, die Gott in ihr sah. Was immer das praktisch bedeutete, was immer sie daraus machte – und wie immer sie sich kleiden und schminken würde – ich wollte nicht mehr intervenieren.

Die Bilanz seit diesem Sinneswandel vor vielen Jahren fällt zwar immer noch durchwachsen aus, aber eins kann ich sagen: Seitdem habe ich meine Tochter einfach nur geliebt. Ich mag sie, wie sie ist – nicht weil *ich* sie so haben wollte, sondern weil sie eben nur entfaltet, was ihr von Geburt mitgegeben worden ist.

Und inzwischen kann ich frohen Herzens all das meiner Tochter zusprechen, was meine Großmutter zu mir gesagt hat: „Ich liebe dich." – „Ich bin so stolz auf dich." – „Du bist wunderschön." – „Du machst einen tollen Job." – „Und eines Tages wirst du eine gute Mutter sein."

Als ich anfing, meiner Tochter diese Worte zu sagen und es dabei ganz ernst meinte, da war dies die Rettung für uns beide. Ich verdanke es meiner Großmutter, dass sie mich, solange sie lebte, treu und ohne Gegenleistung trotz meiner Fehler geliebt hat – bis ich's begriff und endlich zu schätzen wusste. Meiner Tochter bin ich dankbar, weil sie mir mit ihrer Unbekümmertheit eine Freiheit vorgelebt hat, die ich selber nicht kannte. Deshalb konnte ich mich von der oberflächlichen Vorstellung lösen, die Liebe sei ein Tauschobjekt. Leider habe ich es all die Jahre so gesehen. Aber nach dem, was ich von Sara und Sara über die Liebe gelernt habe, bin ich ihnen nichts schuldig.

Nancy Page Sheek

Die Liebe ist dann am ehrlichsten, wenn sie nicht von Erwartungen belastet wird. Jesus, der weiseste Mann aller Zeiten, hat seinen Schülern geraten: „Tut alles, ohne etwas dafür zu verlangen, denn ihr habt auch die Kraft dazu umsonst bekommen." (Matthäus 10,8)

Das gilt auch für unsere zwischenmenschlichen Beziehungen. Wir sind alle einzigartig und individuell erschaffen worden. Wir alle haben unseren eigenen, von Gott erdachten Lebensplan für Zeit und Ewigkeit. Und unsere Persönlichkeit, mit der wir ausgestattet worden sind, ist ein nicht wegzudenkender Bestandteil dieses Plans. Das muss jeder berücksichtigen, der einen anderen Menschen liebt. Er muss ihn als ganzes Wesen annehmen – mit Ecken und Kanten.

Erinnern wir uns also stets daran, dass jedes menschliche Geschöpf einen verborgenen individuellen Sinn in sich trägt, den wir oft nicht kennen.

Lieben wir also, indem wir den anderen vor allen unseren Erwartungen verschonen, die ihm diktieren wollen, dieses zu tun und jenes zu lassen.

In guten wie in schlechten Tagen ...

„Was magst du denn an ihm?“

„Ich mag, dass er mich zum Lachen bringt, dass er gut zu den Kindern ist, dass er freundlich zu allen Menschen ist ... dass er ein gutes Herz hat.“

„Und was magst du an ihr?“

„Ich mag, dass sie hinter mir steht ...“

So begann unser Traugespräch. Ich zählte und zählte und zählte Marvins gute Eigenschaften auf, ihm fielen nur zwei, drei Dinge ein. Unser Pastor stellte zuerst dem einen und dann dem anderen dieselbe Frage.

Unsere Beziehung war von Anfang an nicht so traditionell wie früher gewesen, als man sich kennenlernte, verliebte, heiratete und Kinder bekam. Ich war bereits schwanger, kurz nachdem wir uns zu verabreden begannen. Damit jedoch riss die Verbindung zwischen uns ab, und es war vorläufig das Ende unserer Beziehung.

Ohne Partner, aber mit einem Säugling, für den ich Verantwortung trug, begann ein ganz neues Leben für mich, auf das ich mich erst einstellen musste. Von nun an kreiste alles um das mir anvertraute kleine Wesen.

Ich wollte mein Möglichstes tun, damit es ihm gut ging. Also entschloss ich mich, meinen Sohn taufen zu lassen, nicht weil ich begriffen hätte, worum es dabei ging, sondern weil die Angehörigen behaupteten, es sei unbedingt nötig. Ich besuchte damals keine Gottesdienste, weil ich mich in der Kirche nicht wohlfühlte und nichts mit den Predigten anfangen konnte. Aber dann fand ich doch eine Gemeinde, die mir zur Heimat wurde, weil der Pastor in einer Sprache predigte, die ich auch verstand.

Zu dieser Zeit suchte der Vater meines Kindes erneut den Kontakt zu mir, und wir versuchten, miteinander ins Reine zu kommen.

Es dauerte nicht lange, und Baby Nummer zwei war unterwegs. Als unsere Tochter ein Jahr alt war, befanden wir uns mit unserer Beziehung auf einem guten Weg. Wir gingen zusammen zum Gottesdienst und begannen beide, eine persönliche Beziehung zu Jesus Christus zu suchen. Alles lief wunderbar. Wir hatten zwei gesunde Kinder, eine Beziehung zu Gott, ein gutes soziales Umfeld für unsere Familie in der Gemeinde, und einen Pastor, zu dem wir ein enges persönliches Verhältnis hatten. Da machte Marvin mir plötzlich einen Heiratsantrag.

Ich konnte mein Glück kaum fassen. Es war wie im Traum. Endlich die Erfüllung! Dieser gut aussehende stattliche Mann, den ich so liebte, würde nun auch noch mein Ehemann werden. Und in meinem Glückstaumel sah ich nur noch, was ich sehen wollte: Ein wunderbares Leben lag vor mir.

Verdrängt waren die Probleme, die damals zu unserer Trennung geführt hatten. Ich glaubte mich auf einem Weg ohne Disteln und Dornen.

Umso erstaunter war ich, dass wir vor der Trauung noch zum Seelsorgegespräch kommen sollten. Wir hatten doch zwei gemeinsame Kinder und liebten uns wieder. *Dann gehen wir ein-*

fach mal hin, um es hinter uns zu bringen, dachte ich. *Soll er uns ein bisschen was erzählen, und dann wird sich herausstellen, dass wir gar kein Gespräch brauchen und einfach heiraten können.*

Aber unser Pastor war vielleicht doch ein besserer Menschenkenner, als ich ahnte, wenn er uns unbedingt auf den Zahn fühlen wollte.

„Was magst du denn an ihm nicht?“, fragte mich der Pastor.

„Äh, na ja, hm. Es gibt jedenfalls sehr viel mehr an ihm, was ich schätze.“

„Schön, schön, aber nun sag mal, was du *nicht* magst.“ Mein Pastor wollte mich nicht so einfach davonkommen lassen, und ich suchte krampfhaft nach etwas, was ich an meinem zukünftigen Ehemann auszusetzen hatte. Ich überlegte fieberhaft, nur um die Befragung schnell zu beenden. Aber mir fiel einfach nichts ein.

„Ich kann ehrlich nichts nennen, was mir an ihm missfällt“, sagte ich mit einem breiten Grinsen.

Doch kaum hatte der Pastor Marvin dieselbe Frage gestellt, da sprudelte es schon aus ihm heraus: Er mochte nicht, wie ich dieses und wie ich jenes tue. Er hörte gar nicht mehr auf, und ich wollte nicht glauben, dass er all das vor unserem Pastor ausbreitete. Ich verteidigte mich in allen Punkten, und meine Stimmung sank auf den Gefrierpunkt. Meine Miene verfinsterte sich, meine Stimme bekam Schärfe, und ich kreuzte meine Arme vor der Brust. Er war ja schließlich auch kein Engel!

„Und was ist mit deinem ...? Und dann ist da noch ... und außerdem ...!“ Ja, ich zahlte es ihm heim!

Ich war in die Sitzung wie ein fröhliches Schoßhündchen getollt und saß nun knurrend und zähnefletschend wie ein Kampfhund vor meinem Pastor.

Und der reagierte völlig unerwartet. Er schlug sein Notizbuch zu und sagte: „In Ordnung, ihr habt meinen Segen.“

Ich traute meinen Ohren nicht – nach diesem Gespräch!

Diese Männer halten doch einfach nur zusammen, dachte ich. Wie konnten wir seinen Segen haben, wo doch eben noch Sturmstärke 10 in seinem Büro geherrscht hatte, dass die Wände gewackelt hatten? Und außerdem hatte die Liebe meines Lebens tausend Dinge an mir auszusetzen gehabt, während ich selber keinen einzigen Makel an ihm fand!

Doch ich war offenkundig die Einzige im Raum, die blind vor Liebe war. Ich war einfach zu sehr in die Idee verliebt, endlich den Mann meiner Träume zu heiraten. Die anderen beiden aber hatten längst begriffen, dass echte Beziehungen Höhen und Tiefen haben. Meine Großmutter hatte immer gesagt: „Man kriegt die guten Tage nicht ohne die schlechten."

Ich denke, unser Pastor wollte sicherstellen, dass wir nicht etwa heirateten, nur weil wir gemeinsame Kinder hatten. Marvin, mein kluger Mann, schien längst die Absicht unseres Pastors durchschaut und deshalb so offen geantwortet zu haben. Es war der Weckruf unseres Seelsorgers gewesen, um den beiden Heiratswilligen die Augen zu öffnen, damit sie sich vorbehaltlos im Spiegel betrachten konnten.

Zweierbeziehungen sind eben nicht so perfekt, wie ich mir damals einzureden versuchte, und eine Ehe besteht nicht darin, dass man mit dem Traumpartner ein Haus kauft und Kinder großzieht, die etwas leisten können und finanziell gut gestellt bis ans Ende ihrer Tage zufrieden leben.

Meine Großmutter hätte gesagt: „Solange ihr am Leben seid, werdet ihr die guten Tage nur mit den schlechten kriegen." Ist eine Beziehung auf Illusionen gegründet und tauchen plötzlich Schwierigkeiten auf, existiert kein tragfähiges Fundament. Dann gleicht die Beziehung einem Haus, das auf Sand gebaut ist, und wenn der Sturm kommt, fällt es zusammen.

Überlebensfähige Beziehungen setzen sich zusammen aus Liebe, Vertrauen, gemeinsamen Werten, Treue und Hingabe. Aber der Mörtel, der alles zusammenhält, ist die Fähigkeit, einander zu vergeben. Und dazu gehört die Größe, eigene Fehler und Schwächen einzugestehen. Die Beziehung wird gelingen, wenn beide Seiten darauf gefasst sind, dass auf dem Weg zum Gipfel Täler und Höhen liegen.

Sheila Farmer

Solange wir menschliche Wesen sind, wird niemand von uns zur Perfektion gelangen. Und gerade im Miteinander zweier Menschen tritt der Wahrheitsgehalt dieser Aussage oft am schnellsten zutage.

Manchmal sind wir so glücklich mit dem Band, das uns bindet, dass uns jeglicher Sinn für das Trennende abgeht. Himmelhochjauchzend vergessen wir, dass der Geliebte auch allzu menschliche Seiten hat, und eine plötzliche Enttäuschung ist immer schwerer zu verkraften als eine rechtzeitig wahrgenommene Gefahr.

Also nehmen wir uns den Rat von Sheilas Großmutter zu Herzen: „Man kriegt die guten Tage nicht ohne die schlechten." Und seien wir ganz nüchtern darauf vorbereitet, dass Licht und Schatten nebeneinander existieren. Die wahre Liebe ist nämlich stark genug, um damit zurechtzukommen.

Jeden Tag ein Abenteuer mit Mom

„Sie müssen sich gleich auf den Weg machen und Ihre Mutter abholen, Miss Waters“, sagte die Stimme am Telefon. Mutter sei während des Gottesdienstes nach vorn gegangen, habe das Mikrofon gegriffen und begonnen, alle Anwesenden zu beschimpfen.

Meine Mutter? Das passte doch gar nicht zu ihr!

Als ich ankam, saß sie quietschvergnügt in der Sakristei, als sei nichts gewesen.

„Was willst *du* denn hier?“, fragte sie, ohne sich zu erinnern, was vorgefallen war.

Während ich sie wegbrachte, machte ich mir große Sorgen.

Als Jüngste von drei Schwestern hatte ich immer ein ganz besonders enges Verhältnis zu meiner Mutter gehabt. Sie verwöhnte mich als ihr „Kleines“, weil sie mich bedingungslos liebte.

Als ich ein Kind und Teenager war, war sie mir Beistand und Hilfe in allen Dingen. Erst als mein Vater vor dreißig Jahren starb, kehrte sich das Verhältnis um. Sie verließ sich mehr und mehr auf mich. Meine zwei älteren Schwestern waren inzwischen verheiratet und wohnten nicht mehr in der Nähe. Ich besuchte das College in unserer Stadt, weil ich meine Mutter nicht im Stich lassen wollte.

Es machte mir Spaß, mit ihr über alles zu reden, selbst über meine gelegentlichen Romanzen. Und oft hatte sie einen Rat für mich, wie er nur von einer klugen Mutter kommen kann. Wie oft gingen wir zusammen bummeln und lachten uns kaputt, wenn wir die verrücktesten Kleider und Hüte anprobierten – nur so zum Spaß. Wir gingen zusammen ins Kino, wobei wir in unseren Sesseln über die Schauspieler tratschten und lästerten, oder wir machten gemeinsame Ausflüge. Aber bevor wir nach Hause zurückkehrten, musste immer noch ein Abstecher in den Supermarkt sein, wo wir uns Vanilleeis aus der Truhe holten.

Etwa fünfzehn Jahre nach Vaters Tod entschloss ich mich, in einem anderen Bundesstaat Theologie zu studieren. Mom kam extra zu meiner Examensfeier, obwohl sie erst kurz davor eine Knieprothese bekommen hatte und auf ärztlichen Rat eigentlich zu Hause bleiben sollte. Aber ihre Liebe zu mir war stärker als jede Anweisung vom Arzt.

Nach meinem Abschluss kehrte ich zurück nach Hause und kümmerte mich um Mom, während sie sich weiter von der Operation erholte. Als sie wieder allein laufen konnte, nahm ich eine Vollzeitstelle als Pastorin in einer nahe gelegenen Stadt an. Dort kaufte ich mir ein eigenes Häuschen.

Dann aber begann Mom zu kränkeln. Sie hatte Gleichgewichtsstörungen und drohte zu stürzen. Plötzlich war sie nicht mehr dieselbe. Sie bekam Medikamente und einen Krückstock verschrieben. Mit dem wollte sie aber nicht auf der Straße gesehen werden.

„Ich bin doch kein Tattergreis“, grummelte sie, während sie sich gleichzeitig bei mir einhakte. „Siehst du, es geht doch prima ohne!“

Dann wurde sie zunehmend vergesslich. Wenn ich sie fragte,

ob sie an die Termine beim Arzt gedacht habe, antwortete sie: „Oh, die habe ich wohl in der Eile vergessen."

Dass sie ihre Arzttermine vergaß, war ein sicheres Zeichen für eine ungute Entwicklung. Meine Schwestern und ich kamen überein, so schnell wie möglich einen Termin beim Neurologen zu vereinbaren. In zwei Monaten sei etwas frei, hieß es auf Anfrage.

Eines Morgens rief mich meine älteste Schwester ganz aufgelöst an. Letzte Nacht sei ein Freund von ihr auf dem Heimweg gewesen und am Haus unserer Mutter vorbeigekommen. Dort habe er sie in Nachthemd und Hausschuhen auf der Straße gesehen. Er habe sich aber nicht getraut zu hupen, um sie nicht zu erschrecken. Und da er auf der Schnellstraße gewesen sei, habe er auch nicht anhalten können. Meine Schwester war ratlos.

Ich fuhr sofort zu unserer Mutter. Auf behutsames Nachfragen, was sie nachts draußen auf der Straße gewollt habe, stritt sie ab, dort gewesen zu sein. Allerdings, so gab sie zu, habe sie sich gewundert, warum sie plötzlich im Nachthemd auf der Veranda stand. Und sie wusste noch immer nicht, wie sie dort hingekommen war.

Da begriff ich, dass Mutters Gesundheitsprobleme ernsterer Natur waren, als ich gedacht hatte. Also blieb ich von nun an nachts bei ihr, um sicherzugehen, dass nichts passierte. Nach verschiedenen Untersuchungen stellte sich heraus, dass unsere Mutter einen leichten Schlaganfall gehabt hatte, was zu geistigen Aussetzern führte. Dann verlor sie jede Hemmung und war desorientiert.

Sie bekam Medikamente, um diese Bewusstseinsstörungen zu verhindern. Aber sie beschwerte sich oft: „Ich brauche das Zeug nicht. Mir geht's doch prima."

Und sobald sie die Medizin heimlich absetzte, bekam sie einen Rückfall und landete in der Notaufnahme.

Ich musste lernen, dies mit viel Liebe und Geduld hinzunehmen. Jeden Abend rief ich bei ihr an und vergewisserte mich, ob sie die Pillen genommen habe. Jeden zweiten Tag fuhr ich sogar hin und zählte die Tabletten im Glas.

Ich kam mir vor, als hätten wir die Rollen von Mutter und Tochter vertauscht, das aber erschöpfte mich seelisch und körperlich. Glücklicherweise nahm sie ihre Medizin jetzt regelmäßig.

Schon glaubte ich, dass sich alles endlich eingespielt habe, als Mom eines Tages über Rückenschmerzen klagte. Schließlich konnte sie nicht mehr aufstehen und kam ins Krankenhaus, wo sie Morphium gegen die Schmerzen bekam. Dass ich sie, die stets Tatkräftige, nun auch noch füttern musste, machte mir schwer zu schaffen. Wie oft mochte *sie* mich gefüttert haben, und nun tat ich es mit ihr. Unvorstellbar!

Aber kann ein Mensch seinen Eltern eine größere Liebe erweisen, als ihnen die Mühen zurückzuerstatten, die sie einmal bereit waren zu investieren?

Dann bekamen wir von den Ärzten eine Diagnose: Ein Infekt hatte das Rückenmark in Mitleidenschaft gezogen. Und als Mom nach einem Monat Krankenhausaufenthalt wieder gehen lernen musste, kümmerte ich mich um sie – so, wie sie damals mit mir die ersten Schritte geübt hatte.

Nach einem Vierteljahr durfte Mom wieder nach Hause. Aber würde sie mit der Situation zurechtkommen? Ich machte mir große Sorgen. Tatsächlich stellte sich schnell heraus, dass sie nicht mehr allein leben konnte.

Obwohl ich einen Vollzeitjob zu bewältigen hatte, verbrachte ich vier Tage in der Woche bei Mom. Das wurde bald zu viel. Nach endlosen Diskussionen mit meinen Schwestern und viel Gebet wusste ich, was ich tun musste. Mit 41 Jahren gab ich meinen Beruf auf, verkaufte Haus und Grundstück und zog wieder zu meiner Mutter. Es fiel mir unglaublich schwer, das Leben aufzugeben, das ich mir nach meinen Bedürfnissen eingerichtet hatte, und wieder bei meiner Mutter einzuziehen. Aber ich wusste, dass es die richtige Entscheidung war.

Ich musste es regelrecht neu lernen, mit ihr zusammenzuleben. Unsere Beziehung hatte sich im Laufe der vielen Jahre verändert. Ich war selbstständig geworden und hing schon lange nicht mehr an Mutters Schürzenzipfel.

Mom hatte Mühe, mich derart verändert anzunehmen, aber sie schaffte es immerhin, mich als erwachsenes Gegenüber zu respektieren. Wir lernten Schritt für Schritt, einander zu schätzen.

Gerade hatte sich alles einigermaßen eingespielt, da wurden wir mit einer schockierenden Diagnose konfrontiert: Unsere Mutter litt an Demenz. Mir war schon die ein oder andere Unregelmäßigkeit aufgefallen, aber ich hatte es ihrem fortgeschrittenen Alter zugeschrieben. Immerhin vergaß ich auch schon manches. Sie bekam zwar Medikamente, aber die Ärzte bereiteten uns darauf vor, dass es schlimmer werden könnte. Und so kam es auch.

Erst mit zunehmender Demenz habe ich gelernt, meine Mutter auf eine besonders innige Weise zu lieben. Ich trauere um die Mutter, die ich von früher kannte, aber umarme den Menschen, der heute vor mir steht.

Es ist hart, ihre Betreuerin zu sein. Wir gehen zum Beispiel in den Supermarkt, und wenn ich nur kurze Zeit abgelenkt bin, ist sie schon auf und davon und hat sich einen Einkaufswagen geschnappt. Darin liegen, wenn ich sie endlich finde, fünf Großpackungen Toilettenpapier, acht Rollen Mülleimerbeutel, zehn Packungen Puddingpulver und sechs Liter Milch. Ich muss sie mühsam davon überzeugen, dass wir das alles gar nicht brauchen.

Oder sie beschwert sich, dass der Fernseher schon wieder kaputt ist, obwohl sie ihn gerade ausgeschaltet hat, und außerdem weiß sie nie, wie eine Fernbedienung funktioniert, obwohl ich es ihr immer und immer wieder erkläre.

Sie geht ans Telefon und erzählt, ich würde nicht mehr bei ihr wohnen. Dass wir eine Mikrowelle haben, vergisst sie regelmäßig, und dann will sie die zum Aufwärmen vorgesehene Packung im Backofen grillen.

Früher hat Mom Bibelstunden gehalten. Heute darf sie kommen und dem Pastor ein wenig assistieren, wenn ihr zufällig zu einem Thema ein Gedankenblitz kommt.

Das ist meine Mutter heute. Ich könnte mich schämen und es nicht wahrhaben wollen, dass es so gekommen ist. Aber ich habe mich entschieden, mich der Verantwortung zu stellen und zu lernen, sie auf ganz neue Art zu lieben.

Dieser Lernprozess hat mein Leben verändert. Ich bin lange nicht mehr so ichbezogen wie früher. Ich habe gelernt, wie man trotz Sorgen aus vollem Herzen lacht und sich geduldig in andere hineinversetzt und ihnen verzeiht. Meine Kraftquelle für all das ist einzig und allein unser Gott.

Jeder neue Tag ist ein Abenteuer mit Mom. Und das gibt mir reichlich Gelegenheit, sie lieb zu haben.

Faith Waters

Wir Menschen verändern uns ständig. Und manchmal wird eine solche Veränderung durch körperliche Leiden beschleunigt wie bei Faiths Mutter. Durch Funktionsstörungen im Gehirn veränderte sich ihre Persönlichkeit. Manchmal sind es aber auch seelische Probleme und Lebenskrisen, die Menschen verändern. Der Wandel ist auf jeden Fall ein Lebensprinzip.

Ist jemand nicht mehr derselbe, müssen wir, die wir ihm nahestehen, eine Entscheidung treffen. Ziehen wir uns aus der Beziehung zurück? Oder lernen wir, den veränderten Menschen zu lieben, der in eine uns fremde Hülle geschlüpft ist?

Das erfordert viel Hingabe. Wir müssen nämlich unsere Liebe aufteilen – auf die Person, die wir kannten, und die Person, mit der wir uns noch vertraut machen müssen. Von Faith erfahren wir, dass dies ein sehr viel schmerzlicherer Prozess ist, als man denkt. Aber wahre Liebe versetzt uns in die Lage, immer wieder mit neuem Mut auf die sich verändernde Person zuzugehen – trotz aller Schwierigkeiten.

Offenes Ohr statt Lösung gefragt

Vor unserer Hochzeit erzählte mir ein Freund, dass das erste Ehejahr das schwerste sei. Als wir dann unseren ersten Hochzeitstag feierten, dachte ich über das zurückliegende Jahr nach und zog Bilanz. Würde ich meinem Freund zustimmen müssen oder ihm widersprechen können?

Es war viel passiert. Da war das erste Mal, dass ich meine Frau ausrasten sah. Sie fand den Gurkenhobel nicht und weinte sich die Augen aus dem Kopf. „Ich denke, du übertreibst ein bisschen“, meinte ich kopfschüttelnd. „Mit einem Küchenmesser geht es doch genauso!“

„Du hast ja keine Ahnung“, schluchzte sie. „Ich will nicht mit einem Küchenmesser herumfummeln, sondern einen richtigen Gurkenschneider benutzen! Und außerdem will ich wissen, wo das blöde Ding ist. Gestern habe ich es noch gesehen.“

So ein Theater wegen eines Gurkenhobels?, fragte ich mich, musste aber gleichzeitig zugeben, dass ich wirklich keine Ahnung hatte.

Einige Male hatte sie mich in diesem Jahr im Büro angerufen, in Tränen aufgelöst, weil sie das Essen hatte anbrennen lassen, die Fernbedienung nicht fand oder ihre Schlüssel verlegt hatte.

Aber ich wusste, wie ich sie abweisen konnte. „Draußen stehen die Kunden Schlange“, sagte ich. „Kann ich dich in der Mittagspause zurückrufen?“

„Lass mal gut sein“, zischte sie und legte auf.

Na großartig, da arbeite ich acht Stunden, komme nach Hause und habe dann noch hitzige Debatten vor mir!

Ich kam also zu dem Schluss, dass das erste Ehejahr tatsächlich das härteste sein musste.

Im darauffolgenden Jahr versuchten meine Frau und ich eine Familie zu gründen. Das Mutterglück war seit ihrer ersten Babysittererfahrung mit elf Jahren die große Sehnsucht meiner Frau. Sie war jedenfalls in der Nachbarschaft immer die erste Wahl, wenn Paare sich einen freien Abend gönnen wollten.

Auf dem College studierte sie Entwicklungspsychologie. Anschließend arbeitete sie mehrere Jahre als Nanny und liebte die Kinder, die sie betreute, von ganzem Herzen. Wer sie auch einstellte, schloss sie in sein Herz. Die Kinder akzeptierten sie als Elternersatz. Je heimischer sie sich aber in einer Familie fühlte, desto stärker wurde die Sehnsucht nach eigenem Kindersegen.

Bei ihrer Begabung war es eine Ironie des Schicksals, dass ausgerechnet sie keine Kinder bekommen konnte. Ein Jahr lang versuchten wir es ohne Erfolg, bis wir verschiedene Ärzte konsultierten.

„Bei anderen Paaren funktioniert es doch auch ohne Arzt“, beklagte sich meine Frau. „Warum kriegen wir das nicht hin?“

Bald fielen mir keine Antworten mehr ein. Also sagte ich seufzend: „Keine Ahnung, Schatz.“

Unsere Beziehung begann darunter zu leiden, und ich verbrachte meine Mittagspausen damit, mir am Telefon die Ohren volljammern zu lassen.

„Ich bin die, die alles allein ausbaden muss. Du hast ja keine

Ahnung, wie das ist. Du musst nicht dauernd zum Blutabnehmen oder für Untersuchungen in die Klinik rennen.“

Das stimmte zwar, aber es war doch nicht meine Schuld. Diese Untersuchungen konnte ich ihr nun wirklich nicht abnehmen. Manchmal rief ich schon gar nicht mehr zu Hause an, weil ich nicht mehr mit Fragen bombardiert werden wollte, die ich ohnehin nicht beantworten konnte.

Nachdem wir etwa ein Jahr die verschiedensten Behandlungen ertragen hatten, meldeten meine Frau und ich uns zu einem Eheseminar an, bei dem wir intensive Seelsorge mit zwei anderen Paaren zusammen bekamen. Unsere erste Aufgabe bestand darin, eine Art Lebenslauf zu schreiben mit allen Ereignissen, die uns besonders prägend vorkamen.

Als meine Frau an der Reihe war, erzählte sie ausführlich aus ihrer Kindheit und schließlich, wie wir uns kennengelernt und verliebt hatten. Sie verschwieg auch nicht unsere gegenwärtigen Schwierigkeiten und die Probleme mit dem Kinderkriegen, wobei sie wie üblich in Tränen ausbrach.

Der Gesprächsleiter fragte sie, ob ich, als Ehemann, ihr in ihrem Kummer beigestanden habe. Und ich erwartete natürlich ein für alle vernehmbares Lob. Aber dann hörte ich ein leises „Nein!“.

„Wann habe ich dir nicht beigestanden?“, fragte ich irritiert.

„Oft.“

„Zum Beispiel?“

„Erinnerst du dich, als ich vor einem Monat nicht schlafen konnte? Ich habe stundenlang geweint, und du hast dich auf die Seite gedreht und so getan, als würdest du schlafen. Und als ich dich gerüttelt habe, weil ich mit dir reden wollte, hast du mich angeschnauzt: ‚Ach, das Thema schon wieder!‘ Dann bist du wütend aus dem Bett gesprungen und hast im Gästezimmer geschlafen.“

„Das habe ich gemacht?“

Ich versuchte mich zu erinnern. Wenn sie meinte, es sei so gewesen, dann musste es wohl stimmen. Ich war bestürzt, dass ich in der Lage gewesen sein sollte, sie so abweisend zu behandeln. Was mich jedoch am meisten beschäftigt, war die Tatsache, das alles ganz und gar vergessen zu haben.

Ich überlegte angestrengt. An Abende vor dem Fernseher erinnerte ich mich noch gut. Auch vor dem Computer hatte ich gesessen, und ich erinnerte mich noch an Details. Meine Frau war hereingekommen und hatte gefragt, was ich so mache.

„Dies und das“, hatte ich geantwortet.

„Können wir nicht mal was zusammen machen?“

Dieser Vorschlag brachte mich gleich auf die Palme. Es steckte nämlich der Vorwurf darin, ich würde zu wenig Zeit mit ihr verbringen. Außerdem ärgerte mich, dass ich damit in eine Zwickmühle geriet: Wenn ich einverstanden wäre, würde ich aus purem Mitleid irgendetwas mit ihr unternehmen. Ich konnte dann nicht mehr tun, wozu ich wirklich Lust hatte, und das wiederum nähme ich ihr übel, ohne es vor ihr verbergen zu können.

Würde ich jedoch nein sagen hieße das, mich in Gewissensnöten zu befinden und mich selber als widerlichen Egoisten zu fühlen. Eines Abends, als sie mich wieder einmal als Beschäftigungstherapeuten engagieren wollte, war ich die Sache leid und sagte zu ihr: „Du musst dir endlich selber ein Hobby suchen.“

Inzwischen weiß ich, was ich damals zwischen den Zeilen ausgedrückt habe: *Deine Identitätskrise ist nichts Ernstes. Du musst dich nur ein bisschen zusammenreißen, wieder mehr am Leben teilhaben und dich mit irgendetwas beschäftigen – dann geht es* mir *auch endlich wieder besser.*

Was war nur aus mir, dem treusorgenden Ehemann, geworden?

Der Seelsorger wandte sich an mich: „Wie fühlen Sie sich bei dem, was Ihre Frau erzählt?"

„Die letzen Monate waren für uns beide nicht leicht, und ..."

„Nein, nein", unterbrach er, „sagen Sie das nicht mir, sondern Ihrer Frau."

Ich wandte mich zu ihr und sagte: „Die letzten Monate waren für uns beide nicht leicht, und ich denke, dass ich nicht recht wusste, wie ich mich dir gegenüber verhalten sollte, wenn du traurig warst. Ich fühlte mich völlig außerstande, deine Probleme zu lösen."

„Wieso wolltest du meine Probleme gleich lösen? Wichtiger wäre mir gewesen, du hättest mir erst mal zugehört."

„Aber was nützt es denn, wenn ich mir deine Klagen nur anhöre?"

„Dann fühle ich mich gleich besser. Ich weiß, dass du für mich da bist. Ich brauche dich gar nicht jedes Mal dafür, dass *du* meine Probleme löst. Oft kann ich das am Ende viel besser. Aber es tut mir gut, vorher mit dir darüber geredet zu haben. Du solltest mir dabei zuhören und mich in Ruhe ausreden lassen."

„Ich soll dir also nur zuhören, wenn du traurig bist? Und das reicht schon, um dir das Gefühl zu geben, ich stehe dir bei?"

„Ganz genau."

„Wie mache ich das konkret?"

Sie dachte einen Augenblick nach und antwortete dann: „Ich weiß nicht. Das müssen wir wohl gemeinsam rausfinden."

Nachdem wir von unserem Seminar heimgekehrt waren, bereitete uns unser Gynäkologe auf die hoch komplizierte *Intrauterininsemination* vor. Dazu musste ich meiner Frau täglich Spritzen in den Unterbauch geben. Sie musste verschiedene Medikamente einnehmen und täglich in der Klinik für verschiedene Untersuchungen erscheinen. Inzwischen hatte sie schon wunde Einstichstellen in der Armbeuge, weil ihr so oft Blut abgenommen wurde.

Ich konnte mir nicht jedes Mal für die Termine freinehmen. Und eines Tages war es dann so weit. Sie habe auf dem Behandlungstisch gelegen und geweint, erzählte sie mir hinterher. „Warum sind Sie so traurig?“, habe der Arzt gefragt. „Für die meisten Patientinnen ist das ein freudiges Ereignis.“

„Es sollte nicht *so* passieren!“

War diesem Arzt nicht klar, dass nun nicht mehr daran zu denken war, an einem romantischen Abend das eigene erste Kind zu empfangen?

Vierzehn Tage später fiel der Schwangerschaftstest negativ aus. Zwei Versuche hatten wir noch, dann aber wäre nur noch eine Zeugung im Reagenzglas möglich gewesen.

Eines Morgens wachte ich auf. Das Bett meiner Frau war leer. Ich fand sie im Badezimmer tränenüberströmt am Boden kauernd. Ich hockte mich zu ihr und legte meinen Arm um sie. Wir schwiegen eine Weile und ließen die Stille, die uns umgab, auf uns wirken. Und wenn sie doch einmal seufzte, seufzte ich mit. Schließlich flüsterte sie: „Wie soll's nur weitergehen mit uns?“

„Wir müssen damit aufhören!“, raunte ich zurück.

„Aber wenn wir aufhören, war alles, was wir investiert haben, umsonst – das ganze Geld, die Leiden und der ganze Kummer. Es sind dann mehrere vergeudete Jahre.“

„Ich weiß, aber ich habe das Gefühl, dass wir, wenn wir weitermachen, auch noch unsere Zukunft aufs Spiel setzen. Diese Behandlungen machen süchtig wie ein Glücksspiel. Je mehr wir vergeblich investieren, desto größer wird der Druck dabeizubleiben, um am Ende doch noch einen Gewinn vorweisen zu können. Deshalb müssen wir *jetzt* aufhören, bevor wir alles verlieren.“

Wir gaben tatsächlich auf. Die endlosen Enttäuschungen hatten uns seelisch zermürbt. Jahre später erzählte mir meine Frau, dass in dem Augenblick, als ich sie in den Arm genommen und mit ihr getrauert hatte, der größte Kummer von ihr abgefallen sei. Ich hätte damals gar nichts Großartiges getan, sondern einfach nur Zeit für sie gehabt, zugehört und ihr erlaubt, das Herz auszuschütten, ohne unterbrochen zu werden.

Ich erinnerte mich. Tatsächlich hatte ich in dem Augenblick keinen einzigen Gedanken darauf verschwendet, konkrete Lösungen für ihre Nöte zu suchen. Stattdessen gab ich ihr das Gefühl, das Leid gemeinsam mit ihr zu tragen.

Wenn ich auf unsere drei ersten Ehejahre zurückblicke, wird mir bewusst, wie schwer die Zeiten manchmal waren. Wie haben wir darunter gelitten, dass sich gemeinsame Träume einfach nicht verwirklichen ließen. Aber nicht nur große Träume blieben unerfüllt. Da waren auch die scheinbar nebensächlichen Missgeschicke wie der nicht auffindbare Gurkenhobel und so manches angebrannte Essen. Doch ob große oder kleine Katastrophen: Meine Frau braucht immer dasselbe von mir. Ich muss ihr zuhören und ihr das Gefühl geben, ich würde sie mit ihrem Kummer ernst nehmen.

Diese gemeinsamen Erfahrungen spielen heute eine wichtige Rolle bei der Gestaltung unseres Familienlebens. Wir beide sind uns so nahegekommen, wie ich es zwischen zwei Menschen nicht für möglich gehalten hätte. Meine Bereitschaft, mich bei jedem Kummer mit meiner Frau zu solidarisieren, hat meiner Beziehung nur gutgetan ... und hat mir geholfen, meinen beiden adoptierten Kindern ein Vater zu sein, auf den ich selber stolz sein kann.

Billy Cuchens

Manche Menschen packen gern an und sind von Hause aus Problemlöser, besonders für die Menschen, die sie lieben. Und wenn es dann nicht klappen will, sind sie frustriert.

Aber wenn wir lieben, brauchen wir nicht immer das Patentrezept für die Problemlösung. Um zu lieben, müssen wir in vielen Fällen nur zuhören, Verständnis zeigen und Solidarität üben.

Liebe heißt in vielen Fällen, einfach zur Stelle zu sein und Interesse dafür zu zeigen, was im anderen gerade vorgeht. Nur durch Zuhören erfahren wir doch, wie der andere seine Lage erlebt. Und das erst lässt uns wirklich mitfühlen. Billy hat jedenfalls die Erfahrung gemacht, dass Liebe oft heißt, mit dem Partner den Augenblick gemeinsam zu durchleben.

Nicht immer nur ich

„Ich fühle mich wie eine Prinzessin!“, sagte ich glücklich zu meiner Freundin und Trauzeugin, während wir Hochzeitsvorbereitungen trafen. Bei einem der monatlichen Spieleabende, die sie und ihr Mann veranstalteten, hatte ich ein Jahr zuvor Dave kennengelernt. Er war damals ein fünfunddreißigjähriger Junggeselle. Ich selber war zweiunddreißig und Witwe mit drei Kindern – zwei davon noch Kleinkinder.

Freundinnen, die ihn kannten, berichteten, schon viele Frauen hätten Dave schöne Augen gemacht. Bestimmt würde er keine mit drei Kindern am Schürzenzipfel heiraten. Aber entgegen all diesen Voraussagen bekundete er eines Tages, mich heiraten zu wollen. Sieben Monate später standen wir vor dem Traualtar und gelobten, uns lieben und beschützen zu wollten.

Für mich war ganz besonders wichtig, dass Dave mich den anderen Frauen vorgezogen hatte, weil ich lange Jahre unter starken Minderwertigkeitsgefühlen gelitten hatte. Als mein erster Mann starb, waren wir gerade dabei gewesen, nach Jahren gegenseitiger Verletzungen unsere beinahe gescheiterte Ehe wiederherzustellen.

Ich hatte viel in meiner ersten Ehe gelernt und war nun fest entschlossen, alles anders zu machen als beim ersten Mal. Mir war zwar bewusst, dass auch ich einen gewissen Anteil an den ständigen Streitereien in unserer Ehe gehabt hatte. Gleichzeitig war mein verstorbener Mann für mich der Hauptschuldige an den Problemen gewesen.

Dave und mein verstorbener Mann unterschieden sich sehr. Im Gegensatz zu meinem ersten Mann war er der Macher und Problemlöser, der immer einen Plan-B für den Notfall in der Hinterhand hatte. Das bewunderte ich maßlos. So dachte ich zumindest.

Nachdem wir uns entschlossen hatten zu heiraten, nahmen die Hochzeitspläne schnell Gestalt an. In sieben Monaten sollte es so weit sein. Ich reservierte die Kapelle, engagierte den Chor und holte Preise und Vorschläge für das Hochzeitsmenü ein.

Als ich glaubte, alles beisammenzuhaben, um mit Dave die letzten Einzelheiten zu besprechen, setzten wir uns zusammen. Aber als ich ihm stolz alles vorgetragen hatte, was von mir sorgfältig erarbeitet worden war, erntete ich nicht etwa großes Lob, sondern wurde mit einer kritischen Nachfrage konfrontiert: „Und wer hat den Kirchenschlüssel, wenn wir reinwollen?"

„Das weiß ich doch jetzt noch nicht", erwiderte ich unbekümmert. „Aber ich bin sicher, dass wir bis dahin noch eine Lösung finden."

„Wir sollten es aber jetzt schon wissen, damit wir nicht vor der verschlossenen Kirchentür stehen."

„Dafür haben wir doch noch Monate Zeit. Ich kann's nicht glauben, dass du wegen einer Bagatelle so einen Aufstand machst."

Ich war fassungslos, dass Dave sich an einer solchen Kleinigkeit aufhielt. Und gleichzeitig fühlte ich mich gekränkt, denn ich verstand seine Aussage so: *Du kannst eben doch nicht gut planen!*

In unseren ersten Ehejahren kam es ein paarmal zu ähnlichen

Auseinandersetzungen. Und immer zog ich mich schmollend in dem Gefühl zurück, wieder einmal versagt zu haben.

Einmal kam Dave in die Küche, während ich ein hart gekochtes Ei in Scheiben schnitt. Er blieb stehen, schüttelte den Kopf und sagte: „Du schneidest es übrigens ganz falsch."

Wie es denn richtig gehe, erkundigte ich mich, und er führte es mir vor. Ich aber fragte mich erstaunt, wie man aus einer solchen Nebensächlichkeit eine Grundsatzfrage machen konnte.

Ein andermal hörte ich den Staubsauger summen. Ich erkundigte mich: „Schatz, was machst du?"

„Ich sauge das Wohnzimmer."

„Hattest du etwas an der Sauberkeit zu beanstanden?"

„Ich wollte dir nur helfen."

„*Ich* bin fürs Saugen zuständig. Du musst es mir nicht abnehmen", erwiderte ich verärgert und hatte schon wieder das Gefühl, versagt zu haben.

Ein weiteres Beispiel: Ich kam von der Arbeit nach Hause, und Dave fragte: „Wie war dein Tag heute?"

Ich erzählte von einem frustrierenden Erlebnis, aber anstatt mich zu trösten, erklärte er mir lang und breit, was ich alles hätte tun können. Ich hatte längst Lösungen gefunden und hatte einfach nur das Bedürfnis gehabt, mir Luft zu machen. Er aber gab mir schon wieder das Gefühl, es nicht selber zu schaffen, als er mir seine Lösungsvorschläge erklärte.

Ich wusste, dass Dave es grundsätzlich gut meinte, weil er mich liebte, aber ich *fühlte* mich nicht geliebt, sondern verletzt. Obwohl Dave so ganz anders war als mein erster Mann, waren die Gefühle, die er bei mir auslöste, oft die gleichen wie früher. Woher kam das nur?

Nachdem ich mir die jeweiligen Auslöser noch einmal vor Augen geführt hatte, wurde mir eins klar: Der gemeinsame Faktor in beiden Ehen war ich selbst! Allmählich begriff ich, dass ich alles immer auf mich bezog und viel zu persönlich nahm.

Durch mein Bemühen, gründlich zu analysieren, was in meiner Ehe passierte, rückte ich mich selber viel zu sehr in den Mittelpunkt meiner Betrachtungen. Und ich wurde immer sensibler für alle möglichen Signale aus meiner unmittelbaren Umgebung, die ich meist auch noch als Kritikäußerungen deutete. Ich vergaß allmählich, dass sich im Leben nicht alles um mich drehte. Das ist nicht die Sicht eines Erwachsenen. Kinder empfinden so. Und so schadete ich mir selber und meiner Ehe.

Ich machte mich von meinem Mann abhängig. Ich wartete immer auf sein Urteil, ob ich etwas gut gemacht hatte. Dave gibt andererseits zu, dass es seine Schwäche ist, viel zu selten zu sehen, was zur allgemeinen Zufriedenheit bereits erledigt ist. Seine ganze Aufmerksamkeit richtet sich für gewöhnlich auf das, was noch getan werden muss. Aber anstatt Daves Fähigkeit, sofort nach Lösungen zu suchen, als Vorteil zu nutzen, interpretierte ich seine Vorschläge als persönlich gemeinte Kränkung.

Dave wollte jedoch immer nur helfen, ohne dabei meinen Charakter oder meine Leistungsfähigkeit infrage zu stellen. Es wäre besser gewesen, wenn ich in Ruhe angehört hätte, was er sagte, um dann die Aussage richtig zu interpretieren.

Daves Sorge um den Kirchenschlüssel war ja grundsätzlich berechtigt. Er dachte eben voraus, ohne dabei ein Urteil über mein Organisationstalent zu fällen. Dass ich so lange Zeit vor dem Termin noch nicht an den Schlüssel gedacht hatte, hieß nicht, dass ich völlig versagt hatte. Ich hätte nur „Ach ja, stimmt" sagen und den Punkt in meine Liste aufnehmen müssen. Und das wär's gewesen. Stattdessen machte ich eine persönliche Niederlage daraus.

Wenn ich meinen Mann wirklich lieben will, muss ich ihm die Freiheit lassen, dass er mir helfen will. Er darf mir sagen, was er denkt, ohne dass ich jedes seiner Worte als persönlichen Angriff auffasse. Wenn ich meinen Mann lieben will, muss ich seine Hilfeangebote als solche annehmen und darf sie nicht umdeuten. Wenn ich ihn lieben will, muss ich aufhören, alles auf mich zu beziehen, und stattdessen seine Aussagen sachlich beurteilen.

Neulich gab ich Dave einen Textentwurf zu lesen, in dem ich eine Gemeindeveranstaltung bewarb. Ich wollte von ihm wissen, ob ich unser Anliegen verständlich in Worte gefasst hatte. Er aber kritisierte nicht etwa den Text, sondern hinterfragte den ganzen Aufbau der Veranstaltung.

Früher hätte ich mich wütend verteidigt und ihn aufgefordert, sich auf den Text zu konzentrieren. Doch diesmal hörte ich ihm unvoreingenommen und aufmerksam zu, und wir diskutierten unsere Standpunkte. Nachher verließ ich ihn, nicht vollkommen von seiner Meinung überzeugt, aber dennoch mit der Bereitschaft, mich damit zu beschäftigen.

Je länger ich darüber nachdachte, desto deutlicher wurde mir, dass Dave ein paar gute Gedanken eingebracht hatte, und ich änderte darauf das eine oder andere. Später bedankte ich mich bei ihm für seinen Beitrag und zeigte ihm, was ich aufgrund seiner Anregungen geändert hatte. Er freute sich, denn es war ein Zeichen der Zuneigung für ihn. Ich hatte ihn angehört und seine Vorschläge ernst genommen, indem ich sie übernahm, ohne dies als persönliche Niederlage zu empfinden.

Wenn ich in ähnlichen Situationen vermeide, Daves Kritik persönlich zu nehmen, öffne ich die Tür zu mehr Objektivität. Wer objektiver urteilt, dem gelingt es viel eher, über die eigenen Schwächen und die Schwächen des Partners hinwegzusehen. Gleichzeitig nehmen Respekt und Wertschätzung für den anderen zu. Und das bedeutet, den Partner noch tiefer zu lieben.

Christine McNamara

Bereits vor dreißig Jahren sprach man von der „Ich-Generation". Und grundlegend hat sich bis heute nichts geändert. Nach wie vor sind wir alle darauf aus, zuerst die eigenen Bedürfnisse erfüllt zu bekommen. Nehmen ist für uns seliger denn Geben, und so sind wir ständig auf der Jagd nach mehr und opfern dabei unsere Beziehungen, in denen unsere Wurzeln eigentlich Nahrung finden sollten.

Aber Christine hat eine wichtige Erfahrung gemacht. Sie fand heraus: „Ich bin nicht der Mittelpunkt der Welt!" Beziehungen gelingen dann am besten, wenn sich jeder aus seiner Ich-Bezogenheit löst und frei wird, auch die Perspektive des anderen mit einzubeziehen.

Damit berücksichtigt einer den anderen, und letztlich bekommen so auch wir die Aufmerksamkeit, nach der wir uns sehnen – nicht mehr durch uns selbst, sondern vom anderen. Und das bedeutet, sich geliebt zu fühlen. Nicht in uns selbst, sondern im Gegenüber erhält die Liebe Nahrung, um zu gedeihen.

Auf der Suche nach der idealen Schwiegertochter

Da lag es in meinem Arm, das kleine Bündel, und ich betrachtete es noch ein wenig benommen.

„Es ist ein Junge“, sagte die Hebamme. „Und was für einen vollen Haarschopf er hat!“

Es war sozusagen Liebe auf den ersten Blick.

Ich bin selber als eine von vier Schwestern aufgewachsen und hatte mir so sehr einen Jungen gewünscht. Und auch die Verwandtschaft war überglücklich.

Trant war der geliebte und bewunderte Mittelpunkt der Familie. Auf diese Weise in seinem Selbstbewusstsein gestärkt, wurde er zum Musterschüler in der Klasse. Er hatte viele Freunde und war ein erfolgreicher Sportler.

Schon als er ein kleiner Junge war, malte ich mir aus, welche Frau er einmal heiraten würde, und ich betete dafür. In späteren Jahren stellte er mir dann viele nette junge Mädchen vor, von denen ich die meisten mochte.

Aber so süß und liebenswürdig die Mädchen auch waren, Trant hielt es nie lange bei einer aus. Als er zu studieren begann, hatte er noch keine ernsthafte längere Beziehung gehabt.

Eines Tages erzählte er mir, er habe von einem brünetten, dunkeläugigen Mädchen geträumt. An seiner Schilderung merkte ich, wie eindrücklich dieser Traum gewesen sein musste. Ich pflichtete ihm bei, dass es womöglich irgendwo ein solches Mädchen für ihn gab.

Und dann fand er sie tatsächlich. Meine jüngere Schwester brachte sie zusammen – wieder zusammen, denn die beiden waren sich schon früher einmal begegnet, als Karen noch verheiratet war. Ihr Mann hatte sie und die beiden Töchter wegen einer anderen Frau verlassen.

Karen entsprach nicht meinen Idealvorstellungen von einer Schwiegertochter. Zunächst vermutete ich auch, dass mein Sohn von ihr angetan war, weil sie, allein gelassen mit den Kindern, so hilfsbedürftig wirkte. Aber ich hatte meinen Sohn noch nie derart bis über beide Ohren verliebt gesehen. Er hielt es kaum noch ohne Karen aus.

Die Kinder, zwei und fünf Jahre alt, waren niedlich, aber ich war immer noch nicht glücklich über diese Liebesbeziehung. Mein Sohn studierte und stand noch lange nicht auf eigenen Beinen. Wie sollte er da für eine Familie sorgen? Zu allem Unglück verlor ich auch noch in dieser kritischen Phase durch einen Infekt meine Stimme.

Eines Tages rief Trant bei uns an. Mein Mann nahm ab und teilte mir mit, dass der Herr Sohn mich sprechen wolle. Trant wusste doch, dass ich nicht telefonieren konnte. Weshalb rief er also an? Ich nahm den Hörer und pfiff hinein, denn mehr konnte ich nicht von mir geben.

„Mama“, rief Trant, „ich habe gerade Karen gefragt, ob sie mich heiraten will. Was sagst du dazu?“

Es herrschte einen Augenblick Schweigen, denn ich war im wahrsten Sinne des Wortes *sprachlos.*

„Mom, wenn du es gut findest, dann pfeif einmal, wenn du nicht einverstanden bist, zweimal.“

Ich war so überwältigt und aufgeregt, dass ich mit Mühe einen einzigen Pfiff herausbekam, den zweiten schaffte ich schon nicht mehr. Er hörte den einen und war außer sich vor Freude. „Mom, ich wusste, dass du dich freuen würdest." Dann hörte ich, wie er zu Karen sagte: „Meine Mutter findet es auch toll."

Als ich aufgelegt hatte, kamen mir die Tränen, und ich schrieb ein paar Gedanken auf den Notizblock, den ich wegen meiner Sprachlosigkeit als Kommunikationsmittel benutzte. Mein Mann verstand sofort, dass es nicht so gelaufen war, wie ich wollte. Er nahm mich in den Arm und meinte, es werde sich schon alles so entwickeln, wie es gut sei.

In der darauffolgenden Nacht wälzte ich mich unruhig im Bett und grübelte darüber nach, wie ich mit der Situation umgehen sollte. Dabei fielen mir immer mehr Gründe ein, warum eine Ehe von Trant und Karen nicht gut gehen konnte.

Am nächsten Tag fand ich mich mit der Situation ab und stimmte meinem Mann zu: Wir mussten jetzt das Beste daraus machen. Aber wie? Ich wusste es nicht.

Eines Abends fing ich an, alles aufzuschreiben, was ich als negativ an dieser Beziehung empfand. Nachdem ich ein ganzes Blatt Papier gefüllt hatte, dachte ich daran, fairerweise auch die guten Seiten ihrer zukünftigen Ehe aufzulisten. Aber mir fiel nichts ein, außer vielleicht, dass die beiden Mädchen so süß waren.

Ich beschäftigte mich nun unablässig mit der Verlobung der beiden. Ich grübelte und grübelte, wobei mir das Herz immer schwerer wurde – bis ich eines Tages auf die Positivliste schrieb: „Karen ist eine gute Mutter, sie hat brünettes Haar und dunkle Augen!"

Das war nicht gerade viel, aber immerhin ein Anfang.

Sobald ich mich entschlossen hatte, die Frau mit anderen Augen zu sehen, die mein Sohn so sehr liebte, geschah etwas ganz Unerwartetes: Ich wälzte mich nicht mehr nachts im Bett und konnte wieder viel besser schlafen.

Die entscheidende Wende in der Beziehung zu meiner zukünftigen Schwiegertochter kam kurze Zeit später an einem Sonntagnachmittag. Mein Mann und ich waren nach dem Gottesdienst noch mit einem guten Bekannten essen gewesen. Als wir heimkehrten, stand Trants Auto vor dem Haus, so wussten wir, dass er da war. Noch an der Tür rief ich, dass wir zurück seien und einen Gast mitgebracht hätten. Ich wusste in dem Augenblick allerdings nicht, dass Karen bei ihm war.

Als ich ins Zimmer trat, sah ich die beiden. Trant hatte es sich auf dem Sessel bequem gemacht, während sich Karen auf dem Sofa ausstreckte. Sie waren gerade vom Strand zurück und in entsprechender Verfassung. Karens Haar war vom Wind zerzaust, und sie war ungeschminkt. Ich bemerkte wieder, wie verunsichert sie war, und auch ich spürte einen Kloß im Hals, als ich daran dachte, sie gleich unserem Bekannten vorstellen zu müssen, der immerhin eine leitende Position am Gericht innehatte.

Da sprang Trant aus seinem Sessel auf und umarmte mich zur Begrüßung. Dann wandte ich mich zu Karen und reichte ihr die Hand, um auch sie zu begrüßen. Sie sah mich so verängstigt an wie das Kaninchen die Schlange. Aber dann überwand sie sich, stand auf, und wir umarmten uns ganz spontan. Der Knoten war geplatzt. Für mich war es ein Wunder, dass ich es geschafft hatte, sie so unbefangen in den Arm zu nehmen. Mein Mutterherz öffnete sich für sie, und ich spürte im Gegenzug ihre Zuneigung. Und jetzt war es mir auch egal, was unser Gast über sie denken mochte.

An jenem Nachmittag wurde Karen meine Schwiegertochter.

Ich half ihr gerne bei den Hochzeitsvorbereitungen, und beim Treffen der Brautführerinnen erzählte ich den Anwesenden, wie ich sie lieben und schätzen gelernt hatte.

Es kam jedenfalls ganz anders, als ich immer befürchtet hatte. Karen war für Trant kein Klotz am Bein, sondern für uns alle ein großer Gewinn. Als mein Sohn sich entschloss, noch Jura zu studieren, unterstützte sie ihn, wo sie konnte. Trant schloss mit Bestnoten ab, und bei der Examensfeier stand Karen an seiner Seite, was geradezu symbolisch wirkte. Ohne sie hätte er es kaum geschafft.

Letzten Januar feierten sie ihren zwanzigsten Hochzeitstag, und inzwischen bin ich so froh, dass ich noch rechtzeitig aufgewacht bin und begriffen habe, dass es mir nicht zustand, für meinen Sohn eine Ehefrau auszusuchen. Es war allein seine Entscheidung. Und ... er scheint ja auch einen guten Geschmack zu haben.

Ann Varnum

Wir können die Entscheidungen, die geliebte Menschen treffen, nicht ändern oder verhindern. Das gilt besonders für unsere Kinder, wenn sie erwachsen werden und sich für einen Ehepartner entscheiden. Aber wir können dafür beten, dass sie richtige und gute Entscheidungen fällen.

Wird uns der oder die Auserwählte vorgestellt, sollten wir uns bemühen, die fremde Person vorbehaltlos mit den Augen die Liebe zu sehen.

Manchmal müssen wir einfach nur darauf vertrauen, dass der von uns geliebte Mensch weiß, was er tut. Und in den meisten Fäl-

len wird unser Vertrauen auch belohnt. Wer zum Sinneswandel bereit ist, erlebt so manche schöne Überraschung.

Komplimente in der Silberdose

Mein Mann war kaum zur Tür hereingekommen, als schon wieder die Fetzen flogen. Ich weiß nicht mehr, worum es konkret ging, aber ich erinnere mich noch gut an meine Reaktion.

Der Satz, den ich ihm entgegenschleuderte, brannte mir schon den ganzen Tag auf der Zunge, weil ich ihn seit unserem Streit über die Stromrechnung am Morgen hundertmal in Gedanken wiederholt hatte:

„Wenigstens einen Tag möchte ich mal Klient bei dir sein!"

Wenn Rodney doch einmal begriffen hätte, dass seine Klienten genau das bekamen, wonach ich mich sehnte: ein offenes Ohr, ein mutmachendes Wort, guten Rat, Solidarität und Beistand. Hätte er es begriffen, dann hätte sein schlechtes Gewissen ihm zu schaffen gemacht, weil er meine Bedürfnisse so schmählich ignorierte, hoffte ich.

Er kniff die Augen zusammen und musterte mich prüfend.

„Was soll das heißen?", fragte er streng.

Ich hasse es, wenn mein Mann auch zu Hause den Staatsanwalt spielt und mich als Zeugen vernimmt.

Ich stemmte die Hände in die Hüften. „Dann würdest du mich respektvoller behandeln!"

Er schüttelte den Kopf. „Ich gerate von einem Kriegsgebiet ins andere, wenn ich von der Arbeit nach Hause komme. Es ist zum Verzweifeln."

Ich hatte keine Zeit, mir eine Antwort zu überlegen, denn er fügte schnell noch hinzu: „Ich bin dann mal weg zum Golfen." Und schon war er fort.

Wir waren mit unserer Ehe an einen toten Punkt geraten: Je mehr Rodney meine Bedürfnisse ignorierte, desto öfter beschwerte ich mich, und je öfter er sich mir entzog, desto öfter bestrafte ich ihn. Dann jedoch beklagte er sich über meine mangelnde Bereitschaft, hinter ihm zu stehen. Aber begriff er denn gar nicht, dass man einem Mann wie ihm nicht zur Seite stehen konnte? Ich seufzte. Glücklicherweise waren unser Kinder gerade nicht da.

Am nächsten Tag war ich mit einer Freundin zum Essen verabredet. Natürlich dauerte es nicht lange, bis ich auf meine Eheprobleme zu sprechen kam und mein Herz bei ihr ausschüttete.

Joy hörte mir schweigend zu und bot an, für mich zu beten, nachdem ich all meinen aufgestauten Zorn losgeworden war. Ich stimmte seufzend zu und ließ es über mich ergehen, ohne genau hinzuhören, was sie sagte. Nur ein Satz von ihr blieb mir im Gedächtnis haften: „Herr, gib Pam die Kraft, ihrem Rodney Worte der Ermutigung in einer Silberdose zu reichen."

Ich hatte keine Zeit mehr, mich nach dem Sinn dieses Rätselwortes zu erkundigen. Ich verabschiedete mich und suchte mein Auto auf dem Parkplatz. Aber dieser seltsame Satz ging mir nicht mehr aus dem Sinn. Er war wie ein Samenkorn, das auf fruchtbaren Boden fällt. Ich begann zu hoffen, dass es ein Leben jenseits meiner gegenwärtigen Probleme gab.

Ich entschloss mich, eine richtige Silberdose zu suchen und sie mit anerkennenden Worten zu füllen. Auch wenn ich noch nicht wusste, ob ich mich würde überwinden können oder überhaupt eine passende Dose fand, war es den Versuch wert.

„Ich will mich in Zukunft wieder mehr mit Daddy vertragen", sagte ich zu meinen drei Töchtern, nachdem sie eingestiegen waren.

Der verdiente so was doch gar nicht, war ihre einstimmige Meinung, und sie verstärkten damit nur noch meinen Wunsch, einen Rückzieher von meiner spontanen Idee zu machen. Die monatelangen Auseinandersetzungen zu Hause hatten uns erschöpft, und ich war mir nicht sicher, ob ich das Richtige tat.

Es fiel mir schwer, meinen Stolz zu überwinden, aber ich sagte mir immer wieder: *Du musst es nicht tun, wenn du nicht wirklich willst. Aber wenn du es tust, sei geduldig mit dir. Es ist ein Experiment – das durchaus einen guten Ausgang für uns alle nehmen kann.*

Ich erklärte meinen Töchtern, was ich vorhatte, und parkte schließlich vor einem Geschenkladen. „Kommt doch mit rein und helft mir aussuchen", sagte ich. Die Zwillinge hatten keine Lust. Nur meine Zehnjährige wollte mitkommen.

„Sieh mal, Mama, da ist eine!" Lindsay deutete auf eine Dose, die auf einem Tisch voller Dekoartikel stand. Und schon war sie fort in der Spielzeugabteilung.

Ich fand auf meinem Rundgang noch fünf weitere Silberdosen. Die waren jedoch alle mit rotem Samt ausgekleidet. Nein, das wollte ich nicht. Die Farbe erinnerte mich viel zu sehr an das, was ich aufzugeben bereit war – meinen Wunsch nach Rache, auf die ich bislang ein Recht zu haben glaubte.

Ich schüttelte den Kopf, der wieder voller düsterer Gedanken war. Lohnte sich das alles für meinen stets schlecht gelaunten Mann?

Aber da war ja noch die Dose, die meine Tochter mir anfangs

gezeigt hatte! Sie war als Einzige mit weißem Samt ausgekleidet. Die sanfte Farbe passte viel besser zu dem, was ich hineinlegen wollte, nämlich viele, viele Freundlichkeiten.

Zu Hause angekommen, stellte ich die Dose auf meinen Schminktisch, und ich fragte mich, ob ich das Ganze wohl erst üben müsste. So angespannt war die Lage bei uns. Das Vorhaben, einen Mann zu loben, der einem das Leben so sauer machte, bedurfte wahrscheinlich zur Ausführung eines Wunders. Lange blieb das Zettelchen leer, auf das ich etwas schreiben wollte. Aber schließlich notierte ich: „Ich freue mich immer, wenn du mir den Wagen volltankst."

Ich legte den Zettel in die Dose und entschloss mich, es Rodney zu erklären, sobald wir allein wären. Ich wollte vermeiden, dass die Mädchen wieder verächtlich mit den Augen rollten.

Dann nahm ich allen Mut zusammen und sagte ihm, was ich aufgeschrieben hatte. „Danke, dass du es bemerkt hast", erwiderte er.

Es klang so freundlich, dass ich eine Gänsehaut bekam.

Als ich abends im Bett lag, las ich vor dem Einschlafen einen Bibelvers. Ich war auf Epheser 4,29 gestoßen: „Redet auch nicht schlecht voneinander. Was ihr sagt, soll für jeden gut und hilfreich sein, eine Wohltat für alle." Mit einem Lächeln drehte ich mich auf die Seite, und mit einem Dankeschön im Herzen schlief ich sofort ein.

Ein Jahr lang füllte ich die Silberdose mit vielen anerkennenden und lobenden Worten. Rodney wusste nichts davon, aber weil ich ihm alles auch mündlich sagte, veränderte sich allmählich seine Einstellung zu mir. Es schien ihm gutzutun, was ich ihm täglich mit auf den Weg gab. Auch die Mädchen bemerkten die Veränderung, und Friede kehrte allmählich in unser Haus ein.

Ich schrieb und schrieb, bis die Dose überquoll. Dieser Anblick berührte mein Herz. Und ich durfte inzwischen hoffen, dass mein Experiment gelingen würde.

Wenn ich zwischendurch mit Rückschlägen zu kämpfen hatte, nahm ich mir meine Zettel vor, um mir selber wieder Mut zu machen.

Zu Silvester überreichte ich Rodney feierlich die Dose, und er begann sofort, jeden einzelnen Zettel zu lesen. Es waren immerhin zweihundert geworden, und er kam aus dem Staunen nicht mehr heraus. Von der Dose hatte er die ganze Zeit nichts mitbekommen – aber von meinem veränderten Wesen durchaus!

Pamela Dowd

Worte haben Macht, und Komplimente erst recht! So sagt denn auch die Bibel, gute Worte seien wie goldene Äpfel auf einer silbernen Schale (Sprüche 25,11).

Ein einziges nettes Wort mag noch nicht die Welt bewegen, aber wenn man eins ans andere fügt – möglichst täglich –, dann wachsen sie zu einem Bollwerk gegen alle negativen Entwicklungen in einer Beziehung.

Wie Pamela erfahren hat, ist es entscheidend, dass man es ernst meint. Ein paar unverbindliche Schmeicheleien werden schnell durchschaut, und das verstärkt eher noch das Misstrauen beim anderen. Aber wenn wir uns verletzlich machen, konkret werden und bei der Wahrheit bleiben, dann ist unser Lob höchst willkommen.

Sie wissen gar nicht, womit Sie anfangen sollen, Komplimente zu machen? Nun, etwas so Banales wie „Ich freue mich, wenn du tanken fährst" wird Ihnen vielleicht doch einfallen. Und Pamela hat die Erfahrung gemacht, dass es auch noch wirkt!

Eine Frühlingstulpe in frostigem Boden

Mit einundzwanzig heiratete ich meinen Freund Jack. Wir hatten uns auf dem College kennengelernt, und ich liebte ihn wegen seines Humors, seiner Zuverlässigkeit und seines unbekümmerten Wesens. Er war früher der Klassenclown gewesen, und er brachte mich jeden Tag zum Lachen. Der Humor war sein Markenzeichen. Gleichzeitig war er verlässlich und treu, zwei Eigenschaften, die für mich besonders wichtig waren, weil ich aus einem zerbrochenen Elternhaus kam. Ich war der Überzeugung, meine Liebe zu ihm würde ewig halten, aber wir waren damals noch sehr jung, und unsere Zuneigung gründete auf unrealistischen Erwartungen.

Als wir sieben Jahre verheiratet waren, bemerkte ich, wie sich mein Mann zu verändern begann – vom selbstbewussten Charmeur zu einem Miesepeter, mit dem man alltags kaum noch zurechtkam und der mir immer fremder wurde. Mit diesen Veränderungen schwand auch meine Liebe zu ihm.

Wir waren von Kalifornien nach Spokane gezogen, wo wir unsere Familie gründen wollten. Wir hatten zwar noch keine Ahnung, wo Jack arbeiten würde, aber wir hatten genug Geld gespart, um mehrere Wochen ohne sein Einkommen zu überstehen. Außerdem erwarteten wir voller Zuversicht, dass er schon etwas finden würde.

Aber da täuschten wir uns.

„Sie sind überqualifiziert“, hörte er immer wieder von den Personalchefs, wenn sie seine Diplome in Psychologie und Theologie in der Bewerbungsmappe sahen. Es gab kein einziges Stellenangebot, bei dem er seine Ausbildung hätte gebrauchen können. Manche Chefs scheuten sich, ihn einzustellen, weil sie damit rechneten, er werde gehen, wenn er etwas Besseres fände.

Je mehr Absagen kamen, desto einsilbiger wurde Jack. Oft wanderte er rastlos grübelnd durchs Haus und sprach mit keinem von uns ein Wort.

Wenn unsere Dreijährige fragte: „Daddy, spielst du was mit mir?“, fuhr er sie an: „Stör mich nicht, ich denke nach.“ Die Kleine wusste nicht, wie ihr geschah. Früher hatte er doch immer gern mit ihr herumgetobt und gespielt.

Erkundigte ich mich, ob er mir erzählen wolle, was ihn belaste, bekam ich schroff zur Antwort: „Mich belastet gar nichts!“ Oder: „Ich will nicht drüber reden.“

Schlug ich einen gemeinsamen Ausflug der Familie vor, bekam ich zur Antwort: „Ach nein, lass mal lieber. Fahrt ohne mich raus.“

Jacks ewig schlechte Laune begann auch mir aufs Gemüt zu schlagen, und es entwickelte sich ein tiefer Groll gegen ihn. Schließlich hatte ich ihm schon viele Vorschläge gemacht, was er arbeiten könnte!

„Weißt du, Schatz“, hatte ich eines Tages zu ihm gesagt, „du könntest doch notfalls Staubsauger verkaufen. Die suchen immer Mitarbeiter.“

Aber es war kaum ausgesprochen, da fiel mir ein, dass er schon früher seine Abscheu vor dem Klinkenputzen geäußert hatte.

Auch auf geistlicher Ebene versuchte ich ihm Mut zu machen.

„Du bemühst dich, das alles ganz allein zu stemmen“, sagte ich und hoffte, er werde wieder mehr Gott vertrauen und zuversichtlicher werden.

Als aus Wochen Monate wurden, machte mir sein Verhalten immer mehr zu schaffen. Jack war längst nicht mehr der fröhliche, liebevolle Mann, den ich geheiratet hatte. Eine eisige Kluft tat sich zwischen uns auf, und zu allem Übel waren wir mittlerweile zwei Monatsmieten im Rückstand. Unsere Ersparnisse waren aufgebraucht.

Ich wusste keinen Ausweg mehr und bemühte mich, den Gedanken an eine Scheidung weit wegzuschieben. Ich wollte Jack nicht verlassen, aber ich wollte auch nicht bei ihm bleiben. Allein der Gedanke, mich scheiden zu lassen, machte mich sehr traurig. Meine Mutter war dreimal verheiratet gewesen, und ich hatte noch die Bemerkung des einen Scheidungsrichters im Ohr, dass auch ich, statistisch gesehen, mit einer Scheidung rechnen müsse. „Sie werden es kaum vermeiden können“, hatte er mir mit auf den Weg gegeben.

Für mich war Scheidung wie ein kleiner Tod, ein schwarzer, leerer Raum ohne Licht und Leben. Ich hatte bei meinen Eltern erlebt, was Scheidung bedeutet, aber ich konnte mir auch nicht vorstellen, mein Leben mit jemand zu verbringen, den ich nicht mehr liebte.

Eines Nachmittags, als ich richtig niedergeschlagen war, kam meine Nachbarin vorbei. Wir hatten uns schon oft im Garten unterhalten. Peg war seit vielen Jahren verheiratet, und wir hatten häufig über Ehe und Familie gesprochen. Sie war zu einer mütterlichen Freundin und Ratgeberin für mich geworden.

Wir setzten uns an den Küchentisch. Ich goss uns Tee ein, und wir beide schwiegen ein Weilchen. Dann fragte Peg: „Und wie geht's so, Gena? Ich meine: Wie geht es dir *wirklich*?“

Ihre Worte ermutigten mich, das Herz bei ihr auszuschütten, und so kam ich gleich zur Sache: „Ich weiß nicht, was ich tun soll, Peg. Ich liebe Jack nicht mehr!"

„Ach das", sagte sie, und ich fühlte mich gekränkt, weil es sich nach wenig Anteilnahme anhörte.

Aber Peg legte ihre Hand auf meine und fuhr fort: „Gena, ich habe von euch beiden einiges mitgekriegt. Was du da gerade mit Jack erlebst, ist nichts Ungewöhnliches oder Unerwartetes. Ich habe es durchgemacht und viele andere Frauen auch."

„Aber bei uns ist das ganz anders", protestierte ich.

„Nein, meine Liebe, das denke ich nicht." Und dann erteilte mir Peg die weiseste Lektion über die Liebe, die ich je gehört hatte. „Die menschliche Liebe ist etwas Lebendiges, das sich stetig wandelt", begann sie. „Sie verändert sich, indem *wir* uns verändern, und manchmal tragen wir auch bewusst dazu bei. Wir legen zum Beispiel plötzlich Bedingungen fest wie: *Ich liebe dich nur, wenn du meine Erwartungen erfüllst.*"

Ich fragte mich plötzlich, ob mir die Liebe zu Jack abhandengekommen war, weil er nicht mehr der gut gelaunte Spaßvogel von früher war, den ich einmal geheiratet hatte.

„Aber es gibt eine Liebe, die sich niemals wandelt", fuhr Peg fort. „Und genau diese Liebe braucht ihr jetzt in eurer Ehe."

„Was für eine Liebe ist das?", fragte ich, neugierig geworden.

„Es ist Gottes Auferstehungsliebe. Wenn unsere menschliche Liebe am Ende ist, trägt seine göttliche Liebe uns durch."

Bevor Peg ging, legte sie mir ans Herz, zu beten und Gott zu bitten, mir seine Liebe für Jack zu schenken. Zuvor aber müsste ich bereit sein, Gott zu vertrauen und darauf zu warten, was er tun kann. Ich sollte auch versuchen, Jack mit Gottes Augen zu sehen – mit viel Verständnis, Freundlichkeit, Nachsicht und Vergebung.

Sobald ich allein war, sprach ich laut ein sehr einfaches Gebet: „Gott, ich bitte dich, mir *deine* Liebe für Jack zu schenken."

Einige Stunden später kam Jack nach Hause, und ich sah ihm sofort an, wie enttäuschend dieser Tag wieder verlaufen war. *Wer hat ihm diesmal zugesetzt? Wie erniedrigt und gemobbt mag er sich gerade fühlen?*

Zum ersten Mal seit Wochen konnte ich ihm ins Gesicht sehen, ohne seinem Blick ausweichen zu müssen. Und ich spürte tief in mir drinnen eine Wärme aufsteigen – wie es mir auch geht, wenn ich die ersten Frühlingstulpen im frostigen Boden sehe, wie sie einen kleinen Hof im Schnee bilden und sich hartnäckig der Sonne entgegenstrecken.

Von diesem Tag an, davon war ich überzeugt, veränderte sich Jack. Was ich damals allerdings noch nicht durchschaute, war die Tatsache, dass ich es war, die sich veränderte. Ich hatte aufgehört, ihm meinen Willen aufzuzwingen und ihn so zu beeinflussen, dass er meinen Erwartungen entsprach. Ich ließ ihn gewähren. Er sollte seinen eigenen Weg finden, ohne von mir ständig kritisiert zu werden. Ich konzentrierte mich stattdessen darauf, mich um die Kinder zu kümmern, und tat mein Bestes, ihm den Rücken zu stärken. Ich betete unaufhörlich zu Gott, er möge meinen Mann behüten.

Etwa eine Woche später, als wir gerade noch fünf Dollar in der Kasse hatten, rief Jack die Kinder und mich zusammen, und wir setzten uns vor den Kamin im Wohnzimmer.

„Ich möchte euch etwas vorlesen", verkündete er. „Ihr sollt wissen, was ich getan habe." Und während unser Einjähriger auf meinem Schoß herumzappelte, las Jack einen Abschnitt aus Matthäus 6,25-26: „Sorgt euch nicht um euren Lebensunterhalt, um Essen, Trinken und Kleidung ... Seht euch die Vögel an! Sie säen nichts, sie ernten nichts und sammeln auch keine

Vorräte. Euer Vater im Himmel versorgt sie. Meint ihr nicht, dass er sich um euch noch viel mehr kümmert?“

Er legte die Bibel auf den Tisch und sagte: „Also, Gott im Himmel, ich werde dir ab jetzt vertrauen, dass du das Beste für uns alle tust, denn das ist deine Verheißung, auf die ich mich verlassen darf. Ich habe mich angestrengt und alles ausprobiert, um eine Arbeit zu finden. Aber es war ohne Erfolg, und ich habe keine Ahnung, wie es weitergehen soll. Ich weiß, dass du für uns sorgst, und solange ich deine Pläne noch nicht kenne, werde ich so tun, als hätte ich Urlaub, und die freie Zeit mit meiner Familie genießen.“

Nach dieser Ankündigung blickte er in die Runde – und lächelte zum ersten Mal seit Monaten.

Am nächsten Morgen zeigte seine mutige Erwartung, dass Gott sich letztlich kümmern werde, bereits Wirkung. Jack wollte sich noch einmal nach Arbeit umsehen. Später erzählte er uns, dass er während der Fahrt gebetet habe: „Gott, leite du mich. Ich weiß nicht, wohin ich fahren soll.“ In dem Moment fiel sein Blick auf eine Werbetafel von einer Arbeitsvermittlung, die er bisher nicht aufgesucht hatte. Er fuhr hin, und hinter dem Schreibtisch, zu dem er gewiesen wurde, saß ein ehemaliger Studienfreund, den er seit Jahren nicht mehr gesehen hatte.

Jack hat inzwischen seit sechsunddreißig Jahren einen festen Job und ernährt seine stetig gewachsene Familie. Momentan finanziert er die College-Ausbildung seiner vier Kinder, damit sie selber einmal einen guten Beruf ausüben können. Mittlerweile hat man ihn auch in eine Position befördert, die seinem Studienabschluss entspricht. Er betreut Menschen, die plötzlich in ihrem Leben aus der Bahn geworfen wurden und auf Unterstützungen angewiesen sind.

Inzwischen sind wir Großeltern, und unsere Ehe ist schöner

denn je. Liebe, Lebensfreude, Fröhlichkeit und Treue sind dabei Früchte einer wichtigen Erkenntnis: Gott liebt uns beide vorbehaltlos. Und wir können einander unsere Fehler verzeihen, weil Gott uns zuvor vergeben hat. Wir selber brauchten nicht viel zu tun, außer den Vater des Lebens darum bitten, aus einer toten Beziehung etwas ganz Neues zu machen.

Wir als Familie haben die übernatürliche Kraft der Auferstehungsliebe Gottes kennengelernt, eine Liebe, die in den Jahren unserer Ehe stetig gewachsen ist. Und jede Hürde, die wir zu überwinden hatten, gab uns die Gelegenheit, zu üben, wie man auf Gottes Art liebt.

Immer wenn Sie glauben, mit Ihrer Liebe am Ende zu sein, sollten Sie anfangen, auf ganz neue Art zu lieben. Und Peg würde in einem solchen Fall sagen: „Es ist höchste Zeit, sich an die Liebe zu wenden, die sich niemals wandelt – nämlich Gottes Liebe."

Gena Bradford

Wie in der Natur draußen gibt es in unseren Beziehungen Jahreszeiten. Da kommen trockene heiße Sommer vor, in denen vieles zu verdorren droht. Dann wieder ist üppige Erntezeit, und wir haben viel Grund zu danken und zu feiern. Oder es wird kalt in unseren Beziehungen, und es fällt schwer, das Feuer am Brennen zu halten. Dann fürchten wir zuweilen, den Kältetod zu sterben.

Aber wenn wir rechtzeitig Liebe gesät haben, dürfen wir die Hoffnung haben, dass unsere Beziehung den nächsten Frühling erlebt und sich wie eine Tulpe im eisigen Boden zu neuer Blüte entfaltet.

Auch wenn eben noch ein eisiger Ostwind unsere Liebe bedroht … so kann es schon morgen wieder Frühling werden!

Zeit war alles, was sie brauchte

Am Tag unserer Silberhochzeit ließ mich mein Mann allein, damit ich mich um seine 93-jährige Mutter kümmerte. Seit zwei Jahren lebte sie nun schon bei uns, und hin und wieder hatte es Tage gegeben, an denen es nicht ganz so schwer mit ihr war. Ich hatte ihr wie jeden Morgen das Frühstück gebracht, das Bett aufgeschüttelt und schnell die gebrauchte Wäsche vom Stuhl genommen, damit sie sie nicht wieder anzog.

„Grandma, die Schwester kommt in einer Stunde. Sie wird dich baden."

„Ich brauche niemanden, der mich badet", fuhr sie mich an. „Wenn du meinen Sohn nicht verführt hättest, dich zu heiraten, müsste ich das hier nicht ertragen."

Meine Augen wurden feucht. Ich wandte mich ab von der alten Frau mit dem schlohweißen Haar und den tiefen Runzeln im Gesicht und öffnete ihren Schrank. „Welches Kleid willst du heute anziehen? Dein Lieblingskleid habe ich übrigens gewaschen."

„Du solltest dir wenigstens ein bisschen Mühe geben, nett zu mir zu sein. Aber ich kenne keine andere Frau, die ihre Schwiegermutter so bevormundet. Du kannst mich nicht zwingen, ein Bad zu nehmen."

Mehr hörte ich mir nicht an. Ich zog mich ins Bad zurück, und mein Selbstmitleid öffnete alle Tränenschleusen. „Herr, ich habe doch alles Menschenmögliche getan, damit diese Frau mich mag. Was soll ich jetzt noch machen?“

Ich trocknete meine Tränen, brachte mein Make-up in Ordnung und ließ die Schwester ein. Ihre Besuche nutzte ich, um Besorgungen zu machen und endlich einmal dieser düsteren, depressiven Atmosphäre zu entkommen.

Beim Lebensmittelhändler brachte mich die gute Laune meiner Freundin Tammy noch einmal zum Weinen.

„Wie läuft's mit Grandma?“, fragte sie besorgt, als sie mich sah, und reichte mir ein Papiertaschentuch. „Ich brauche wohl nicht zu fragen. So schlimm?“

„Heute haben wir 25-jährigen Hochzeitstag, da müsste man doch an alles gewöhnt sein, was diese Schwiegermutter an Gift und Galle speit.“

„Du bist ganz schön tapfer.“

„Von wegen tapfer. Ich bin egoistisch und denke manchmal schon an die Zeit, wenn es vorüber ist. Aber die ist so zäh, dass sie uns alle überleben wird.“

Tammy lachte.

Als ich den Laden verließ, dachte ich daran, wie alles angefangen hatte.

„Mutter möchte dich kennenlernen“, hatte Gary eines Tages verkündet und mich am darauffolgenden Sonntag mit zur Kirche genommen.

„Mom, das ist Kathy“, sagte er, als wir uns vor dem Eingang begegneten. „Ich fahre schnell den Wagen auf den Parkplatz.“

So stand ich, ein schüchternes junges Mädchen, allein mit der einen guten Kopf größeren eleganten Dame, und ihre strenge Erscheinung verunsicherte mich noch zusätzlich.

„Nun, da mein Sohn offensichtlich fest entschlossen ist, Sie auch weiterhin zu treffen, sollten wir uns vernünftigerweise anfreunden", sagte sie kühl und streckte mir die Hand entgegen, ohne den Handschuh auszuziehen. „Von jetzt an werden wir eben gemeinsam zur Kirche gehen."

„Gewiss, Ma'am."

„Kommen Sie nächsten Sonntag zum Essen zu mir!"

„Gern, Ma'am."

Es gab das früher übliche Sonntagsessen – Schmorfleisch mit Karotten, Kartoffeln und selbst gemachten Nudeln. Mrs Crawfords Apfelkuchen zum Nachtisch sah nicht nur appetitlich aus, sondern schmeckte auch ganz vorzüglich, und ich wusste sofort, dass ich dieser Frau als Köchin niemals das Wasser würde reichen können. Schüchtern, wie ich damals noch war, bekam ich außer „Danke" und „Bitte" kaum ein Wort heraus.

Gary und ich heirateten zwei Jahre später, und wir hörten von einem Freund aus der Gemeinde, Garys Mutter habe geäußert, ich sei nicht die Richtige für ihren Sohn. Und sie würde jede Wette eingehen, dass unsere Ehe kein halbes Jahr hielte.

Als wir acht Monate verheiratet waren, zogen Gary und ich 800 Meilen fort von ihr.

Ich habe es niemals über mich gebracht, sie Mom, Mama oder Mutter zu nennen und schon gar nicht, sie mit ihrem Vornamen anzusprechen. Und als dann unser erstes Kind geboren wurde, hatte ich einen Vorwand, sie etwas unverbindlicher als „Grandma" zu bezeichnen.

Grandma hatte sieben Söhne, aber mein Mann war ihr Liebling. Alle Söhne waren verheiratet, und Ann, eine ihrer Schwiegertöchter, mochte sie ganz besonders. Ständig lobte sie sie in höchsten Tönen wegen ihrer Kochkünste, wie sehr sie ihren Haushalt in Schuss hielte und was für eine gute Ehefrau und Mutter sie doch sei.

Doch was immer *ich* tat, kam nie an das heran, was Ann leistete. Auch ich führte meinen Haushalt ordentlich und kochte ganz passabel, aber nicht ein einziges Mal bekam ich ein Lob von Grandma.

Sie erwähnte einmal, dass sie ein bestimmtes Parfüm besonders mochte. Ich schenkte es ihr daraufhin, fand aber nach Jahren das ungeöffnete Fläschchen.

Als sie eines Tages die Bemerkung fallen ließ, ihre Tasche sei schon ziemlich abgenutzt, kaufte ich ihr eine neue. Zwei Jahre später bekam ich sie, offensichtlich wenig getragen, zu Weihnachten geschenkt. Als die Mode längere Röcke einführte, erwähnte sie, wie schick sie die fände. Also holte ich meine Nähmaschine hervor und schneiderte ihr einen. Zweimal hatte sie ihn wohl an, dann aber brachte sie ihn mir zurück.

„Der gefällt mir doch nicht", sagte sie, und ich war tief bestürzt über so viel Undankbarkeit.

Als Grandma rund um die Uhr gepflegt werden musste, wollte keiner der Söhne sie in ein Heim abschieben, aber um sie kümmern wollte sich auch niemand. Da Gary Pastor war und wir ein paar kleine Zimmer im Gemeindehaus bewohnten, hätte auch ich allen Grund gehabt, mich aus der Affäre zu ziehen, aber was hörte ich mich stattdessen wieder sagen? „Wir kriegen das schon irgendwie hin."

Wir ahnten nicht, wie alleingelassen sich Grandma nachts im Erdgeschoss fühlte, während wir im ersten Stock schliefen. Gleich in der ersten Nacht hörte ich ihr schweres Atmen, war total verunsichert und holte vorsichtshalber den Notarzt, was sich hinterher als unnötig herausstellte.

Noch viele Nächte verbrachte ich bei Grandma auf der Doppelbettcouch im Wohnzimmer. Ich lag dösend auf meiner Seite, während sie aufrecht saß und aus ihrem Leben erzählte – zuerst aus ihrer Kindheit und nach mehreren Zeitsprüngen von den Hunden, die ihre Söhne im Laufe der Jahre besessen hatten. Oft war ich so todmüde, dass ich nur gelegentlich etwas brummte, um ihr das Gefühl zu geben, sie sei nicht allein. Und sie bedankte sich jedes Mal.

Da es sich Grandma in unserem Wohnzimmer eingerichtet hatte, bekam sie Gelegenheit, mit jedem Besucher aus der Gemeinde ein Schwätzchen zu halten. Die meisten von ihnen erlebten sie als nette und freundliche Grandma, mir aber entgingen ihre wohl platzierten Sticheleien durchaus nicht.

Zu unserer Silberhochzeit nahm sie noch einmal Bezug auf ihre Bemerkung vor unserer Hochzeit: „Ich hätte nicht gedacht, dass ihr's so lange miteinander aushaltet."

Als ich danach mit Gary allein war und, an seine Schulter gelehnt, mein Herz ausschüttete, klagte ich: „Weißt du, ich verstehe nicht, warum sie mich so ablehnt. Ich tue doch alles, um ihre Zuneigung zu gewinnen."

„Hör vielleicht einfach mal auf, etwas zu *tun*. Sei einfach du selbst", erwiderte er.

Also versuchte ich, über meine verletzten Gefühle hinwegzusehen und einfach nur freundlich zu ihr zu sein. Ich sah mir ihr zuliebe *Glücksrad* im Fernsehen an, ich machte für sie Besorgungen und fädelte ihr Nadeln ein, damit sie etwas handarbeiten konnte. Sie stickte nämlich für ihre Söhne unablässig Kissenbezüge.

Eines Morgens fühlte sie sich nicht wohl. Wir gingen zum Arzt, doch der meinte, für eine über Neunzigjährige sei sie noch ziemlich fit. Vielleicht habe sie einen leichten Schlaganfall gehabt. Das könne dann beim nächsten Mal schlimmer ausgehen.

Zwei Tage lang konnte niemand in der Familie sie überreden,

etwas zu essen. Ich kaufte Sachen für ihr Lieblingsessen ein und bereitete es zu. Und dann aß sie wieder. Wir alle saßen um ihr Bett herum, während sie es sich schmecken ließ und wie immer von früher erzählte. Dann schenkte sie mir ein Lächeln und sagte: „Danke übrigens. Das war das beste Essen, das du je gekocht hast."

Ich weiß nicht, ob sie es ironisch gemeint hatte, aber ich nahm es einfach als nettes Kompliment für mich an.

Am nächsten Morgen fanden wir sie tot im Bett.

Kurz darauf besuchten wir Garys Brüder. Wir kamen in großer Runde ins Gespräch, und alle meine Schwägerinnen bekannten, dass sie immer eifersüchtig auf mich gewesen seien. „Andauernd mussten wir uns anhören, wie gut du kochst, backst und nähst. Und was für tolle Geschenke du ihr machen würdest. Sie hat immer haarklein berichtet, wann du ganze Nächte an ihrem Bett gewacht hast. Du hast wirklich einen Stein bei ihr im Brett gehabt."

„Ihr macht euch über mich lustig, oder?", rief ich irritiert.

Bei diesem Besuch erfuhr ich einiges über die Familiengeschichte von Gary, und mir wurde klar, wie wenig ich über meine Schwiegermutter gewusst hatte. Das machte mich tieftraurig. Ich lernte sie erst schätzen, nachdem sie gegangen war.

Weil ich mich von ihr angenommen fühlen wollte, beschenkte ich meine Schwiegermutter unablässig und tat ihr so manchen Liebesdienst. Sie aber sehnte sich nach etwas ganz anderem: Sie war glücklich, wenn wir Zeit mit ihr verbrachten.

Vermutlich habe ich ihre Liebessprache zu spät erkannt. Ich weiß auch nicht, ob wir je echte Freundinnen geworden wären, aber wenigstens habe ich nach ihrem Tod noch eine wichtige Erkenntnis gewonnen: Grandmas Lieblingssohn, mein Mann, braucht genauso wie sie meine Zeit und Zuwendung! Nach allem, was zwischen uns gestanden hat, hat sie mir am Ende doch noch gezeigt, welche Umwege die Liebe manchmal geht.

Katherine J. Crawford

„Hör vielleicht einfach mal auf, etwas zu tun. Sei einfach du selbst." Diesen Rat gab Gary seiner Frau Katherine. Wir leben in einer Welt, in der die Macher-Typen, die sich für etwas abarbeiten, höchstes Ansehen genießen. Und so kommt es, dass wir glauben, uns auch die Liebe durch Einsatz erarbeiten zu können. Dabei mühen wir uns manchmal bis zur Erschöpfung ab, nur um wahrgenommen zu werden. Wir sind so sehr um den Mitmenschen bemüht, dass uns am Ende die Zeit fehlt, den anderen wirklich kennenzulernen und Freude am Miteinander zu empfinden.

Dabei wollen doch auch wir häufig genug gar nicht, dass andere ständig wie fleißige Bienen um uns herumschwirren und uns zu Diensten sind. Wenn wir ehrlich sein könnten, würden wir uns so manches Mal eher wünschen, dass sie einfach nur Zeit für uns erübrigten.

Hören wir also auf, immer zuerst etwas für die Liebe zu leisten. Seien wir stattdessen jemand, der einfach nur liebt.

Der Tag, an dem er meinen Tod in Kauf nahm

Ich hatte keine Ahnung, wie sehr mein Mann mich liebte – bis er betete, ich möge sterben dürfen.

Bruce hat mich immer geliebt, aber ich habe seiner Liebe nicht getraut. Ich hatte zuvor schon meine Mutter geliebt, doch die war in regelmäßigen Abständen verschwunden. Als ich neun Jahre alt war, verschwand sie vier Wochen vor Weihnachten und kam erst Monate später nach Hause. Niemand wusste, wo sie sich aufhielt oder ob sie noch lebte. Meine kleine Schwester feierte ihren ersten Geburtstag ohne die Mutter. Wir wussten nie, ob sie je zurückkehren würde.

Meine Mutter heiratete viermal und Dad sogar fünfmal. Immerhin war ich Daddys Liebling. Allerdings wohnte ich die meiste Zeit bei meiner Mutter – bis sie mir zu meinem fünfzehnten Geburtstag eine Gratulationskarte mit einem Abschiedsgruß hinterließ. Als Geschenk fand ich ein Kofferset vor mit einem Zettel daran: „Sei nicht mehr da, wenn ich von der Arbeit nach Hause komme!“

Auf dem Schulweg weinte ich mir die Augen aus dem Kopf. Schließlich fand ich ein wenig Geborgenheit in der Schule, und durch die Ablenkung gelang es mir, so zu tun, als sei das alles nicht wahr. Aber es war geschehen, und ich wusste nicht, wohin ich gehen sollte. Deshalb sprach ich meine Freundin an, und deren Mutter erlaubte, dass ich bei ihnen einzog.

Ich heiratete den ersten Mann, der um meine Hand anhielt, ohne mir sicher zu sein, ob ich ihn überhaupt liebte. Ich brauchte nur jemand, in dessen Arme ich mich flüchten konnte. Und Bruce, mein Mann, wünschte sich einen Menschen, für den er da sein konnte. Wir passten also irgendwie zusammen. Andererseits hatte unsere Ehe auch eine beträchtliche Schieflage. Er war ständig bemüht, mir seine Liebe zu zeigen. So wollte er mich bei jeder Gelegenheit küssen, ich aber versuchte, ihn abzuschütteln, vor allem, wenn wir unter Menschen waren. Es war mir schon peinlich, wenn die Nachbarn etwas mitbekamen.

Ich war auch viel zu beschäftigt, um dauernd zu kuscheln. Denn ich wollte unbedingt eine Supermama sein und kümmerte mich liebevoll um meine Kinder. Da blieb wenig Zeit, mich Bruce zu widmen. Schließlich war er ein erwachsener Mann, da würde er schon für sich selber sorgen können. Schließlich ist die Zeit, wenn die Kinder klein sind, auch begrenzt. Meine beiden sollten jedenfalls die beste Kindheit haben, die *ich* ihnen ermöglichen konnte. Dazu musste mein Mann nur fleißig Geld herbeischaffen, wofür ich ihm allerdings niemals meine Anerkennung aussprach.

Ich war immer mit irgendetwas viel beschäftigt – bis ich an meine Grenzen stieß. Die spürte ich in Form von Schmerzen. Ich bekam rheumatische Arthritis und lernte bald, dass eine chronische Erkrankung ein endloser Kampf ist. Zusätzlich wird man noch von außen attackiert. Kam ich auf die Krankheit zu sprechen, begannen die Leute Horrorgeschichten zu erzählen. Ja, man könne schlimmstenfalls daran sterben! Eine Bekannte berichtete haarklein vom Leidensweg ihrer Mutter und wie sehr die Krankheit alle in der Familie in Mitleidenschaft gezogen habe. Sie sei im Internet fündig geworden – mit dem Ergebnis, dass keine Heilung in Sicht sei.

So ging es viele Monate lang, und niemand war da, der mir irgendwie Hoffnung machte.

Wegen der Schmerzen konnte ich kaum schlafen. Dadurch aber hatte ich auch keine Kraft mehr, gegen die Krankheit anzukämpfen. Jeder Tag schien kein Ende zu nehmen.

Je weiter die Krankheit fortschritt, desto schwieriger wurde es für mich, sogar alltägliche Handgriffe auszuführen. Das Zubinden der Schuhe und das Zähneputzen wurden zu einer solchen Tortur, dass ich es zuweilen ganz ließ. Ich konnte die Arme nicht mehr heben. Und so musste ich eines Tages meine Nachbarin bitten, mir die Haustür zu öffnen. Ich hatte nicht mehr die Kraft, den Türknopf zu drehen.

Mein Mann übernahm die ganze Hausarbeit einschließlich der Wäsche, und irgendwann war es mir auch völlig egal, ob er zu viel in die Trommel stopfte oder Handtücher, Pullover und Unterwäsche zusammen wusch. Mit Schmerzen in den Gelenken werden solche Dinge zu Nebensächlichkeiten.

Ich musste lernen, mich mit meinem angeborenen Perfektionismus zu arrangieren. Bislang war es mir extrem wichtig gewesen, dass meine Kinder ein perfektes Erscheinungsbild abgaben, damit auch ja alle mitbekamen, was für eine gute Mutter ich sei. Auch im Haus musste immer alles aufgeräumt sein, falls irgendjemand käme. Und ich hielt mich natürlich für völlig unentbehrlich, um all das zu bewerkstelligen. Das war ich – eine Perfektionistin, die es immer allen (außer Bruce) recht machen wollte.

Nach und nach begann ich meinen Lebensgefährten tatsächlich zu achten. Ich wusste schon lange, dass er mich liebte, aber ich scheute mich noch immer, auch ihn zu lieben. Würde ich ihm das zu sehr zeigen, so fürchtete ich, würde er mit seinen Anstrengungen nachlassen, mir seine Liebe beweisen zu wollen. Von diesen Beweisen aber war ich abhängig, weil ich Angst hatte, dass niemand sonst mich mochte.

Die Kinder brauchten mich inzwischen auch nicht mehr so sehr wie früher. Sie gingen ihre eigenen Wege. Und ich konnte nicht von ihnen erwarten, dass sie ihre eigenen Familien vernachlässigten, nur weil ich krank war! Ich hatte ihnen schließlich beigebracht, dass die eigenen Kinder an oberster Stelle kämen.

Das aber war falsch.

Natürlich brauchten sie, als sie klein waren, viel Liebe und Aufmerksamkeit – aber mein Mann genauso!

Ich begriff schließlich, wer mir treu zur Seite stand: Gott und der Mann, den er mir geschenkt hatte. Ich wollte bis dahin Bruce um keinen Preis etwas schuldig sein, um mir meine totale Unabhängigkeit zu bewahren. Das aber war nicht fair. Ich war für ihn nie eine emotionale Stütze gewesen – so, wie er es für mich war. Er hätte sich damit nicht abfinden müssen, aber er tat es und half, wo er konnte, und er liebte mich auch mit meiner Krankheit.

In dieser schwierigen Zeit hatte Bruce auch noch eine neue Arbeit angefangen, und das bedeutete, dass er öfter die Spätschicht machen musste. So wartete ich viele Abende ungeduldig auf seine Heimkehr.

Als die Kinder noch zu Hause gewesen waren, hatte ich mich zuweilen gefragt, wie es wohl wäre, wenn ich das Haus viel öfter ganz für mich allein hätte. Inzwischen wusste ich es. Es war nicht schön. Jetzt war es mir sogar recht, wenn Bruce beim Fernsehen wahllos durch die Programme zappte – Hauptsache, er war bei mir.

Nun, da ich meinen Mann mit anderen Augen zu sehen begann, wurde mir bewusst, dass er eigentlich eine andere Partnerin verdiente, die ihm mehr zur Seite stehen konnte und die ihn so liebte, wie er mich liebte.

Er ist ein so guter, zärtlicher, liebevoller und freundlicher Mann, dachte ich. Und ich wusste auf einmal, dass ich ihn wirklich liebte.

Das war ein ganz neues Gefühl für mich. Nach vierzig Jahren Ehe verliebte ich mich in meinen Mann, und danach war alles anders. Ich sehnte mich nach seiner Gegenwart, bis er endlich abends nach Hause kam. Ich konnte ihm auf einmal sagen, dass ich ihn liebte. Und ich tat es häufig, ohne dass es mir schwerfiel! Es war mir auch nicht mehr peinlich, wenn er mich vor Fremden umarmte. Ich freute mich im Gegenteil auf jeden seiner Küsse. Wir gingen bei uns im Viertel Händchen haltend spazieren. Und es fühlte sich so gut an, seine Nähe zu spüren.

Es tat meiner Seele wohl, meinen Mann zu lieben. Ja, es machte Spaß, seine Stimme zu hören, sein fröhliches Gesicht zu sehen und von seinem Lachen verzaubert zu werden. Wenn ich selber doch nicht so eine Last für ihn gewesen wäre! Er hätte viel unbeschwerter leben können.

Die Schmerzen waren schrecklich, zuweilen unerträglich. Und zu wissen, dass ich Bruce mit hineinzog, war das Allerschlimmste. Als mir das wieder einmal ganz bewusst wurde, fing ich an, Gott um mein Ende zu bitten.

Ich saß im Sessel, zusammengekrümmt vor Schmerzen. Ich konnte kaum das Glas Wasser halten und die Hand nach dem Medikament ausstrecken.

Er kniete sich vor mich, nahm meine Hand und betete: „Vater, wenn es dein Wille ist, nimm Laquita heim zu dir, damit ihr Leiden ein Ende hat.“

Ich spürte, wie seine Tränen auf meinen Arm tropften und sein ganzer Körper bebte.

Er liebt mich also doch nicht, dachte ich erschrocken im ersten Moment. Aber tief in meinem Herzen wusste ich, dass er so betete, *weil er mich liebte.*

Er wünschte mir den Tod nicht, weil ich eine Last war. Er litt vielmehr mit mir, und er wollte nicht, dass mein Leiden unnötig verlängert würde, wenn Gott vielleicht ganz andere Gedanken hatte. Bruce hatte sein Äußerstes gegeben – selbst ein Gebet gesprochen, das ihm unsäglich schwerfiel und das er eigentlich nicht beten wollte.

Ich ahnte, wie viel Überwindung es ihn gekostet hatte. So sehr geliebt hatte ich mich noch nie in meinem Leben gefühlt. Und auch ich hatte meinen Mann noch nie so geliebt.

Gott hat das Gebet von Bruce glücklicherweise nicht erhört. Inzwischen haben die Ärzte endlich ein Medikament gefunden, mit dem wir meine Krankheit beherrschen können. Ich bin einsatzfähig und kann meinem Mann auch wieder zur Seite stehen.

Es hat mein Leben völlig verändert, als ich mich nach Jahren in ihn verliebte. Es war ein Geschenk, vor dem ich vorher Angst hatte. Sich zu verlieben aber ist ein Risiko, das einzugehen sich lohnt. Ich habe die Fesseln der Angst ablegen können. Und nun bin ich frei, um zu lieben.

Laquita Havens

Manchmal haben wir wie Laquita Mühe, uns geliebt zu fühlen. Wer sollte ausgerechnet uns lieben, wo wir doch gar nichts leisten, um liebenswert zu sein?

Mit diesem Gefühl, ungeliebt zu sein, erstarren wir, und wir halten das bisschen Liebe, das wir noch geben könnten, auch noch zurück. Das aber ist so, als würde man an einem heißen Tag den Sprung in den Swimmingpool nicht wagen, weil man Angst hat, man könne ertrinken.

Wir sind normalerweise nicht besonders begeistert von unangenehmen Herausforderungen, aber manchmal brauchen wir sie wie einen Schubs vom Beckenrand, um doch noch zu erleben, wie ehrlich es der andere mit seiner Liebe meint.

Wenn wir uns der Liebe des anderen anvertrauen wie der Schwimmer dem Wasser, können wir anfangen, uns freizuschwimmen, und uns so geben, wie wir wirklich sind.

Stehen Sie womöglich noch am Beckenrand und tauchen nur den großen Zeh ein? Dann ab ins kühle Nass!

Geschirrspülkonflikte

Bevor wir heirateten, waren mein Mann und ich auf einem Ehevorbereitungsseminar. Dort kamen wir auf Themen zu sprechen, die zwischen Ehepartnern oft zu Konflikten führen: Geld, Familie, Glauben, Lebensziele, die körperliche Liebe und vieles mehr. Aber keine dieser Gesprächsrunden hatte mich auf das vorbereitet, was in den ersten Ehejahren bei uns ständig zum Streitthema wurde.

Wir stritten um die richtige Methode, eine Spülmaschine zu beladen!

Mein Mann ist so erzogen worden, dass man eine Spülmaschine nach festen Regeln belädt, und jede dieser Regeln hatte einen absolut vernünftigen und praktischen Grund: Plastikgeschirr gehört nicht in den unteren Korb, weil es dort durch den Heizstab wellig wird. Man sortiert Gabeln, Messer und Teelöffel im Besteckkorb. Damit macht man sich's beim Aufräumen leichter, weil man einfach nur zuzugreifen braucht und nichts mehr auseinandersortieren muss.

Es gab noch viel mehr Regeln, aber ich glaube, Sie haben verstanden, was ich meine.

Auch in meinem Elternhause gab es ein paar vom gesunden Menschenverstand geleitete Regeln (Messer und Gabeln gehören in der Spülmaschine mit den Spitzen nach unten, damit man sich nicht verletzt). Aber gegen die Fülle von Vorschriften meines Mannes begehrte ich doch auf. Weshalb sollte ich alles haarklein so tun, wie er es wollte? Bei mir zu Hause war das Geschirr auch immer sauber geworden, ohne dass wir all diese Regeln befolgt hatten!

Auch wenn es nur um Kleinigkeiten ging, so konnte ich es doch nicht lassen, seine Regeln sooft wie möglich zu ignorieren, um meinen Kopf durchzusetzen und – ich gebe es zu – ihn zu ärgern. Inzwischen ist es mir fast schon peinlich, darüber zu reden. Also belud ich den Geschirrspüler, wie *ich* es wollte. Immerhin behauptete mein Mann ja stets, er freue sich, eine so selbstständige Frau zu haben! Ich platzte aber jedes Mal fast vor Wut, wenn er mir dann in die Quere kam und dieses oder jenes Teil nach *seinen* Regeln woanders hintat.

Und wie es so oft selbst in guten Ehen ist, eskalierte auch bei uns der Streit um die Spülmaschine. Es fängt meist mit Kleinigkeiten an, aber dann geht es plötzlich um mehr. Ich begann um die gesunde Entwicklung unserer zukünftigen Kinder zu fürchten, wenn das, was sie leistete, niemals genug sein würde, weil es den hohen Ansprüchen des gestrengen Vaters nicht genügte. Wie würde sich so ein kleiner Kerl fühlen, wenn Daddy ständig dazwischenfunkte, um als Besserwisser jede stolz erbrachte Leistung zunichtezumachen? Ich war jedenfalls überzeugt, dass sich bei einer solchen Behandlung unsere Kinder zu mickrigen Charakteren entwickeln würden.

Mein Mann wies im Streitgespräch regelmäßig darauf hin, dass seine Regeln ja nicht willkürlich seien, sondern wohlbegründet. Wollte ich denn, dass unser Plastikgeschirr sich wellte und verbog? Wollte ich denn wirklich wider besseres Wissen mit dem Kopf durch die Wand? Es sei an mir, mich mit meinem Stolz kritisch auseinanderzusetzen, wenn ich bewusst das Richtige missachte, hielt er mir vor.

Im zweiten oder dritten Jahr unserer Ehe kamen wir glücklicherweise überein, uns gegenseitig zu respektieren. Jeder füllte die Spülmaschine nun, wie er es für richtig hielt, und ein Nachsortieren war unserer Abmachung zufolge verboten. Wir übten uns also gegenseitig in Barmherzigkeit und Demut.

Mein guter Mann hatte große Mühe, sich von einer über Jahrzehnte geübten Gewohnheit zu lösen. Das wurde mir deutlich, als ich eins seiner Gespräche mit seiner Schwester zufällig mitbekam.

Er hatte ihr wohl sein Leid geklagt, und die Geschwister schienen sich zu verstehen, weil ihnen beiden das Ordnunghalten im Blut lag. Mir kam erst da der Gedanke, dass ihm der Anblick meines unsortierten Geschirrs so viel Unruhe bereitete wir mir das Quietschen von Kreide auf der Tafel. Ich versuchte nachzuvollziehen, dass ihn viel Überwindung kostete, was für mich eine Nebensächlichkeit war, und dass er es aus Liebe zu mir auf sich nahm.

Inzwischen bemühe ich mich, meinem Mann so weit wie irgend möglich entgegenzukommen – einfach als Ausdruck meiner Liebe zu ihm. Ich sehe zwar immer noch nicht ein, dass alle Plastikteile unbedingt und ausnahmslos in den oberen Korb müssen, aber es kostet mich doch eigentlich nur ein bisschen Stolz, wenn ich mich bei so einer Nebensächlichkeit überwinde und ihm das Gefühl gebe, ihn ernst zu nehmen. Er mag meine Selbstständigkeit schätzen, aber es tut ihm trotzdem gut, wenn ich um der Liebe willen meine Ansichten nicht in jedem Fall durchsetze.

Am Anfang unserer Ehe hatten wir uns entschieden, dass außer der persönlichen Beziehung zu Gott nichts, was unser Leben ausmacht – wie Gewohnheiten, Einstellungen oder Vorlieben – davor geschützt ist, auf den Prüfstand gestellt zu werden. Ich bin mir nicht sicher, ob wir diese Abmachung damals aus Vernunft oder Gnade getroffen haben, aber wie auch immer, es ist für uns ein Gnadengeschenk geworden.

Natürlich klappt bei uns noch nicht alles perfekt, und wir sind noch genauso verschieden wie früher. So stört es mich nach wie vor, dass mein Mann kleine Teile nicht durch größere beschwert, damit sie sich nicht während des Spülgangs umdrehen und hinterher voll Wasser stehen.

Und er kann es noch immer nicht fassen, dass ich die Gläser über die Stäbe im Korb stülpe, anstatt diese nur als Begrenzung zu nutzen. Und so muss jeder ständig darauf achten, sich selber zurückzunehmen, um nicht schon wieder als Besserwisser dazustehen.

Wir haben etwas Wichtiges gelernt: Ist uns die Beziehung ein Herzensanliegen, dann kommen wir nur zum Ziel, wenn uns die Liebe wichtiger ist als alles andere. Damit sind aber nicht nur die großen Dinge gemeint wie Arbeit, Finanzen und Familie, sondern eben auch die scheinbaren Nebensächlichkeiten. Fragen Sie sich doch einmal ehrlich: *Bin ich bereit, meinen Stolz gelegentlich zurückzustellen und aus Liebe und Barmherzigkeit auf etwas zu verzichten, was mir eigentlich wichtig ist? Will ich bei künftigen Konflikten, bei denen es darum geht, wer recht hat, die Liebe wählen statt der Genugtuung, Sieger zu sein?* Auch wenn es nur darum geht, den Geschirrspüler zu beladen.

Susan Stanley

Sind Sie auch schon mit einem Freund oder dem Partner aneinandergeraten, obwohl das Streitthema eigentlich belanglos war? Wie oft regen wir uns über etwas auf, was den Streit nicht wert ist. Aber wie kommt es zu dieser Überreaktion? Manchmal hängt das Gelingen unserer Beziehung davon ab, ob wir das Toilettenpapier mit dem Ende nach vorn oder zur Wand hin aufhängen. Oder es entsteht Streit darüber, wer beim letzten Mal das Restaurant aussuchen durfte.

Wenn Nebensächlichkeiten nach und nach unsere Beziehung zu sprengen drohen, dann sollten wir uns dringend eine Frage stellen: Ist es das wert? Ist die Kontroverse wichtiger als die Beziehung selbst?

Geben wir also lieber nach, wenn es nur darum geht, wer recht hat! Wir brechen uns keinen Zacken aus der Krone, wenn wir dem anderen barmherzig die eigene Meinung zugestehen.

Dass wir eine Streitkultur in unserer Beziehung entwickeln, ist durchaus wichtig, aber heben wir unsere innere Kraft lieber für die strittigen Fragen auf, die wirklich von Bedeutung sind. Sie werden staunen, wie wenig lebenswichtige Streitpunkte es in einer Ehe gibt!

Das Wetterkätzchen

Wie angewurzelt blieb ich vor der Glasvitrine mit den herrlichen Glitzersachen stehen. In unserer Stadt war der kleine Billigladen das einzige Geschäft, wo es sich für ein Mädchen wie mich lohnte, bummeln zu gehen. Ich fühlte die Münzen aus meinem Sparschwein in der Hand. Ja, sie waren noch alle da, um ausgegeben zu werden.

Und da stand es, das Objekt meiner Begierde! Es war das perfekte Geschenk für meine Mutter. Ich sah schon das Strahlen auf ihrem Gesicht vor mir, wenn sie es an ihrem Geburtstag auspacken würde. Mit Herzklopfen deutete ich auf das Keramikkätzchen, das die Verkäuferin mir herunterholen sollte.

Sie gab mir das Tier in die Hand, und ich klappte das an einem Halsband befestigte Kärtchen auf. „Wetterkätzchen" stand da. Die Figur hatte eine besondere Oberfläche, die auf das Wetter draußen reagierte. War Schnee zu erwarten, wurde das Kätzchen grau, bei Regen blau, und Sonnenschein färbte es schneeweiß. Am Fenster aufgestellt, sollte man also schon morgens erkennen können, bevor man das Haus verließ, welche Kleidung die richtige sein würde.

Am Geburtstag meiner Mutter konnte ich die Bescherung kaum abwarten. Das Geschenk würde ihr gefallen, da war ich mir sicher. Schließlich blickte sie oft aus dem Fenster, wenn sie an der Spüle stand, um uns Kindern zu sagen, wie wir uns dem Wetter entsprechend anziehen sollten. Und da würde es ihr bestimmt gefallen, wenn das Kätzchen sie bei der Vorhersage unterstützte.

Als Mom die Schachtel öffnete, stand ich dicht bei ihr, um ihr alle Vorzüge der kleinen Keramik zu erläutern. Sie freute sich offensichtlich und stellte sie nach ein paar Tagen auf die Fensterbank in der Küche.

Jeden Tag verglichen wir nun beim Spülen das Wetter mit der Farbe des Kätzchens. Mal regnete es, mal schneite es, und hin und wieder schien die Sonne, aber das Tier blieb schneeweiß, so, wie ich es gekauft hatte. Es weigerte sich, die Farbe zu wechseln, wie es das Kärtchen am Hals vorausgesagt hatte.

Mom bemerkte meine Enttäuschung. Ich hatte in letzter Zeit mein ganzes Taschengeld gespart, um ihr ein besonderes Geschenk zum Geburtstag zu machen. Und jetzt hatte ich das Gefühl, alles zum Fenster hinausgeworfen zu haben. Das Kätzchen war zwar niedlich, aber es sagte eben nicht das Wetter voraus. Und so fragte ich mich, ob Mom nun von mir enttäuscht war, weil ich ihr etwas geschenkt hatte, was nichts taugte.

Aber Mom schien es eher locker zu sehen. „Meinst du nicht, dass du ein bisschen mehr Blau in deinem Fell haben solltest?“, fragte sie das Kätzchen und lachte.

Jahre vergingen, ich wurde erwachsen, heiratete und verließ mein Elternhaus. Auch Mom und Dad zogen um, und als ich sie im neuen Haus zum ersten Mal besuchte, war ich ganz überrascht, als ich das Wetterkätzchen auf einem Regal beim Küchenfenster entdeckte. Es blickte immer noch nach draußen und wartete auf den nächsten Wetterumschwung. Würde es schneien, regnen oder heiter werden? Ich war berührt von der Tatsache, dass meine Mutter ein so nutzloses Geschenk immer noch ehrte, und dachte darüber nach, was sie mir damit sagte.

Es war gewiss nicht das Kätzchen selbst, das es meiner Mutter angetan hatte. Ich war es, die ihr alles bedeutete, und dann hatte ich noch mein ganzes Taschengeld geopfert für etwas, von dem ich hoffte, dass es ihr Freude machen würde. Und statt die Nutzlosigkeit der kleinen Keramik zum Maßstab ihres Urteils zu machen, sah sie hinter dem Gegenstand die gute Absicht des Gebers. Und das war es, was sie schätzte.

Diese Erkenntnis habe ich mir bis heute bewahrt, und die Erfahrung lehrt: Was uns vorgelebt wird, bleibt eher haften als der interessanteste Vortrag.

Ich lernte von meiner Mutter, dass die Liebe die Perspektive verändert. Durch sie sehen wir die Dinge anders. Wenn ich das Nippesfigürchen betrachtete, dachte ich daran, wie sehr es mich enttäuscht hatte. Warf aber die Mutter einen Blick auf denselben Gegenstand, so wurde ihr warm ums Herz, denn ihre Tochter hatte es ausgesucht – ganz speziell für sie. Dass es seinen Zweck nicht erfüllte, tat dem inneren Wert keinerlei Abbruch. Der Unterschied zwischen mir und meiner Mutter bestand also in dem, was wir fühlten. Für mich war es Trauer, für sie aber Freude.

Zwischen Mutter und mir herrschte längst nicht immer eitel Sonnenschein. Ich konnte nicht für sie da sein oder tat Dinge, die sie verletzten. Aber das Kätzchen ist geblieben. Es stand immer dort, wo man es sofort sehen konnte, obwohl es sie gewiss an manche Auseinandersetzungen mit mir erinnern musste. Es war für sie ein Hoffnungszeichen, dass unsere Beziehung wieder so heil wie früher werden könnte. Und als das schließlich geschah, liebte sie mich noch immer genauso wie früher. Sie hat nie damit aufgehört.

Im Laufe meines Lebens habe auch ich so manches Geschenk

erhalten, das sich später als nutzlos erwies, dennoch steht das eine oder andere bei mir zu Hause, wo ich es sehen kann. Und jedes Mal, wenn ich eines davon sehe – vor allem die Geschenke meiner Kinder – dann denke ich an den Geber und an die lieben Gedanken, die ihn oder sie bewogen haben mochten, es für mich auszusuchen. Aber auch das Kätzchen am Küchenfenster meiner Mutter kommt mir gelegentlich in den Sinn, das mich etwas Wichtiges gelehrt hat: *Wer Liebe vorlebt, motiviert andere zu lieben.* Und dann huscht ein Lächeln über mein Gesicht, weil ich mich von Herzen freue: Für Mutter, Tochter und Enkelin ist ein nutzloses Wetterkätzchen zum wertvollen Geschenk geworden.

Nancy J. Farrier

Liebe ist, wenn wir die richtige Sichtweise wählen und hinter das Sichtbare blicken. Das lehrt uns diese Geschichte. Wie oft enttäuschen uns nicht nur Geschenke, sondern auch Menschen. Aber dann sollten wir uns erinnern, wie wichtig es ist, hinter dem äußeren Erscheinungsbild den echten Kern zu erkennen. Wenn wir zu ihm vordringen, haben wir keine Mühe mehr, die Schwächen und Fehler des anderen zu übersehen. So schreibt Petrus, einer der klugen Männer der Bibel: „Vor allem aber lasst nicht nach, einander zu lieben. Denn Liebe deckt viele Sünden zu.“ (1. Petrus 4,8)

Und wenn wir der Schenkende sind, der fürchtet, einen geliebten Menschen mit etwas Nutzlosem enttäuscht zu haben, dann sollten wir die Kraft der Liebe nicht unterschätzen. Wer uns wirklich liebt, tut es um unserer selbst willen und nicht, weil wir etwas leisten oder schenken. Und wer uns wahrhaft liebt, sieht uns mit dem Herzen an, das ja bekanntlich hinter der Fassade unser wahres Ich erkennt.

Leb wohl meine Geliebte

„Nur dass du Bescheid weißt: Ich liebe dich.“ Das sagte er im Vorübergehen mit einem Korb frischer Wäsche in der Hand und einem Lächeln auf dem Gesicht, während er mich prüfend musterte.

„Tatsächlich? Wow!“

Mein Herz hüpfte vor Freude und Erleichterung, aber nach außen beließ ich es bei meiner coolen Zurückhaltung. Immerhin kam auch sein Bekenntnis eher lässig als romantisch.

Wir hatten uns ein paar Monate zuvor bei der Betriebsweihnachtsfeier kennengelernt. Er fragte mich, ob wir uns wiedersehen wollten. Also gingen wir essen und ins Kino. Und als wir endlich in unseren Kinosesseln saßen, Popcorn in uns hineinstopften und die Werbung über uns ergehen ließen, sagte mein schweigsamer Freund den einen entscheidenden Satz, dessen Inhalt ich erst im Laufe der Jahre ganz begreifen sollte: „Eins musst du wissen: Die Armee ist sozusagen meine Geliebte.“

Hey, was ist das für ein Geständnis – und auch noch gleich bei unserem ersten Date!

Ich nahm es mir nicht allzu zu Herzen, dabei wäre es klüger gewesen, diesen Satz als Warnung zu verstehen.

Er war einfach zu charmant, und außerdem dachte ich noch

gar nicht an eine längere Beziehung. Dazu hätte er schon ein bisschen offener und gesprächiger sein müssen.

Erst Monate später konkretisierte sich unsere lebenslange Liebesbeziehung. Gewiss, wir kannten uns inzwischen schon ganz gut und verbrachten gern Zeit miteinander. Aber die wahre Liebe beginnt erst, wenn sich das tiefe Verlangen nach dem anderen Bahn bricht und das Leben nachhaltig zu verändern beginnt. Das spürte ich jetzt, wenn wir beisammen waren. Das Wenige, was er sagte, berührte meine Seele. Bis zu diesem Augenblick hatte ich noch gezögert. Doch jetzt stand mein Herz in Flammen, und ich war bereit, mit diesem Mann eine lebenslange Beziehung zu beginnen.

Unsere Liebe entwickelte sich schnell, aber seine sogenannte „Geliebte" im Hintergrund war immer irgendwie präsent – entweder am Telefon oder in Gestalt eines Gefreiten, der nachts vor der Tür stand, um meinen Mann abzuholen. Sie (die Armee) rief ständig an. Mal war es die dringende Lagebesprechung, mal eine Dienstreise, und schon war er ohne viele Worte auf und davon.

Irgendwann beschlich mich die Angst, er könne unsere Beziehung eingegangen sein, ohne darüber nachzudenken, wie Familie und Militär praktisch unter einen Hut zu bringen seien. Und war ich wirklich bereit, seine Zuwendung mit anderen zu teilen? *Kann ich jemanden lieben, der, zur Verschwiegenheit gezwungen, in einer für mich unzugänglichen Welt lebte? Wird er da je imstande sein, mir sein Innerstes zu zeigen? Kann ich in einer Beziehung bestehen, in der ich mit jemand verbunden sein möchte, der so ganz anders denkt? Werde ich genug Geduld aufbringen, um viele einsame Stunden zu überstehen?*

Als ich ihn bei unserer Hochzeit in seiner blauen Ausgehuniform sah, wurde mir noch einmal bewusst, dass das Militär unser Leben bestimmen würde. Der Mann, der geschworen hatte, unser Land zu verteidigen, würde seinen Auftrag rund um die Uhr bitterernst nehmen, und alles andere, einschließlich der Familie, musste gegebenenfalls zurückstehen.

Unsere Beziehung würde immer nur auf dem zweiten Platz der Prioritätenliste seines Lebens bleiben, und ich musste lernen, meine Liebe mit Pflicht, Vaterland und Freiheit zu teilen. Dennoch hatte mich nichts davon abhalten können, mich in diesen Mann zu verlieben. Und je mehr ich von seinen Beweggründen erfuhr, die ihn zu diesem Dienst bewogen hatten, desto besser verstand ich ihn.

Da ich ihn auf keinen Fall demotivieren wollte, war ich es, die ihre Erwartungen herunterschrauben musste. Und meine Aufgabe bestand darin, innerlich zu reifen, um unsere Beziehung langfristig überleben zu lassen.

In den folgenden Jahren überstand unsere Liebe so manche harte Zeit, wenn es immer wieder für meinen Mann hieß, bis spät in die Nacht Schreibdienst zu leisten, Auslandseinsätze zu absolvieren und ins Manöver zu ziehen. Ich lernte, ihn auch dann noch zu lieben, wenn er auf der anderen Seite des Erdballs war oder das Essen auf dem Tisch wieder einmal kalt wurde, weil er doch nicht heimkam. Es gelang mir, alles zu bewältigen, was zu Hause anfiel, und beide Elternrollen zu übernehmen, wenn Daddy nicht da war, um die Gute-Nacht-Geschichte zu erzählen.

Noch ohne Handy und Internet hatten wir oft lange Zeit keinen Kontakt, und ich musste lernen, auch ohne Kommunikationsmittel zu lieben. Zuweilen entstand durch dieses Schweigen eine so große Distanz zwischen uns, dass ich zu beten begann, dass wir die Kraft finden würden, die Nähe von früher wiederherzustellen. Gerade schweigsame Männer wie meiner haben oft

Probleme, in der Hektik des Arbeitsalltags auch noch etwas dafür zu tun, dass der Gesprächsfaden nicht abreißt.

Wir umschifften aber alle Hindernisse mit der stillen Übereinkunft, dass jeder den anderen liebte und sich so ganz sicher geliebt fühlen durfte – wie auch immer die Umstände sich entwickelten. Ich konnte jeden kritischen Moment und jeden Zweifel nur deshalb überleben, weil ich sicher war, dass seine Liebe nicht auf seine mangelnde Sprachfähigkeit begrenzt war. Ich kam damit zurecht, mit einem Mann der wenigen Worte verheiratet zu sein.

Wodurch konnte ich mir meine Liebe erhalten? In all den Jahren habe ich meinen Freund und Lebensgefährten vor mir gesehen – mit seinem Wäschekorb in der Hand. Und ich vergaß nie das schlichte Bekenntnis seiner Liebe. Vielleicht war gerade diese Schlichtheit eine Kraftquelle und ein Zündfunke, der ein solide brennendes Feuer entfacht hat.

Unsere Beziehung baute immer auf Vertrauen und Liebe, getragen von ein paar wenigen Worten. Ich hatte gelernt, ohne die heute übliche Inflation der Worte auszukommen und trotzdem zu lieben.

Mein Mann hat es jedenfalls immer verstanden, seine Liebe auch ohne große Reden zum Ausdruck zu bringen – durch Zuverlässigkeit, Ehrlichkeit, Hilfsbereitschaft und Solidarität. Je mehr ich begriff, auf welche Weise er mir seine Zuneigung erwies, desto mehr Frieden fand ich in der Gewissheit, von ihm geliebt zu werden.

Nach 24 Jahren hat er sich dann von seiner „Nebenfrau" verabschiedet. Er trat in den Ruhestand – und augenblicklich rückte seine Familie auf den Spitzenplatz seiner Prioritätenliste. Nun waren wir es, denen all seine Aufmerksamkeit und Zuneigung galten. Nachdem ich mich jahrelang daran gewöhnt hatte, die

Zuneigung meines wunderbaren Mannes mit anderen zu teilen, bekam ich nun den Lohn für meine Geduld. Jetzt gab es nichts mehr, was sein Interesse von der Familie abziehen konnte.

Ich würde mit niemandem tauschen oder einen Tag seiner Militärlaufbahn missen wollen. Und ich hätte mit keinem anderen mein Leben teilen wollen!

Die gemeinsamen Jahre haben mir jedenfalls gezeigt, was es heißt, jemanden lieben zu lernen, der an eine Beziehung von einer ganz anderen Seite herangeht. Immerhin ist ein schweigsamer Mann eine ganz besondere Herausforderung für eine Frau, die das Herz auf der Zunge trägt. Aber ich habe es geschafft, damit umzugehen.

Jennifer Devlin

In einer ohnehin schon unsicheren Welt ist es nicht verwunderlich, dass wir uns von dem, den wir lieben, einen „Beweis" für erwiderte Gefühle erhoffen. Jedes Schweigen, jedes momentane Desinteresse und jede Ablenkung interpretieren wir mit unserer verängstigten Seele gleich als Zeichen für den Niedergang unserer Liebe.

Deshalb ist es so wichtig, die Liebessprache dessen zu kennen, der uns etwas bedeutet. Es gibt immer Menschen, die ihre Zuneigung ganz anders zeigen als wir selber. Befinden wir uns zum Beispiel in einer Beziehung mit einem großen Schweiger, dürfen wir kaum damit rechnen, dass er uns mit wohlklingenden Liebesgedichten beglückt.

Es bleibt uns dann nichts weiter übrig, als darauf zu vertrauen, dass das stille Wasser tief ist, auch wenn sich an der Oberfläche nicht viel tut. Statt das Schlimmste zu befürchten, sollten wir immer wie-

der mit dem Besten rechnen. Wie Jennifer werden wir dann die Erfahrung machen, dass eine solide, gereifte Liebe mehr wert ist als so manche von lautem Wortgeklingel begleitete Beziehung. Schöne Worte tun gut, ganz gewiss, aber sie sind nun mal nicht jedermanns Sache. Und so besteht das Geheimnis einer glücklichen Ehe darin, unsere Erwartungen der einzigartigen Persönlichkeit des geliebten Menschen anzupassen.

Nicht fünfzig, sondern hundert Prozent

Plötzlich begriff ich: *Das war's also!* Unsere Ehe war offenbar am Ende.

Und das Ende kam, als der Älteste unserer fünf Kinder gerade ein Teenager war. Kurze Zeit zuvor war unser Haus abgebrannt, und da wir keine Feuerversicherung abgeschlossen hatten, landeten wir nach den Jahren in unserem Traumhaus am Waldrand in den beengten Verhältnissen eines Drei-Zimmer-Häuschens mitten in der Stadt. Die Brandkatastrophe allein reichte schon, um uns an den Rand der Erschöpfung zu bringen, aber die Umstellung vom Leben auf dem Land zum Stadtleben gab uns den Rest.

Wenn ich jetzt meine Kinder zum Essen rief, hörte die gesamte Nachbarschaft mit, und ich lernte schnell, dass man in einer Stadtstraße viel leiser brüllen musste als übers freie Feld auf dem Land.

Die Kinder hatten mit ihren eigenen Problemen zu kämpfen. Als Zugezogene aus der Provinz mussten sie sich als *Landeier* und *Dorfdeppen* hänseln lassen. Unser Ältester ging jeden Tag einen anderen Weg nach Hause, um der sonst unvermeidlichen Prügelei zu entgehen. Und unser Jüngster entpuppte sich als wehleidiger Angsthase.

Cat, mein Mann, aber hatte wohl von uns allen mit der größten Umstellung zu kämpfen. Die Firma, bei der er gearbeitet hatte, ging pleite, und so blieb ihm nichts anderes übrig, als sich Tag für Tag beim Arbeitsamt für eine neue Arbeit anzustellen, um genauso regelmäßig Absagen zu kassieren.

Ich wäre gut beraten gewesen, ihm in dieser Zeit der Niederlagen beizustehen, aber ich goss im Gegenteil immer noch Öl aufs Feuer.

Ich war der Meinung, Cat kümmere sich zu wenig um seine Kinder. Er verstand nicht, dass auch sie große Probleme hatten. Und dass es mir schlecht ging, schien er ebenfalls nicht zu bemerken. Wie sollte ich eine siebenköpfige Familie mit so wenig Geld durchbringen? Dazu kam, dass wir kaum Zeit für uns als Paar hatten. Die Jungen schliefen in dem einen Kinderzimmer, die Mädchen im anderen, während wir beide uns mit der Couch im Wohnzimmer begnügen mussten. Jeden Ehekrach, und davon gab es viele, bekam immer gleich die ganze Familie mit.

An jenem Tag, als ich das Ende unserer Ehe befürchtete, brach ich in Tränen aus, während mein Mann auf seiner Meinung beharrte, die Jungen hätten gefälligst ihre Streitereien allein auszutragen. Ich hatte zwischen zwei Kampfhähnen zu schlichten versucht, nämlich meinem Sohn und einem stämmigen Raufbold aus der Nachbarschaft. „Du musst dich da raushalten", schnauzte Cat.

Gerade wollte ich zu meiner Verteidigungsrede ansetzen, als ich in Cats zornrotes Gesicht sah, und da stockte mir der Atem. Wo war die Liebe hin? Die gegenseitige Achtung? Die Romantik?

Menschen berichten immer wieder, dass in Nah-Tod-Erlebnissen ihr ganzes Leben blitzschnell vor ihnen abgelaufen sei. Und das erlebte ich in diesem Augenblick angesichts unserer sterbenden Ehe seltsamerweise auch. Ich sah noch einmal vor mir, wie verliebt wir anfangs gewesen waren. Wann hatte Cat eigentlich aufgehört, mir Blumen zu schenken? Wann hatte er mich zum letzten Mal zum Essen eingeladen? Wann hatte er mich überhaupt mal zu etwas ausgeführt?

Ich wollte nur noch raus, verließ wutschnaubend und türenschlagend das Haus und fuhr mit quietschenden Reifen davon. Ich sah kaum etwas, weil mir Tränen in den Augen standen, und ziellos fuhr ich kreuz und quer durch die Gegend. Bei wem nur hätte ich mich ausweinen können? Wer würde mich verstehen? Cat war bisher mein bester Freund gewesen. Wenn ich mich an ihn nicht mehr wenden konnte, an wen dann?

In diesem Moment erkannte ich: Ich konnte gar nicht mehr ohne Cat leben – *aber auch nicht mit ihm!* Was nun?

Meine Irrfahrt endete auf einer staubigen Landstraße, an einem Aussichtspunkt, von dem aus man die wildromantische Flusslandschaft sah. Ich verspürte große Lust ins Wasser zu springen, direkt am Wehr, wo das Wasser rauschend herabstürzte. Und plötzlich hielt ich es nicht mehr aus. Ich fuhr tatsächlich dorthin.

Wie gehetzt sprang ich aus dem Wagen, lief zum Ufer und begann ins Wasser zu waten. Diese Stelle am Fluss ist berüchtigt für ihre unberechenbaren Strömungen und Strudel, die schon so manchen mit sich fortgerissen haben. Und so glaubte ich, ich müsste nur ein Stück hineinwaten, und schon würden die Fluten mich mitreißen. Aber es schien nicht mein Tag zu sein – oder gerade doch! Ich durchquerte den Fluss wie auf einer Furt, weil das Wasser so niedrig stand. Und dann kehrte ich wohlbehalten ans Ufer zurück.

Da hatte Gott wohl seine Finger im Spiel – mit einem Wunder, wie bei den Israeliten am Roten Meer! Pudelnass und frierend kehrte ich zum Wagen zurück, aber immer noch voller Leben. Und wie schon andere, die dem Rachen des Todes entronnen sind, schrie ich zu Gott, er möge sich meiner annehmen, damit ich weiterleben könne.

Ich hörte in dem Augenblick keine Stimme vom Himmel, aber ich kam innerlich zur Ruhe. Je ruhiger ich wurde, desto mehr erkannte ich, wie viel Grund ich doch eigentlich zum Danken hatte. Da war mein Mann, der mich doch eigentlich liebte. Er war vertrauenswürdig und treu, fleißig bei der Arbeit, und ich konnte mich normalerweise an seine starke Schulter lehnen. Hatte ich nicht viel zu unrealistische Erwartungen in der letzten Zeit gehabt und gerade dadurch den Wald vor lauter Bäumen nicht gesehen?

Ich fuhr nach Hause. Cat war gerade in der Garage beschäftigt, und so bekam er nicht mit, dass ich meine Kleider wechselte.

Das Schlimmste stand mir aber noch bevor. Zum ersten Mal in unserer Ehe war ich es, die davongelaufen war. Cat schien sehr verletzt zu sein und zeigte mir bei meinem ersten Annäherungsversuch die kalte Schulter. Schon dachte ich daran, wieder zum Fluss zu fahren und es noch einmal zu versuchen. Aber stattdessen streckte ich zaghaft meine Hand nach ihm aus. Wie angespannt und hart sich seine Muskeln anfühlten!

Ich befürchtete schon, alles verloren zu haben, aber noch hatte ich etwas zu geben. Und das tat ich auch: Ich kochte ein Essen für meine Familie.

Manchmal war ich mir schon wie das Arbeitspferd der Familie vorgekommen. Erwartete mein Mann eigentlich, dass ich in der Rolle der Köchin und Putzfrau völlig aufging? Dann hätte er genauso gut Personal einstellen können.

Normalerweise gingen mir solche düsteren Grübeleien lange nicht mehr aus dem Kopf, aber diesmal entschloss ich mich, sie einfach zu beenden. Als ich das Kartoffelpüree auftrug, tauschte ich meine schlechten Gedanken mit guten aus. Dabei musste ich mir gar nichts schönreden. Was mir einfiel, stimmte alles: Mein Mann hatte eigentlich ein sehr freundliches Wesen. Er konnte hart anpacken. Und auch wenn es schon lange her schien, so lachte er früher gern und war fröhlich. Er brachte den Jungen das Angeln und das Radfahren bei. Und er bekannte regelmäßig, dass er mich liebe. Das allein war doch schon ein Schatz, für den andere Frauen ihren letzten Cent hergegeben hätten. Ja und dann ... gerade in dem Moment dachte ich daran: Cat schnarchte!

Wir hatten inzwischen mit dem Essen angefangen und mir fiel die Gabel aus der Hand, als ich laut auflachte. Die anderen musterten mich mit fragenden Blicken. Aber ich schüttelte den Kopf und schwieg. Wie gern hätte ich sie zum Lachen gebracht. Das jedoch verbot sich im Augenblick. Ja, mein Mann sägte nachts ganze Wälder ab. Aber war das ein Grund zum Lachen? Die meisten Frauen in ähnlicher Lage benutzen täglich Ohropax, ich aber schlafe noch heute besonders gut, wenn Cats Schnarchen die Stille erträglicher macht. Ist das nicht Beweis genug für unsere tragfähige Liebe?

Ich griff nach der Hand meines Mannes. Und plötzlich wurde mir klar, dass ich vorhin seine Miene missdeutet hatte. Nicht Hass war in seinem Blick gewesen, sondern tiefste Verletztheit. Er liebte mich nach wie vor, aber ich hatte mich mit *meiner* Erwartungshaltung und Voreingenommenheit täuschen lassen.

Gehen wir also etwas vorsichtiger mit unseren Erwartungen um! Und hüten wir uns davor, voreingenommen zu sein!

Diese Erkenntnis hat mir bis heute geholfen, Beziehungen zu pflegen – auch die zu meinem Mann. Ich bin Freundschaften eingegangen, die ich früher mit meiner Voreingenommenheit nie zu schließen gewagt hätte. Es sind Freundschaften, bei denen anfangs wenig zu erwarten war, die aber im Laufe der Zeit große Bedeutung für mein Leben gewonnen haben. Es gibt Menschen, die wegen ihrer falschen Erwartungen und aus Angst vor dem Misslingen einer Beziehung niemals anderen Menschen die Hand reichen. Empfangen sie aber Signale der Zuneigung, tauen sie augenblicklich auf und freuen sich sehr.

Je weniger ich erwarte, desto dankbarer werde ich für alles, was ich dennoch bekomme. Und je mehr ich gebe, desto mehr erhalte ich zurück.

Cat wird immer mein tapferer Held bleiben und ich seine hübsche Prinzessin, was immer das Alter unserer äußeren Hülle auch antun mag. Und ein Vorteil hat das Älterwerden auch: Man streitet nicht mehr so oft wie früher und ist nicht mehr so nachtragend. Nur noch selten rege ich mich über den offenen Toilettendeckel auf oder über das Stück Sperrholz, das schon lange Zeit in der Küche über dem eingebrochenen Dielenbrett liegt. Toilettendeckel und vermoderte Dielenbretter sind flüchtige Ärgernisse des Alltags, aber Ehen sind eine Lebensaufgabe.

Im Laufe der Jahre habe ich so manche hochgesteckte Erwartung begraben, aber ich habe auch gelernt, dies nicht zu lange zu betrauern. Stattdessen habe ich mich eben aufgerafft und habe meinen Teil dazu beigetragen, dass unsere Liebe gedeiht.

Man sagt, die Ehe sei ein Geschäft auf Gegenseitigkeit: Jeder gibt 50 Prozent dazu. Aber nach fast vierzig Jahren mit einem Mann, von dem ich nicht genug kriegen kann und den ich jeden Tag mehr liebe, kann ich mit großer Gewissheit behaupten, dass es bei einer Ehe nicht ausreicht, nur mit halber Kraft dabei zu sein. Es sind vielmehr 100 Prozent Leidenschaft von beiden Seiten notwendig. Und es hat sich für mich auf jeden Fall gelohnt, dass ich 100 Prozent gegeben habe!

Sandy Cathcart

Sandy hat begriffen, dass eine glückliche Ehe hundertprozentige Leidenschaft verlangt – auch dann, wenn der andere nur 10 Prozent beiträgt. Wenn wir unseren Teil dazutun und eventuell vorhandene Defizite ausgleichen, erleben wir oft, dass der andere durch das Vorbild motiviert wird, auch seine 100 Prozent zu erreichen.

Es gehört zu den scheinbar unlogischen Grundgesetzen des Lebens, dass wir umso mehr erhalten, je umfangreicher wir geben. Und je weniger wir von anderen erwarten, desto mehr bekommen wir letztlich.

Im Einzelfall mag das nicht fair erscheinen oder keinen Sinn ergeben, aber es ist nun mal der Generalschlüssel für eine lebendige, gelingende Beziehung. Es ist eines der größten Geheimnisse, damit eine Freundschaft oder eine Liebesbeziehung gelingen kann.

In Gesundheit und Krankheit, in Reichtum und Armut …

Eheversprechen sind zunächst einmal leicht dahingesagt. So war es bei uns auch: *In guten wie in schweren Tagen?* Das sollte doch kein Problem sein, immerhin liebten wir uns doch wie verrückt!

In Reichtum und Armut? Nun ja, wir würden in den nächsten Jahren den Gürtel enger schnallen müssen. Wir wollten ein Haus bauen, und um ehrlich zu sein, wir konnten es uns eigentlich nicht leisten.

In Gesundheit und Krankheit? Wir waren Mitte zwanzig, und da bedeutet Kranksein, hin und wieder einen Schnupfen auszukurieren oder einen verdorbenen Magen. Das würde uns keine Probleme bereiten. Noch hatten wir jedes Magengrimmen gut überstanden.

Aber nach 37 glücklichen Ehejahren wurde bei Liz Alzheimer festgestellt. Und diese Krankheit veränderte unser Leben und unsere Ehe völlig.

Für mich war es eine Selbstverständlichkeit, Liz das Heim zu ersparen. Ich war sicher, die Pflege selbst organisiert zu bekommen. Und drei Jahre schaffte ich es auch. Am Anfang ging es noch leicht. Die Medikamente schlugen an, und ihre Gedächtnisleistung normalisierte sich weitgehend.

Doch ein paar Monate später verschlechterte sich ihr Zustand wieder. Es stellten sich Verhaltensprobleme ein. Aber meine Frau musste sich keine Sorgen machen. Wir hatten uns ja versprochen, in Gesundheit und Krankheit füreinander einzustehen. Das würden wir schon schaffen.

Die Veränderungen waren nicht gravierend, aber eben doch stetig. Es war wie mit den Zeigern der Uhr. Wenn man sie anstarrt, scheinen sie sich nicht zu bewegen, aber nach einer Weile sind sie vorgerückt, und das Bild hat sich verändert.

Aber da ich ständig bei Liz war, bemerkte ich die Veränderungen kaum. Nur die Freunde in der Gemeinde sahen meine Erschöpfung. Sie ermahnten mich, auch auf mich selber zu achten. Aber mir ging es doch gut – bis auf die gelegentlichen Schmerzen im Brust- und im Bauchraum. Aber das war wohl nur das bisschen Stress. Die Verdauungstabletten halfen allerdings kaum.

Das Sozialamt schickte eine Helferin, damit ich auch mal etwas freie Zeit am Tag hatte. Doch Liz mochte die Frau gar nicht. Also kam eine andere und dann wieder eine andere. Liz glaubte immer, diese Frauen seien bei uns eingezogen. Sie fürchtete sich, abends ins Bett zu gehen, weil sie glaubte, sie könnten in unser Schlafzimmer kommen. Schließlich konnte ich überhaupt nicht mehr weggehen und Liz mit den Frauen allein lassen. Aber ich liebte sie noch immer, vielleicht sogar noch mehr, wenn ich es im Nachhinein betrachte. Und sie gab mir mit herzlichen Umarmungen wieder, was ich ihr schenkte. Nur meine Magenprobleme blieben.

Ein Vierteljahr später wachte ich mit einem glühenden Schmerz in der Brust auf. *Es kann wohl kaum das Herz sein,* dachte ich. Außerdem zog der Schmerz nicht in den linken Arm hinein, und überhaupt, ich musste mich doch um Liz kümmern!

Liz schaffte es, mir Magentabletten zu bringen. Und das schien zu helfen. Der Schmerz kam nicht wieder, und erst vier Tage später fand ich den Mut, über Herzinfarktsymptome im Internet zu recherchieren. Hinterher meinte ich, es könne kein Herzinfarkt gewesen sein.

Am folgenden Montag war ich beim Arzt, um mich durchchecken zu lassen, nur um sicherzugehen. Der aber schickte mich für eine eingehendere Untersuchung ins nächste Krankenhaus. Und dabei stellte sich heraus, dass es tatsächlich ein Herzinfarkt gewesen war. Ich hatte zwei verschlossene Herzarterien, was man aber mit Stents würde beheben können. Das hieß allerdings, länger im Krankenhaus zu bleiben.

Nun sprang meine Tochter ein und kümmerte sich um ihre Mutter.

An Ostern konnten wir zum ersten Mal in unserer Ehe nicht zusammen zum Festgottesdienst gehen. Man fuhr mich im Rollstuhl in die Krankenhauskapelle, und nach dem Gottesdienst fragte mich der Pfarrer, was mich quäle.

Ich fing an, von Liz zu erzählen, und meine Tränen liefen. Aber mir versagte bald die Stimme, und wir verabschiedeten uns.

Nach zehn Tagen Pflege schaffte es die Familie nicht mehr. Liz musste zumindest vorübergehend in einem Heim untergebracht werden. Man hatte sie ein paarmal zu mir gebracht, und sie hatte mittlerweile verstanden, dass ich eine ganze Zeit nicht mehr zu Hause sein würde.

Die Unterbringung in einem Heim war nicht so traumatisch für Liz, wie ich befürchtet hatte. Nach zwei Tagen hatte sie sich halbwegs eingewöhnt, und es tat ihr auch gut, dass ich sie einige Male anrief.

Erst nach vier Wochen konnte ich das Krankenhaus verlassen. Liz schien sich damit abgefunden zu haben, dass wir nicht mehr zusammenlebten. Und wenn wir sie als Familie besuchten, ging es beim Abschied inzwischen ohne Tränen ab. Die Diagnose aber war eindeutig: Sie brauchte nun professionelle Betreuung rund um die Uhr. Dazu mussten wir das entsprechende Heim finden.

Das gelang uns. Ich richtete ihr Zimmer mit vertrauten Möbeln und Bildern ein, und ich war da, als sie ankam.

Gewiss liefen die Tränen, und es gab viele Umarmungen und Küsse. Liz fragte nie wieder, wann sie nach Hause käme. Nur eines Tages erkundigte sie sich, ob wir noch irgendwoanders ein Zuhause hätten. „Im Augenblick nicht", antwortete ich wahrheitsgemäß.

Nein, wir hatten kein gemeinsames Heim mehr. Ich lebte zwar in dem Haus, in dem wir früher gewohnt hatten, aber es war nicht mehr *unser* Heim. Ich versuchte, das Beste aus der Situation zu machen.

Nachdem sich Liz eingewöhnt hatte, holte ich sie jeden Sonntag zum Gottesdienst ab. Allerdings besuchten wir nicht mehr unsere alte Gemeinde, wo wir getraut worden waren und uns all die Jahre zu Hause gefühlt hatten. Liz sollte sich schnell an den neuen Lebensabschnitt gewöhnen, ohne ständig an früher erinnert zu werden.

Ihr Zustand verschlechterte sich noch einmal, und sie brauchte nun in einem anderen Haus Intensivpflege. Auch hier machte ich es ihr wieder gemütlich, und ich war da, als sie eintraf. Sie gewöhnte sich wieder erstaunlich schnell ein und ist bis heute dort gut aufgehoben.

In Gesundheit und Krankheit? Vielleicht habe ich in all den Jahren unserer Ehe hin und wieder im Stillen daran gedacht, dass einer von uns eines Tages doch schwer erkranken könnte. Aber das lag noch so fern in der Zukunft. Gut, dass wir uns damit nie ausführlich beschäftigt haben, denn als es geschah, waren wir innerlich dafür gerüstet, die Herausforderung anzunehmen.

In Reichtum und Armut? Das Haus war am Ende abbezahlt, sodass es uns schließlich finanziell gar nicht so schlecht ging. Aber Reichtum? Vielleicht nicht finanziell. Die Liebe ist für uns immer ein großer Schatz gewesen. Unser ganzes Leben lang haben wir sie gehortet und dann in der Zeit der Bedrängnis davon gezehrt.

Ich denke an unsere Trauung in der kleinen Gemeinde, wo Liz aufgewachsen war. Wir beide haben damals unwiderruflich „Ja" zueinander gesagt.

Würde ich es aus heutiger Sicht wieder tun? Ganz gewiss und ohne den geringsten Zweifel. Denn wir sind durch dieses eine Wort so viel reicher geworden.

Chris Wright

Ein kluger Mann hat einmal gesagt: „Wir wünschen uns so oft, Gottes Plan für unser Leben zu kennen. Dabei können wir froh sein, dass Gott uns keinen Einblick in unser zukünftiges Leben gewährt. Täte er es, würden wir vielleicht vor Entsetzen erstarren."

So ist es auch gut, dass wir vor dem Traualtar nicht wissen, welchen gemeinsamen Weg wir vor uns haben. Würden wir nicht endlos zögern, wenn wir wüssten, es ginge auch bei uns aus wie bei Chris mit großen Herausforderungen und mit Leid? Gleichzeitig aber entgingen uns unendlich viele Stunden des Glücks!

Auch wenn keine Beziehung garantiert bis zum Ende ohne Leid und Tränen verläuft, ist die Liebe alles wert, was wir eventuell auf uns nehmen müssen.

Und wie schafft die Liebe es, dass wir die Stürme des Lebens überstehen? Wir müssen sie hegen und pflegen, solange die Sonne in unserer Ehe scheint und wir gemeinsam durchs Leben gehen. Die zwischenmenschliche Vertrautheit muss Tag für Tag aufs Neue erarbeitet werden, wenn es noch leicht geht. Wenn dann eines Tages die Stürme toben sollten, werden wir sie überstehen, weil unsere Beziehung solide gegründet und im Boden verwurzelt ist.

Nehmen Sie sich also auch heute wieder Zeit, Ihre Ehe zu pflegen.

Es ist die Liebe wert

Unsere Ehe war eine einzige Katastrophe, die Scheidung ein Debakel und der Sorgerechtsstreit ein Elend. Konnte daraus noch Liebe werden?

Ich heiratete aus lauter falschen Gründen. Mein Traummann war ein groß gewachsener Kerl mit wasserblauen Augen und so muskulös wie ein griechischer Sagenheld.

25 Jahre und drei Kinder später verließ ich einen prügelnden Berserker, der auch noch so unverfroren war, um das Sorgerecht unserer zehnjährigen Tochter zu streiten. Ich erfuhr erst später, dass der damit befasste Richter mit der neuen Freundin meines Mannes bekannt war. Und so entschied er, wie zu erwarten war, den Sorgerechtsstreit zugunsten meines Ex-Mannes. Er fing jeden meiner Briefe an die Tochter ab, beantragte eine neue Telefonnummer und steckte sie in eine Privatschule, wo ich keinen Kontakt mit ihr aufnehmen konnte.

Der Kampf um sie kostete mich zwei Jahre Zeit und Tausende von Dollar. Ich hasste meinen Widersacher. Und ich betete, ob es nicht möglich sei, sein Leben zu beenden – möglichst langsam und qualvoll. Dann hörte ich, dass er sich von seiner vierten Frau scheiden ließ, und ich strengte mich noch mehr an, meine Tochter wiederzubekommen. Darauf wurden mein Ex-Mann und ich noch einmal befragt und überprüft. Ich bekam gute

Referenzen, während man ihm vorhielt, ein gesellschaftlich entwurzelter Zeitgenosse zu sein.

So bekam ich endlich das Sorgerecht zugesprochen. Wie aber sollte ich richtig damit umgehen? Sollte ich ihm erlauben, die Tochter zu sehen? Sollte ich mich in einem anderen Staat der USA verstecken? Oder gar einen Bodyguard beschäftigen?

Ich begriff schließlich, dass meine Wut auf meinen Ex-Mann ihm Herrschaft über mein Leben verschaffte, und zwar für den Rest meiner Tage. Also entschloss ich mich, Vernunft walten zu lassen und nicht meine Gefühle. Obwohl ich noch voller Zorn auf ihn war, wagte ich es, ihm ihre Anschrift und die Schule zu nennen. Und als er zum ersten Mal kam, um seine Tochter zu sehen, luden wir ihn ein, zum Essen zu bleiben. Aber noch immer hätte ich ihm am liebsten Gift in den Kaffee getan. Ich hätte jedenfalls nicht geglaubt, je wieder etwas für diesen Mann zu empfinden. Das stand außer Frage für mich. Womit hätte er es auch verdient?

Dann entdeckte man bei mir einen Hirntumor, durch den ich nur noch eine geringe Lebenserwartung haben sollte. Als ich die Krankheit wider Erwarten überstanden hatte, begriff ich zum ersten Mal in meinem Leben, dass wir alle unwiderruflich dem Tod begegnen werden, und es kann vielleicht sogar schon morgen sein. Aber wollte ich tatsächlich mit Hass im Herzen gegen den Vater meiner Tochter sterben?

Ich traf eine weitere Entscheidung: Obwohl ich ihm gegenüber immer noch ausgesprochen feindselig eingestellt war, entschloss ich mich, ihn wie ein normales Mitglied der Familie zu behandeln.

Als meine Tochter ihr Examen feierte, luden wir ihn wie selbstverständlich dazu ein. Und als sie zur Orangenkönigin von Louisiana gewählt wurde, bestanden wir darauf, dass er sie bei allen Veranstaltungen begleitete. Sie durfte ihn sehen, wann sie wollte. Ein bisschen fürchteten wir ihn nach wie vor, denn man konnte ja nicht wissen, ob er plötzlich in alte Fahrwasser geriet.

Ich denke, meine schwere Erkrankung machte auch ihm klar, wie zerbrechlich das Leben ist und wie wichtig es ist, irgendwo Halt zu finden.

Meine Freundlichkeit kostete mich so manche Überwindung. Ich musste mich noch immer gegen meine Gefühle der Rache und der Wut wehren. *Was du da tust, verhilft nicht der Gerechtigkeit zum Sieg,* dachte ich, und dann neigte ich dazu, auf die weinerliche Stimme des Selbstmitleides zu hören, die immer wieder rief: *Warum denn ausgerechnet ich!*

Was war mir nicht alles von meinem Ex-Mann angetan worden! Er hatte mir meine Hobbys verboten und zahllose Affären gehabt. Und hatte er sich nicht gerade von seiner vierten Frau scheiden lassen? Warum sollte ich da Mitleid mit ihm haben? War es nicht genug, dass ich ihm 25 Jahre meines Lebens geschenkt, ihm tausendmal vergeben und versucht hatte, unsere Ehe zu retten?

Offenbar war es nicht genug. Denn wenn ich mit meinem Groll so weitergemacht hätte, wäre ich meines Lebens nie wieder froh geworden. Also entschloss ich mich zur Flucht nach vorn und dachte darüber nach, wie ich ein weiteres Zeichen der Versöhnung setzen könnte.

Als unsere älteste Tochter heiratete, trugen sie und ich das Lied „Edelweiß“ vor, das seine verstorbenen deutschen Eltern so gemocht hatten. Und als wir in einer kurzen Ansprache unser Bedauern bekundeten, dass die beiden nicht mehr an der Hochzeit ihrer geliebten Enkeltochter teilnehmen konnten, bemerkte ich, wenn ich mich nicht geirrt hatte, bei ihm eine Träne im Augenwinkel.

Ich wusste, dass mein Ex-Mann sich viel Schuld aufgeladen hatte und es um seine Gesundheit auch nicht zum Besten bestellt war. Und so hoffte ich, dass er sich, bevor es zu spät sein könnte, mit seinen Verwandten und Freunden versöhnen würde.

An Weihnachten vor seinem Tod nahm er mich beiseite und fragte mich, ob ich von dem Fernsehprediger gehört habe, der zum Ehebrecher geworden sei, und ob man dem nicht vergeben sollte.

„Natürlich", antwortete ich und zitterte wie immer, wenn ich eine Auseinandersetzung mit ihm befürchtete.

„Meinst du nicht auch, dass er ein einsamer alter Mann ist, um den sich niemand mehr kümmert? Er weiß, dass er das Leben vieler Menschen negativ beeinflusst hat, und wenn er noch mal von vorn anfangen könnte, würde er bestimmt vieles ganz anders machen."

Das sei durchaus möglich, meinte ich. Und dann begriff ich, dass es seine Art war, mich um Vergebung zu bitten.

Als ich eines Tages den Anruf bekam, dass mein Ex-Mann gestorben war, war ich über meine Gefühle überrascht. Ja, ich trauerte um einen geliebten Menschen! Ich hatte auf meinem langen Weg allen Groll gegen ihn verloren. Es war nicht mehr mein Bedürfnis, mich an ihm zu rächen. Und ich sah im Laufe der Zeit ein, dass er für seinen Egoismus längst bezahlt hatte. Er hatte mit seiner Art alle, die ihn einmal geliebt hatten, vor den Kopf gestoßen, und so starb er sehr einsam. Das war, genau genommen, der Grund für meine tiefe Trauer. Ja, ich betrauerte den Mann, der er hätte sein können. Und gleichzeitig waren die Lichtblicke, die ich bei ihm vor seinem Tod noch bemerkt hatte, ein Hoffnungsschimmer.

Auf seine Weise ist er immer der Sand im Getriebe meines

Lebens gewesen, und das hat mir letztlich sogar geholfen, mich auch gegen Widerstände *für* die Liebe zu entscheiden. Wer gegen Widerstände anzukämpfen hat, der muss lernen, Hindernisse wie Groll, Hass und Rachegefühle zu überwinden. Und ein Teil von Ihnen muss sterben, wenn Sie sich entschließen, denjenigen zu lieben, der Sie erniedrigt und verletzt hat.

Das ist zwar unter Umständen ein hoher Preis, aber verweigerte Liebe kostet viel, viel mehr.

Jacquelyn Sandifer Strange

Opfer sind von Natur aus schmerzhaft, weil es darum geht, etwas von sich herzugeben. Sonst würde man es nicht „Opfer" nennen.

Sich für einen geliebten Menschen zu opfern, fällt meist nicht ganz so schwer, zumindest ist der Schmerz eher auszuhalten. Aber sobald wie bei Jacquelyn die Liebe Überwindung kostet, wenn wir vergeben müssen und „trotzdem" lieben wollen, sind die Opfer sehr viel schwerer, und ein Teil von uns muss sterben.

Aber sobald wir uns überwunden haben und ganz bewusst lieben, erfahren wir, dass alles, was wir haben sterben lassen, uns den Neuanfang erleichtert. Es ist wie eine kleine Auferstehung – nicht nur für uns selber, sondern auch für den, den zu lieben wir entschlossen sind.

Blumenpflege in Nachbars Garten

„Wer reißt eigentlich immer die Wildblumen in unserem Garten aus?“, fragte ich meinen Mann verärgert.

„Ach, das wird Judy gewesen sein. Sie meinte, unser *Unkraut* wuchere in ihren Garten.“

„Und was würde *sie* wohl davon halten, wenn wir die überhängenden Zweige einfach absägen?“

„Ach lass doch, Schatz, sie meint es nur gut in ihrem jugendlichen Überschwang. Sie will halt immer alles akkurat haben.“

„Aber findest du nicht auch, dass sie wenigstens hätte Bescheid sagen sollen, bevor sie sich über unser Wildblumenbeet hermacht?“, fragte ich.

Mark zuckte die Achseln und widmete sich wieder der Sonntagszeitung. Es schien ihn nicht besonders zu beschäftigen. Ich seufzte. Immerhin war es nicht das erste Mal, dass Judy in der Nachbarschaft Dinge in die Hand nahm, die sie eigentlich nichts angingen.

Wir waren erst kürzlich in ein Viertel gezogen, in dem vor allem junge Familien, einige ältere Leute und kinderlose Paare lebten. Es sollte unsere Oase werden. Das Reihenhaus lag ideal. Wir hatten einen herrlichen Ausblick auf spektakuläre Sonnenuntergänge von unserer Terrasse aus. Ein paar Schritte, und schon erreichten wir die schönsten Spazierwege. Und ringsum hatten wir – bis vielleicht auf Judy – sehr nette Nachbarn.

Wir hatten das mittlere von drei Reihenhäusern, und deshalb bemühten wir uns besonders, jeden unnötigen Lärm zu vermeiden. Nur wenn Fußball im Fernsehen kam, war der Lärm manchmal beinahe so laut wie auf den Rängen im Stadion, und wenn ein Tor fiel, klingelte prompt das Telefon.

„Geh du diesmal ran“, bat Mark mich. „Sag Judy, dass wir leiser stellen.“

Ich nahm ab und hörte die erwartete Stimme: „Hallo, hier ist Judy. Ob's euch wohl was ausmachen würde, den Fernseher etwas leiser zu stellen? Es ist ein bisschen laut, findet ihr nicht auch?“

„Tut mir leid, Judy, meine drei Jungs gucken gerade Fußball. Ich sag ihnen aber, dass sie es einen Tick leiser machen. Danke fürs Bescheidsagen.“

Es klickte am anderen Ende.

Ich winkte mit dem Hörer. „Das hörte sich nach Auflegen an.“

Mark schmunzelte. „Was hast du anderes erwartet?“

So ging es die ganze Zeit. Judy konnte nicht anders, als uns zu bevormunden, ob es um die Fernsehlautstärke ging, das Unkraut im Garten, die Mülltonnen oder die Blumen, die wir für den Vorgarten ausgesucht hatten. Da ich nicht gerade mit einem grünen Daumen gesegnet war, freute ich mich über jedes Beet, das sich von allein aussäte und erhielt. Und der Löwenzahn auf dem Rasen überdeckte so manchen Flecken Moos darin.

Als Judys Tochter zur Welt kam, wollte ich ihr etwas Nettes schenken. Ich kaufte einen rosa Strampler mit passenden Socken und Schühchen. Aber Judy meinte, sie habe schon etwas in der

Art und ob ich nicht zufällig noch den Bon hätte, damit sie es umtauschen könne.

Mit Tränen in den Augen durchsuchte ich den Müllbeutel, um den Bon noch zu finden. Während ich mich durch nasse Filtertüten, klebrige Joghurtbecher und faulige Apfelsinenschalen wühlte, fragte ich mich, was ich bei Judy falsch machte. Selbst wenn ich nett war, stieß sie mich vor den Kopf. *Jetzt ist endgültig Schluss*, dachte ich.

Am Abend legte Mark seinen Arm tröstend um meine Schultern und sagte: „Das hat nichts mit dir zu tun, Schatz. Judy ist diejenige, die sich nicht im Griff hat und alles bestimmen muss. Wenn sie nicht ihre Nase in alles stecken kann, dreht sie wahrscheinlich durch. Du bist jedenfalls nicht das Problem. Lass sie einfach links liegen."

Zwei Jahre vergingen, und es änderte sich nichts. An einem sonnigen Aprilnachmittag sah ich Judy mit ihrer Kleinen im Buggy draußen auf der Straße. Ich lief hin und fragte spontan, ob ich mitkommen könnte. Ich wollte die Gelegenheit nutzen, doch noch mit ihr ins Gespräch zu kommen.

„Aber klar", antwortete sie. „Wir wollen nur einmal um den Block."

Ich zog mir schnell meine Schuhe an und beeilte mich, um sie einzuholen. Wir gingen, Judy erzählte und ich hörte zu. Ich wusste nicht, dass sie erst 26 war. Ihre Eltern waren wohl gerade in eine andere Gegend gezogen. Sie und ihr Mann hatten, wie ich erfuhr, mit Problemen zu kämpfen, und sie schüttete mir ihr Herz aus. Ich würde für sie beten, sagte ich. Und wenn sie wolle, könne sie jederzeit zu mir kommen, um sich auszusprechen. Ich stünde zur Verfügung.

Wir gingen nun öfter spazieren. Jedes Mal war ich diejenige, die zuhörte, was mir zunächst schwerfiel, weil sonst ich eher die

Redselige bin. Je mehr ich erfuhr, desto deutlicher wurde mir, wie sehr sich Judy nach Lob und Anerkennung sehnte. Sie könne, wie sie sagte, es nie jemand recht machen.

Bald begriff ich, dass Judy nichts mehr brauchte als das Gefühl, einfach um ihrer selbst willen geliebt zu werden – nicht nur von ihrer Familie, sondern auch von ihren Nachbarn!

Auf meine Frage, ob sie Gelegenheit habe, regelmäßig mit Menschen zu reden, erzählte sie, dass sie mit ihrem Mann eigentlich einen kleinen Hausbibelkreis besuchte, aber oft nicht gehen konnte, weil sie niemanden hatte, der auf ihre Tochter aufpasste.

Jetzt weiß ich endlich, wie ich helfen kann, dachte ich.

„Kein Problem. Dann passe ich eben auf Jennifer auf, während du beim Hauskreis bist. Ich denke, das ist für euch beide wichtig. Es wäre mir jedenfalls eine Freude."

Sie wirkte erschrocken und dankbar zugleich, und ihre Augen wurden feucht. „Da kann ich gar nicht genug Danke sagen. Wie nett von dir!", erwiderte sie.

Von nun an war ich jeden Mittwochabend für Jennifer da, und John und Judy hatten einen Abend frei, um Zeit miteinander und mit Paaren ihres Altes zu verbringen, was so unendlich wichtig für die beiden war.

Schon bald freute ich mich immer auf Mittwoch, wenn ich wieder meine kleine „Enkelin" betreuen durfte, die ich eigentlich nicht hatte.

Judy und ich waren bald ein Herz und eine Seele. Wir waren uns immer nähergekommen, und so lernten wir, toleranter miteinander umzugehen. Ich bekam nicht mehr vorgehalten, dass die Blumenrabatten in meinem Vorgarten farblich nicht zueinanderpassten, und die Mülltonnen mussten auch nicht mehr so akkurat in Reih und Glied am Straßenrand stehen. Selbst die Wildblumen wurden inzwischen nicht mehr heimlich ausgerissen. Judy verlor all ihre Zwanghaftigkeit und war nun viel umgänglicher. Wir beide hatten also von unserer Annäherung profitiert.

Wir wurden echte Freundinnen. Judy war inzwischen wie eine Tochter für mich. Und es machte richtig Spaß, Zeit mit ihr zu verbringen. Mal gingen wir zusammen essen, und oft machten wir lange Spaziergänge. Mein Herz schlug für diese junge Mutter.

Nachdem mein Mann bei einem Unfall verletzt worden war, half mir Judy, wo sie konnte, und sie kochte regelmäßig für uns. „Du lässt mich wissen, wenn du mich brauchst", sagte sie jedes Mal, wenn sie wieder ging.

„Ich danke dir, Judy", erwiderte ich. „Du ahnst gar nicht, wie viel mir das bedeutet." Und sie strahlte übers ganze Gesicht, als ich ihr sagte, wie sehr ihre Kochkünste bei uns geschätzt würden. Dann kamen ihr plötzlich die Tränen. „Niemand hat mir bisher gesagt, dass ich gut kochen kann."

Ich schloss sie in meine Arme und sagte: „Nicht gut – ausgezeichnet!"

Aus Ärger mit den Nachbarn ist eine tiefe Freundschaft geworden, weil ich eines Tages auf Judy zugegangen bin, um mit ihr spazieren zu gehen. Es hat zwar Zeit gekostet, diesen zwischenmenschlichen Garten der Zuneigung zu kultivieren und allen Wildwuchs zu beseitigen. Aber heute freuen wir uns an den Früchten unserer Arbeit, und es ist Friede eingekehrt in unsere kleine, beschauliche Straße.

Connie Pombo

Es kann ausgesprochen frustrierend sein, wenn jemand unsere freundlichen Annäherungsversuche ins Leere laufen lässt. Aber als Connie trotz aller Bemühungen an ihrer Nachbarin scheiterte, hatte ihr Mann das richtige Wort zur richtigen Zeit: „Du bist nicht das Problem!“

Menschen, bei denen es schwerfällt, sie ins Herz zu schließen, haben meistens einen Grund für ihr abweisendes Verhalten. Manche, wie Judy, lassen niemand an sich heran, weil sie damit einen Kontrollverlust befürchten. Andere haben es nie gelernt, wie man zwischenmenschliche Beziehungen aufbaut. Oder es mangelt ihnen an der Fähigkeit, sich in andere hineinzuversetzen.

Wenn wir erkennen, dass wir selber gar nicht das Problem sind, dann befreit uns das, nun selbstbewusster auf den andern zuzugehen und eine Brücke zu bauen. Wir sind dann nicht mehr so verkrampft, weil wir fürchten, noch mehr Porzellan zu zerschlagen, als schon in Scherben liegt.

Wenn wir wie Connie nicht aufhören, die Hand zu reichen, Verständnis zu entwickeln und dem anderen helfend zur Seite zu stehen, dann werden wir in den meisten Fällen den Weg zum Herzen des ungeliebten Mitmenschen finden.

Und wie bei Connie lernen wir vielleicht einen Menschen kennen, der uns am Ende so lieb wird, als gehöre er zu unserer eigenen Familie.

Geöffnete Türen für die Liebe

In eine babyweiche Wolldecke gewickelt, kam die Liebe zur Tür herein. Diese himmelblauen Augen! Ein süßes Gesichtchen lächelte mich an. Für ein fünf Monate altes Kind war Cory allerdings viel zu schmächtig. Von den Drogen seiner leiblichen Mutter geschädigt, konnte er die Milch nicht bei sich behalten, auch wenn er zuvor die Flasche hastig leer getrunken hatte, als sei es die letzte, die er bekäme. Und seine Muskulatur entspannte sich nie.

Als andere Kinder seines Alters die ersten Schritte taten, mühte sich Cory gerade erst ab, das Sitzen zu lernen. Aber mit viel Einsatz durfte ich miterleben, wie er nach und nach zu Kräften kam und heranwuchs. Wie groß war die Freude ein Jahr später, als er kichernd seine Ärmchen hob und darauf wartete, dass ich ihn unter den Achseln kitzelte! Er lachte beinah den ganzen Tag.

Er war gerade zwei Jahre alt geworden, da erklärte ein Richter ihn zu meinem Sohn und besiegelte damit offiziell, was in meinem Herzen längst stattgefunden hatte. Dreißig Jahre sind inzwischen vergangen, und seine noch immer nicht vollständig geheilte Seele hat ihm mittlerweile das Lachen gestohlen. Und dennoch meistert Cory mit Entschlossenheit seinen beschwerlichen Alltag – und beschenkt mich auf diese Weise mit seiner sanften Liebe.

Cory hat in all den Jahren körperlich an Kraft gewonnen, während ich gleichzeitig immer schwächer geworden bin. Und während ihm seine verletzte Seele zu schaffen macht, leide ich unter chronischen Schmerzen des Körpers. Aber seine Tapferkeit lehrt mich, die Schwierigkeiten des Lebens zu schultern. Wenn wir reden, machen seine freundlichen Worte mir Mut.

Noch ein weiteres Mal wehte die Liebe durch unsere Tür herein in Gestalt eines achtjährigen Wirbelwinds. Ein Energiebündel war die erste Prinzessin in unserem Haus. Sie hatte schon viel zu viel durchmachen müssen für ihr junges Leben, und so war sie klüger als die meisten ihres Alters. Sie überraschte mich gleich am ersten Tag mit der Frage, ob ich mit dem Dad im Haus auch verheiratet sei.

Die kleine Renee hatte schon eine lange Odyssee hinter sich. Mal verbrachte sie Zeit bei Pflegeeltern, mal steckte man sie in ein Heim. Aber das hatte ihr die Lebenslust nicht rauben können. Und die oft gebrochenen Versprechen, nun endgültig bei einer Familie bleiben zu können, hatte ihre Zuversicht nicht zerstört, dass sich dort, wo sie ankam, ihre Träume erfüllen würden.

Nach weiteren zwei Jahren, es war am Valentinstag, erklärte der Richter diesen liebenswerten Wildfang zu meiner Tochter. Und noch heute, 28 Jahre später, hält mir Renee mit ihrem Schicksal vor Augen, dass es sich lohnt durchzuhalten, und sei die Lage noch so ohne Hoffnung.

Sie hat bis heute ihren übersprudelnden Humor behalten – manchmal mehr, als mir lieb ist. So kurbelt sie zum Beispiel das Seitenfenster vom Auto herunter, wenn neben uns einer steht, und ruft ihm zu: „Du, meine Mom findet dich süß!“ Dabei wäre sie die Erste, die es nicht ertragen könnte, wenn Mom einem anderen als Daddy schöne Augen machte. In jedem Fall habe ich an Kraft und Stärke gewonnen, weil sie mich so heiter und unbeschwert liebt. Es macht mich froh, wenn ich an sie denke.

Und dann trat sie wieder durch die Haustür herein, die Liebe. Ein bisschen zögerlich. Mit zitternden Händen hielt sie ihren Mantel fest. Eine weitere hübsche Prinzessin war es, die mit ihren acht Jahren schon leidgeprüft war. Ihr schüchternes Lächeln hatte mein Herz für sie eingenommen.

Das ständige Bestreben, mir in allem zu gefallen, sprach für ein Kind, das lange Jahre unter Leistungsdruck gestanden hatte und Schläge befürchtete, wenn es versagte. Wie seltsam muss es für andere Eltern geklungen haben, wenn ich stolz berichtete, dass mein artiges Kind mal über die Stränge schlug. Dabei war das, was Tyana für frech und aufmüpfig hielt, geradezu harmlos. Mir aber war jedes Mal zum Feiern zumute, wenn sie mir genug vertraute, um auch einmal zaghaft ihren Willen durchzusetzen.

In der siebten Klasse rang mein schüchternes Mädchen dann all die großen Jungen beim Sport auf die Matte. Sie hatte sich emanzipiert und wurde zwei Jahre später auch offiziell *mein* Mädchen. Und heute, 24 Jahre nachdem sie spontan mein Herz erobert hatte, ringt diese tapfere junge Frau nicht mehr die Jungen aus der Schule, sondern all ihre Ängste und Sorgen nieder und gewinnt. Sie hat mich aus meinen eigenen Sorgen herausgeliebt und mir mit ihrem Kampfgeist gezeigt, wie man Mut fasst und siegt.

Und ein weiteres Mal diente unsere Haustür als Einfallstor der Liebe. Bobby kam hereinspaziert, seine Habseligkeiten in einem Rucksack verstaut. Er war mit seinen zehn Jahren, die er zumeist von allen anderen isoliert verbracht hatte, so unerfahren wie ein Kleinkind. Er musste erst mühselig lernen, wer er überhaupt war. Er fühlte sich so verunsichert, dass er Panikattacken bekam, wenn es hieß, Schularbeiten zu machen und etwas zu leisten. Aber mit siebzehn war der Knoten geplatzt, und ich war mächtig stolz, als er eine Gruppe bei den christlichen Pfadfindern leitete.

Nun, da er zum Mann heranwächst, ist er dabei, anderen jungen Menschen, deren Leben zerstört ist, einen Weg hinaus in die Freiheit zu weisen. Wenn ich ihn reden höre, dann weiß ich, dass er verstanden hat, was einen echten Mann ausmacht. Und so schämt er sich nicht, seine Mutter zu umarmen, selbst wenn seine Kumpel in der Nähe sind.

Und wieder hüpfte mein Herz, als der Umschlag vom Jugendamt eintraf – mit der neuen Geburtsurkunde von Bobby, die bestätigte, dass sich in seinem Leben eine Wende vollzogen hatte. Nun trug auch er meinen Namen!

Es dauerte eine Weile, bis er mich *Mom* nannte. Aber das störte mich nicht. Ich wusste ja, dass die Liebe zu mir wegen seiner noch immer nachwirkenden Verletzungen hart erkämpft war. Entscheidend ist, dass er ein gutes Herz hat und bereit ist, überhaupt Liebe zu riskieren.

Es hat mich Überwindung gekostet, die Kinder loszulassen und sie zu ermuntern, auch ihre leiblichen Eltern zu lieben – immer der Tatsache bewusst, dass auch mit Eltern, die kläglich gescheitert sind, ein bisschen Glück möglich ist.

Hervorzuheben ist auch noch, dass meine drei leiblichen Kinder, Eddy, Jim und Larry, mir stets die Freiheit gelassen haben, mich mit Hingabe jedem Neuankömmling zu widmen. Wir alle haben lernen dürfen, dass Liebe nichts Ausschließendes ist. Unser Herz kann so weit werden, dass wir viele lieben und von vielen Liebe annehmen können.

Am wichtigsten war mir aber immer, dass gerade meine Adoptivkinder die Erfahrung machen konnten, dass sie einen Wert an sich besaßen, ohne etwas zu leisten. Ihre leidvolle Vergangenheit, obgleich niemals vergessen, bestimmte nicht mehr zwanghaft ihre Zukunft. Mir ist klar geworden, was für eine heilende und umfassend erneuernde Kraft die Liebe besitzt, indem ich miterlebte, wie sich meine geliebten Adoptivkinder nach und nach von ihren traumatischen Erinnerungen lösten.

Adoption, das heißt, viel Liebe zu schenken und viel Liebe zu empfangen. Und wer Freud und Leid gemeinsam erlebt, darf hoffen, dass die Zukunft hell sein wird.

Nora Peacock

Lieben heißt, einen Vertrauensvorschuss geben. Nora konnte nicht wissen, wie es mit jedem einzelnen Adoptivkind ausgehen würde, als es über die Schwelle des Hauses trat oder getragen wurde. Aber sie liebte im Vertrauen darauf, dass sie etwas zum Glück dieser Kinder würde beitragen können.

Noras leibliche Kinder hätten sich leicht zurückgesetzt fühlen können, wenn wieder ein neues Familienmitglied ins Haus kam. Aber auch sie vertrauten, und sie liebten die kleinen Mitmenschen, die Gott in ihre Obhut gab. Sie vertrauten darauf, dass die Liebe ihrer Eltern groß genug sei, um sie, die schon immer da waren, bei all den Neuankömmlingen nicht aus den Augen zu verlieren.

Auch für Bobby, Tyana, Renee und Cory hieß es, Vertrauen zu lernen, denn Fremde öffneten ihnen die Tür zu ihrem Haus. Sich nach schlechten Erfahrungen auf die angebotene Liebe einzulassen, das kostete Überwindung.

Nora wusste, dass der Glaube sie durchtragen würde. Und indem sie ihr Herz für die neue Liebe öffnete, wurde ihr Leben immer weiter.

Wenn auch Sie mit Glauben und Vertrauen lieben, öffnen sich in Ihrem Leben neue Horizonte.

Weitere Bestseller von Gary Chapman

Mit der Kraft der Liebe
90 Andachten für Menschen, die über sich hinauswachsen wollen
ISBN 978-3-86827-116-4
208 Seiten, gebunden

Wodurch zeichnet sich ein liebenswürdiger Mensch aus?

- Hilfsbereitschaft
- Geduld
- Vergebungsbereitschaft
- Freundlichkeit
- Demut
- Großzügigkeit
- Aufrichtigkeit

Entdecken Sie mit Gary Chapman, wie Sie ein Mensch werden können, der für andere da ist und durch die Liebe, die er verschenkt, die Welt verändert. In 90 kurzen Andachten zeigt der Erfolgsautor auf, wie die Liebe auch Ihren Alltag erobern kann. Lesen Sie die Texte für sich oder mit Ihrem Partner und Sie werden erleben, wie sich Ihr Leben und das anderer verändert.
Die Liebe macht den Unterschied.

Auf Dauer genügt es nicht, dem Partner unsere Liebe nur zu beteuern. Unseren Worten müssen Taten folgen, damit der andere sich wirklich geliebt fühlt. Doch das ist einfacher gesagt als getan. Wie oft haben wir es schon versucht, und unser Partner war dennoch enttäuscht? Häufig scheint nichts, was wir tun, gut genug zu sein.
Gary Chapman ist dem Geheimnis einer erfüllten Liebesbeziehung auf die Schliche gekommen: Es kommt nicht darauf an, dem anderen irgendeinen Liebesdienst zu erweisen, sondern den richtigen. Und er hilft uns dabei, so schnell wie möglich herauszufinden, welcher das ist. Denn wozu noch länger warten?

Die fünf Sprachen der Liebe – Bildausgabe s/w
ISBN 978-3-86122-621-5
192 Seiten, Paperback

Die fünf Sprachen der Liebe – Textausgabe
ISBN 978-3-86122-126-5
160 Seiten, Paperback

Auch als Hörbuch: Die fünf Sprachen der Liebe
ISBN 978-3-86122-635-2
CD, 60 min. Laufzeit

Das Herzstück der fünf Sprachen der Liebe
ISBN 978-3-86827-040-2
80 Seiten, gebunden

Die fünf Sprachen des Verzeihens

Die Kunst, wieder zueinander zu finden

ISBN 978-3-86122-134-8

224 Seiten, Paperback

Jeder macht mal einen Fehler. Doch manchmal reicht ein „'Tschuldigung" als Reaktion nicht aus. Unsere Beziehungen werden umso stabiler, je konsequenter wir bereit sind, um Vergebung zu ringen.

Fünf verschiedene Sprachen stehen uns dafür zur Verfügung – heilende Worte und praktische Taten, die neue Brücken schlagen in das verwundete Herz unseres Gegenübers:

Doch wie kommt meine Entschuldigung beim anderen auch wirklich an? Indem ich mein Bedauern ausdrücke, Schuld eingestehe, Wiedergutmachung anbiete, Besserung gelobe oder Vergebung erbitte? Entdecken und sagen Sie den Satz, auf den der andere so sehr wartet.

Mithilfe dieses Buches wird sich Ihr Wortschatz rapide erweitern!

Die „Vier Jahreszeiten der Liebe“ einmal anders

So wie sich die Natur draußen mit den Jahreszeiten ändert, so wechselt auch das Klima im Mikrokosmos unserer Ehe. Immer wieder wird es Winter – jeder geht seiner Wege, und Unzufriedenheit regiert. Dann kommt der Frühling, hoffnungsvoll gehen wir aufeinander zu. Der Sommer bringt Lebensfreude, aber der Herbst lässt nicht lange auf sich warten.

Unterstützt von einer Fülle origineller Cartoons wird aufgezeigt, wie Sie die Irritationen des Herbstes und die Entfremdung im Winter überwinden – bis wieder die Hoffnung des Frühlings und die Wärme des Sommers Ihre Ehe erfüllt.

Die vier Jahreszeiten der Liebe
Hörbuch
ISBN 978-3-86122-809-7
CD, 70 min. Laufzeit

Die vier Jahreszeiten der Liebe für Wenig-Leser
Mit Comics von Daniel Peter
ISBN 978-3-86122-858-5
64 Seiten, gebunden

Mehr über die verändernde Kraft Gottes

Max Lucado
Mein Herz in Gottes Hand
ISBN 978-3-86827-031-0
100 Seiten, gebunden

Gott liebt Sie genau so, wie Sie sind, aber er liebt Sie viel zu sehr, um Sie auch so zu belassen. Er sehnt sich danach, dass Sie ihm immer ähnlicher werden. Doch – unsere Herzen sind meilenweit von Gott entfernt, und wir sind anders, als er das geplant hatte. Er ist friedfertig, und wir sind streitsüchtig. Er ist zielgerichtet, wir sind abgelenkt. Er ist geistlich, wir zu sehr mit Irdischem beschäftigt. Die Entfernung zwischen unserem Herzen und dem seinen ist endlos. Wie kommen wir überhaupt darauf, dass wir ihm ähneln könnten? Lucado zeigt es in diesem Buch: Wenn Sie Jesus Ihr Leben übergeben haben, dann ist er schon in Ihnen am Werk. Dann richtet er sich in Ihrem Herzen häuslich ein, verändert es. Dabei geht es nicht nur um ein wenig Farbe hier und da, sondern um eine Totalsanierung. Lassen Sie sich von Lucado zu diesem Bauprojekt inspirieren und von Gott verändern!

Geschichten, die Mut machen

Pam Vredevelt
Bittersüße Schätze Gottes
28 Geschichten der Hoffnung
ISBN 978-3-86122-887-5
208 Seiten, Paperback

Es kann ein Schatz verborgen liegen im Schmerz eines Verlustes, im Leiden an einer Tragödie oder im Schatten einer Krankheit. Das mag seltsam klingen, doch Pam Vredevelt weiß, worüber sie schreibt. Nathan, ihr Jüngster, leidet am Down-Syndrom. Sicher wäre ihr Gottvertrauen an diesem Felsen auf ihrem Lebensweg gescheitert, hätte sie nicht eine wichtige Entdeckung gemacht: Durch die Schlacke vieler verkohlter Schicksalsbrocken schimmert ein Goldschatz Gottes. Die kostbarsten Erfahrungen unseres Lebens hat Gott eingehüllt in große Probleme, und es lohnt sich, durchzustoßen bis zum Kern der Dinge – zur Liebe Gottes. Pams bewegende Erlebnisse mit ihrem behinderten Kind oder die faszinierenden Berichte anderer „Weggefährten“ sind frisches Wasser für durstende Seelen.